编　委　会

党规与社会主义法治
2020

DANGGUI YU
SHEHUIZHUYI FAZHI
2020

中国政法大学党规研究中心 编

柯华庆 主编

人民出版社

责任编辑:洪　琼

图书在版编目(CIP)数据

党规与社会主义法治·2020/中国政法大学党规研究中心 编. —北京：
　人民出版社,2021.1
ISBN 978－7－01－022962－1

Ⅰ.①党…　Ⅱ.①中…　Ⅲ.①中国共产党-党的纪律-研究②社会主义法治-
　研究-中国　Ⅳ.①D262.13②D920.0

中国版本图书馆 CIP 数据核字(2020)第 266995 号

党规与社会主义法治·2020

DANGGUI YU SHEHUIZHUYI FAZHI 2020

中国政法大学党规研究中心 编

柯华庆　主编

人民出版社 出版发行
(100706　北京市东城区隆福寺街 99 号)

北京汇林印务有限公司印刷　新华书店经销

2021 年 1 月第 1 版　2021 年 1 月北京第 1 次印刷
开本:710 毫米×1000 毫米 1/16　印张:16.75
字数:250 千字

ISBN 978－7－01－022962－1　定价:69.00 元

邮购地址 100706　北京市东城区隆福寺街 99 号
人民东方图书销售中心　电话 (010)65250042　65289539

前　　言

办好中国的事情,关键在党。中国共产党的领导是中国特色社会主义最本质的特征,是社会主义法治最根本的保证。根据法治规范权力的普遍原则,作为党的活动和行为规范,党规毫无疑问是新时代法治中国的核心。

2019 年 10 月 19 日,中国政法大学党规研究中心成立仪式暨党规与社会主义法治研讨会在北京举行。中国政法大学党委书记胡明、中国人民大学党委书记靳诺、全国政协委员曹义孙教授、中国政法大学党规研究中心主任柯华庆教授出席成立大会并致辞,来自全国各地的 100 多位专家学者参加了会议。

为进一步增进党规学术交流,加强党规学术研究,中国政法大学党规研究中心经研究,决定以参加研讨会学者提交的部分稿件为基础编辑出版《党规与社会主义法治·2020》论文集,同时根据编排内容需要向社会征集了部分稿件。此外,论文集还收录了中国政法大学党规研究中心成立大会上的领导致辞及后记共计 6 篇文章。这些文章从不同角度阐述了对当下中国党规研究的理论与问题、现实与前景等方面的观点和见解,具有很强的思想性、理论性和前瞻性,对推进党规研究具有重要的现实指导意义。

《党规与社会主义法治·2020》的出版是所有致力于党规研究专家学者共同努力的成果,得到了中国政法大学的关注与支持,在此表示诚挚的谢意。尤其要感谢人民出版社法律与国际编辑部洪琼主任的大力支持。我们将在今后的研究与学习中继续与学界同行们共同学习、共同前进。

目　录

四、党规制度建设

五、党规与治理现代化

附　录

在党规研究中心成立仪式
暨党规与社会主义法治研讨会上的讲话

中国政法大学党委书记　胡　明

各位领导、各位来宾,老师们、同学们:

大家上午好。

今天,中国政法大学党规研究中心正式成立,我代表校党委,向大家的到来表示热烈的欢迎,向中心的成立和社会主义法治研讨会的召开表示衷心的祝贺。

党的十八大以来,以习近平同志为核心的党中央高度重视党内法规体系建设,第一次制定了党内法规工作五年规划,对五年党内法规制定工作进行了统筹安排,提出了指导思想、工作目标、基本要求、主要任务和落实要求,确定了一批党内法规重点制定项目。党的十八届四中全会审议通过了《中共中央关于全面推进依法治国若干重大问题的决定》,鲜明提出了建设中国特色社会主义法治体系、建设社会主义法治国家的总目标,并把构建完善的党内法规体系作为全面推进依法治国的重要组成部分。2016 年 12 月,中央印发《关于加强党内法规制度建设的意见》(以下简称《意见》),从指导思想、总体目标、加快构建完善的党内法规制度体系、提高党内法规制度执行力、加强组织领导等方面,对加强新形势下党内法规制度建设提出了明确要求、作出了统筹部署。《意见》更加明确地提出,要制定党内法规人才发展规划,建设党内法规专门工作队伍、理论研究队伍、后备人才队伍。

党旗所指,便是心之所向;国家所需,便是身之所往。中国政法大学是一所以法学学科为特色和优势的国家"双一流"建设高校,始终坚持为人民服务,为中国共产党治国理政服务,为巩固和发展中国特色社会主义制度服务,为改革开放和社会主义现代化建设服务。中国政法大学紧密围绕党和国家重大战略需求,开展前瞻性、针对性、储备性政策研究,建设国家急需、特色鲜明、制度创新、引领发展的研究中心和高端智库,探索中国特色社会主义法学学科体系、学术体系、话语体系和教材体系,引领新时代法学教育、培养高素质法治人才。党规研究中心的成立是学校创新发展中国特色社会主义法治理论体系的有效载体、是开展党内法规理论研究的重要依托、是推动全面依法治国的历史使命。

党规研究中心坚持"立足社会主义法治方向进行党规研究",力求打造成为国内外党规理论和制度研究的重镇、党内法规学科建设的平台、卓越党规研究人才培养的基地、社会主义法治理论的智库,彰显了以柯华庆教授、王成栋教授、王建芹教授为代表的一批教师守初心、担使命的政治责任和学术责任。期待党规研究中心牢牢把握立德树人这条主线,以推动全面从严治党和全面依法治国为中心,从丰富的理论和实践中挖掘新材料、发现新问题、提出新观点,加强对党中央治国理政新理念新思想新战略的研究阐释,提炼出有学理性的新理论,概括出有规律性的新实践,充分体现党规研究的主体性、原创性,为推进依法治国和依规治党有机统一、思想建党和制度治党同向发力,发出法大声音、提供法大智慧、贡献法大力量。

最后,再次向党规研究中心的成立表示祝贺,也预祝此次研讨会圆满成功。

谢谢大家。

在中国政法大学党规研究中心
成立仪式上的致辞

中国人民大学党委书记　靳　诺

尊敬的胡明书记、各位领导、各位学者、各位来宾：

大家上午好！

很高兴受邀参加中国政法大学党规研究中心成立仪式，首先代表中国人民大学对中心的成立表示热烈祝贺。

今年正值中华人民共和国成立 70 周年，也是我们党成立 98 年。回首我们党 98 年的奋斗历程和新中国 70 年的发展历程，不难发现制度建设始终是贯穿党的 98 年奋斗史和新中国 70 年发展史的一个具有根本性、全局性、长期性和稳定性的重要问题。

"治国必先治党，治党务必从严，从严必依法度。"党内法规是依规治党的制度支撑，是全面从严治党的基本依循。我们党从成立之日起，就高度重视党内法规制度建设，形成了一系列党内法规制度。特别是党的十八大以来，以习近平同志为核心的党中央高度重视党内法规制度建设，把依规治党贯穿于全面从严治党全过程，把实践探索和理论总结转化为制度成果，出台了一大批标志性、关键性、引领性的党内法规，推动党内法规制度建设取得了重大成果，进一步夯实了全面从严治党的制度基石。党的十九大在提出新时代党的建设工作总要求时强调，要把党的制度建设贯穿于全面推进党的政治建设、思想建设、组织建设、作风建设、纪律建设的方方面面。目前，我们党已经形成了一个比较完备的、以党章为核心的组织制度、领导制度、自身建设制度和监督保障制度的党建工作制度体系。近年来，党内法规研究也已经成为学术界的一个新热点，全国成立了 40 多家党规研究中心。同时，与党的建设需要相比，还有一系列重大课题亟待研究，特别是要发挥高校的学科优势，进一步加强党规制度的理论研究、学科建设和人才培养。

一是要把党内法规制度的研究与学习贯彻习近平新时代中国特色社会主义思想结合起来,把握研究的思想维度。党内法规制度背后蕴含着一种价值追求,体现着一种治党思想。习近平新时代中国特色社会主义思想是新时代党内法规制度建设的思想指导,是党内法规制度的精神灵魂。习近平新时代中国特色社会主义思想贯穿改革发展稳定、内政外交国防、治党治国治军各个领域,以全新的视野深化对共产党执政规律、社会主义建设规律、人类社会发展规律的认识,是马克思主义基本原理与中国具体实际相结合的新飞跃,是当代中国马克思主义、21世纪马克思主义,开辟了马克思主义新境界、中国特色社会主义新境界和我们党治国理政新境界、管党治党新境界,是全党全国人民为实现中华民族伟大复兴而奋斗的理论指南和行动纲领。党的十八大以来,党内法规制度建设之所以能够取得重大进展、形成重大成果,最重要的原因就是习近平总书记的高度重视和亲自谋划,提出了一系列重要思想和论述,作出了一系列重大部署,为新形势下党内法规制度建设提供根本遵循、注入强大动力。只有把党内法规制度的研究与学习贯彻习近平新时代中国特色社会主义思想结合起来,才能透过一条条法规、一项项制度的背后深刻理解和把握习近平总书记关于全面从严治党系列重要讲话精神,才能深刻理解和把握党内法规制度的时代背景、目标指向、精神实质、重大意义。

二是要把党内法规制度的研究与党史、国史的研究结合起来,把握研究的历史维度。党内法规制度不是凭空产生的,而是在加强党的建设、解决党内问题的历史实践中产生的。一部党内法规制度建设史,就是一部中国共产党自身建设史,就是一部中国共产党人不忘初心、牢记使命的奋斗史。习近平总书记指出:历史是最好的教科书。学习党史、国史,是坚持和发展中国特色社会主义、把党和国家各项事业继续推向前进的必修课。这门功课不仅必修,而且必须修好。研究党内法规制度,必须树立历史意识,强化历史思维,深入研究党史和国史,把党内法规制度放到党史、国史的大背景中来研究和把握。我们党内各项法规制度的形成与确立,都是我们党在长期的历史实践中逐步探索和确立的,任何一项党内法规制度都是与一个个具体的历史事件联系在一起的,有着深厚的历史基础。离开历史,就难以理解和把握党的法规制度。改革开放以来,党内法规建设先后经历了四个阶段:一是20世纪80年代的恢复适应阶段;二是 20 世纪 90 年代的快速发展阶段;三是 21 世纪之初的修订完善阶段;四是党的十八大以来党内法规建设的新时代。党的十八大以来,党中央坚持立、改、废、留相结合的方针,制定了《中央党内法规制定工作五年规划纲要(2013—2017 年)》《中央党内法规制定工作第二个五年规划(2018—2022年)》,印发了《中国共产党党内法规制定条例》《中国共产党党内法规和规范性文件备案规定》《关于加强党内法规制度建设的意见》,修改制定了《中国共产党章程》《关于新形势下党内政治生活的若干准则》《中国共产党纪律处分条例》《中国共产党廉洁自律准则》《中国共产党党内监督条例》《中国共产党党组工作条例(试行)》等一系列重大党内法规,并确定了在建党 100 周年时全面建成内容科学、程序严密、配套完备、运行有效的党内法规制度体系的战略目标。

三是要把党内法规制度的研究与世界各国政党的国际比较研究结合起来,把握研究的世界维度。政党是现代国家的普遍现象,任何一个现代国家都存在一个或多个政党。纵观世界,政党在现代国家政治中扮演的角色越来越重要,同时政党的自身建设也成为一个重大紧迫的课题。20 世纪末期,世界政坛出现了一个引人深思的现象:一些长期执政的大党、老党相继失去政权,甚至趋于瓦解,其中包括苏联和东欧的共产党、墨西哥革命制度党等。这些政党之所以会失去政权,其主要教训之一就是党的自身建设发生重大问题,党内腐败现象难以解决,从而失去民心。而中国共产党之所以能够经受执政考验、改革开放考验、市场经济考验、外部环境考验,一个很重要的原因就是不忘初心使命,勇于自我革命,坚持思想建党与制度治党同向发力,同步推进,以完备严密的党内法规制度把全面从严管党治党落到实处。研究党内法规制度要确立世界眼光,善于进行国际比较,既要分析我们党之所以成功的原因,也要分析国外一些大党、老党之所以失败的原因,既总结经验,也吸取教训。

四是要把党内法规制度的研究与社会主义法治建设的研究结合起来,把握研究的法治维度。党内法规和国家法律既有区别,又有联系,都是中国共产党依法治国、依法执政的重要依据,都体现着法治思维。党内法规和国家法律的制定机关、制定程序、调整对象、适用范围、实施方式有着明显不同。从制定机关和制定程序看,党内法规是党的中央组织、中央纪律、中央各部门以及各省、自治区、直辖市党委根据党内立法程序制定的,而国家法律则是由国家立法机关依据立法程序制定的。从调整的对象来看，党内法规主要调整的是党内关系和党内政治生活，而国家法律主要调整的是社会关系和社会秩序。从适用范围来看，党内法规仅适用党组织和党员，而国家法律则适用于包括中国共产党党组织和党员在内的一切国家机关、社会组织和公民。从实施方式来看，党内法规主要是以党的纪律作为强制手段，而国家法律则由国家强制力保证实施。在我国，共产党是执政党，是"先锋队组织"，由先进分子组成，因此对党员的要求高于非党员公民。这决定了党内法规严于法律。党的十八届四中全会通过的《中共中央关于全面推进依法治国若干重大问题的决定》指出："党内法规既是管党治党的重要依据，也是建设社会主义法治国家的有力保障"。因此，研究党内法规，必须将其置于中国特色社会主义法治体系建设的整体视野中予以观察和思考，既注意党内法规与国家法律的不同，又要注重党章和其他党内法规与宪法和国家法律相关内容和规定的衔接，更要注意两者价值目标和法治精神的一致性。

五是要把党内法规制度的研究与高校党史党建学科建设和人才培养结合起来，把握研究的学科维度。党内法规制度的研究要提高水平，产出高质量的成果，必须有学科的依托和支持。近年来，党内法规制度的理论研究、学科建设和人才培养得到了各方面的重视，取得了一系列成果。根据 2017 年 2 月中共中央、国务院印发的《关于加强和改进新形势下高校思想政治工作的意见》，一些有条件的学位授予单位可以在马克思主义理论一级学科下自主设置"党的建设"二级学科，招收硕士、博士研究生。2018 年年初，国务院学位办又要求在"党的建设"学科下设置"党内法规"研究方向，招收硕士、博士研究生。这既给高校"党的建设"专业和"党内法规"方向的建设发展提供了政策支持，也赋予了高校一项重要的政治责任和光荣任务。中国人民大学作为我们党亲手创办的第一所新型正规大学，从诞生之日起，就高度重视党史学科的建设，为新中国党史学科建设作出了奠基性贡献。2017 年又依托学科优势，成立了中共党史党建研究院。中国政法大学重视党内法规制度研究，出版了国内第一本《党规学》，为创建党规研究中心奠定了良好的学科基础。高校作为理论研究和人才培养的重要阵地，应当发挥自身学科优势，大力加强党内法规研究，为不断推动和完善我们党的制度建设和党内法规建设提供更好的学术支撑、理论阐释和人才支持。

　　中国共产党由 1921 年成立时的 50 多名党员,到 1949 年新中国成立时的 448.8 万名党员,再到 2018 年底的 9059.4 万名党员,其从弱小到强大,从幼稚到成熟,从在野到执政的伟大历程,是与党的自身建设特别是党内法规制度建设密不可分的。加强党内法规制度的研究既是一项重大的政治任务,也是一项重大的学术课题,高校责无旁贷。中国政法大学是一所以法学为特色和优势的全国著名高校,一定能与中国人民大学形成优势互补。对此,中国人民大学非常愿意同中国政法大学作为兄弟高校一起联手开展研究,与全国其他兄弟院校的党内法规研究单位一起合作,共同推进,为贯彻落实以习近平同志为核心的党中央作出的"全面从严治党"战略部署提供更加深厚的学科支撑和人才支持。

　　最后,衷心祝愿中国政法大学党规研究中心越办越好,为进一步发展和完善党内法规理论、推动新时代党的制度建设和党内法规建设作出新的更大贡献!

　　谢谢大家!

在中国政法大学党规研究中心
成立大会上的致辞

全国政协委员、中国政法大学教授　曹义孙

尊敬的胡明书记、靳诺书记,可爱的洪昌院长,柯华庆教授,各位新老朋友和同事,还有前程似锦的青年学者们:

大家上午好。

今天,我很高兴能从常州连夜赶回北京亲自见证中国政法大学党规研究中心正式成立,我也很高兴能够受邀参加党规与社会主义法治研讨会。在这极具意义的时刻,我非常感谢党规研究中心主任柯华庆教授让我在大会上做一个发言。

前面两位书记主要从政治的高度、学术的角度阐述了党规研究的意义。我想从法学研究与法学教育的角度谈点自己的一些看法。

前些日子读了一本畅销书,它是由以色列青年历史学家赫拉利所写的《人类简史》。书中阐述了人类语言的三种功能:第一种功能,认知客观世界;第二种功能,人际沟通;第三种功能,由人类想象力进行虚构现实。人类的语言正是因为有了第三种功能,所以能够虚构似乎是不存在的故事,因此人类就从部落发展到村落,进而发展到城邦、帝国,再而走向了全球化。同时,人类也从动物食物链的终端发展到了顶端,成为了世界的主宰。这就是这本书的主体思想。人类的第三种功能能够发挥作用,需要依靠大多数人相信这种虚构的现实。所以,信任和信念是人类走向主人、成为食物链顶端的关键秘密。

既然信念如此重要,那么我要讲的第一点就是,我认为并相信中国共产党党规发展至今已经具有比较成熟的形态,它不仅是我国特色社会主义法律体系的有机组成部分,而且是重要的组成部分。当然,在法学界,关于党规是否属于法律、国法与党规之间的界限在哪里等问题还存在一些不同意见与看法,这很正常,我们可以对此进行进一步的讨论与探索。

第二点,我认为并相信对党规研究发生兴趣的学者会不断增加,会出现一大批有深度、有见解的研究成果,从而推进党规知识的增长。实际上,中国学术界已经形成了研究党规制度的热潮。不仅党内同志在研究党规,而且不少党外学者也在从事着党规的研究;不仅研究者在增加,而且研究机构也在增加;不仅党的研究机关在研究,而且学术机构也在研究。中国法学会2017年成立了党规研究机构,北京市、广东省、吉林省等许多省级的法学会也相继成立了专门的党规研究机构。据不完全统计,全国已经有四五十家以上的研究机构。

第三点,我认为并相信随着党规知识的增长、党规理论的完善,党规学一定会成为我国特色社会主义法学体系中的有机组成部分,而且是重要的组成部分。同时,党规学也一定会进入我们的教育事业,成为法学教育学科体系中的一门新学科,在法学教育体系中占据非常重要的位置。

第四点,我认为并相信依法治国必先依规治党,依规治党既是中国共产党自身建设的需要,也是作为执政党治国理政的需要,更是建设法治中国的需要。因此,依规治党是中国共产党率领全国人民取得新民主主义革命胜利、建立新中国的法宝,同样也是我国改革开放取得经济社会发展的法宝。总之,依规治党,是我国特色社会主义法治体系的重要组成部分。

第五点,我认为并相信中国政法大学党规研究中心无论是在党规知识的增长,还是在党规学科建设方面,一定会为讲好中国党规故事发挥自己的力量、作出自己应有的贡献,从而也一定会载入我校的史册。

最后,我不会忘掉柯教授邀请我来发言的任务。因此,我衷心祝贺研究中心的成立,也预祝研讨会的圆满成功。

谢谢各位。

在中国政法大学党规研究中心
成立大会上的致辞

中国政法大学党规研究中心主任　柯华庆

各位领导、专家：

大家早上好！

今天，中国政法大学党规研究中心在此举行成立仪式和党规与社会主义法治研讨会，欢迎各位从全国各地来到北京参加会议。今天有 110 多位到会代表，既有理论界的也有实务届的，既有法学届的也有政治学届的，既有马克思主义理论家也有党建专家，既有著名学者也有年富力强的中青年专家，更有不少的青年才俊。可以看到，党规研究事业蒸蒸日上。在此，我代表中国政法大学党规研究中心对各位的光临表示最诚挚的感谢。

中国政法大学党规研究中心的理念是立足于社会主义方向进行党规研究，所以本次研讨会的主题是党规与社会主义法治。刚才各位嘉宾都对这个主题进行了阐述，我想在此分享两点看法：

第一，党规研究必须建立在社会主义政治上，社会主义政治不同于资本主义政治，社会主义法治也不同于资本主义法治。

按照《共产党宣言》，社会主义国家是共产党领导人民通过暴力革命颠覆旧政坛建立的。我们常言说没有共产党就没有新中国，这就很好地表达了这个观点。资本主义法治是建立在资本主义政治之上的，国内外有一些人企图将资本主义法治打造成所谓"普世"的法治，以法治高于政治之名，用资本主义法治来规范社会主义政治，这实质上是用资本主义政治来颠覆社会主义政治。如果我们不能走出这个陷阱，社会主义法治理论就永远建立不起来。我们研究党规不是为了要弱化党的领导，而是为了规范、改善和加强党的领导。

第二，党规研究应该建立在中国共产党是马克思主义政党的基础上。现在中共中央将中国共产党定位为马克思主义的革命党和马克思主义的执政党,我认为应当进一步提升到中国共产党是马克思主义的政党。因为中国共产党不同于其他政党,中国共产党是由各行各业的先进分子组成的,是中国人民和中华民族的先锋队,党的领导和党的执政是两个不同的概念。我们说中国共产党是作为最高政治领导力量,指的是整个中国共产党;中国共产党作为执政党,实际上指的是党员代表在国家政权中处于主导地位,并非是指全党,作为执政党的中国共产党可以仅仅适用国家法律。

所以,我们对有一些问题的解决还是要依赖于对中国共产党的定位。比如说,为什么治国必先治党?为什么党内法规可以严于国家法律?为什么依法治国应该和以德治国相结合?为什么依法治国和依规治党应该有机统一?

我们期待通过本次研讨会,对于这些党规的基本理论问题有更深刻的认识。最后再次感谢领导们和专家们的鼎力支持,预祝大家度过丰富、愉快的一天,谢谢大家!

关于党规与我国公法关系的几个问题

朱维究[*]

在座的大部分是教授，教授最不怕的就是讲话，让他长篇大论可以说上三五天，但是对教授最大的考验实际上是如何把所有的内容精炼到 10—15 分钟，我努力吧！

首先，我想说的是，"党规与中国公法"的议题是 21 世纪世界哲学和社会科学最重大的课题之一。在新的历史阶段，也就是进入了新时代以后，我们处在了百年未有的大变局之中。应当说，当前世界哲学社会科学所面临的挑战是前所未有的。如果说福山的所说的历史已经真的终结了，那么世界下一步究竟该怎么走恐怕是人类最大的一个课题。在这样背景下，选这样的一个题目来讲，任何人都会力不从心，但历史又要求中国社会科学学人去进行探究。有着悠久历史文明和灿烂文化的中国是重新奋起的一个伟大民族，那么中国为什么会再奋起？和平发展、民族复兴在中国历史 5000 年长河中的地位如何？在晚清 100 多年历史中的地位以及在 500 年的这段历史中的地位又是怎样的？她所依赖的制度优势以及文明优势的底蕴究竟是什么？她走向将来的制度保障又是什么？现在我们这样一个大国怎么样走完全面复兴的最后征程，并且同时能给世界带来福祉与有益的、甚至可复制的启示？我认为以上问题都与我们要研究的"党规与中国公法"的课题息息相关。

再过两年就是我从事政治和法律专业学习研究一个甲子了。在这 60 年中，我经历了最重要的历史阶段，在这个历史阶段中形成了政治与法律的多个重大课题。当面对这些课题时，我是如何认识和选择的？在此，我想选择并介绍中国公法实践历程中四个典型案例，希望能引发大家的思考与研究。

---

* 朱维究，女，国务院参事，中国政法大学法学教育研究与评估中心教授。

在讨论如何看待党规和国法关系之前,我首先需要说说中国的法。十多年以前,北大行政法的第一位博士、现任司法部副部长的袁曙宏提出要研究中国公法的概念、探索公法的体系。我基本上参与了整个讨论并且赞同他的提议。广义的中国公法应该包括所有的诉讼法、宪法和行政法,我也同意公法真正的核心部分主要是宪法和行政法。因此,我们是否能就此达成一点共识? 即把宪法和行政法,也就是制度上的宪法和作为动态宪法行政法称之为公法。

在此基础上,我们再来探讨这四个案例。

第一,我国在20世纪80年代中后期引进了很多西方公法的理论,包括法理、宪法,同时也波及到行政法。其中有一个课题是行政法的理论基础究竟是什么? 我和应松年教授、方彦老师共同撰写了一篇短小的论文《中国行政法的理论基础是为人民服务》。这篇论文在当时并不被认可,因为"控权论"和后来的"平衡论"已经成为占据主流公法学界的核心观点。今天大家可以对此进行再审视、再思考。

第二,中国行政法学到底有哪些地方是和西方国家不同的,尤其是和大陆法系国家相比较存在哪些不同? 这其中包含一个法理问题,即行政法的法源。对此我提出了一个观点:党和政府共同发布的,也就是所谓的红头文件中特别的一类,应该列入中国行政法的法源。有关上述内容的文章也是在20世纪80年代中期正式发表的,同样没有引起什么波澜,更没有被公法学界所认可。

第三,关于西方的公权力是如何监督的? 哪些监督的制度和经验可以为我们所吸取? 除此之外还要注意什么? 在亲自参与《行政诉讼法》《国家赔偿法》《行政处罚法》等一系列重要的行政法制定的过程中,我经过多方考察、比较研究、审慎思考得出了结论。我始终认为公法应当保障、维护人民的权利,限制、监督人民公仆的权力,这是中国公法的本质和它应当完成的历史使命。而在公权力的监督上,西方国家通常是将司法审查和议会制衡作为两大主要的制度架构。能不能把这些分权制衡的制度全部都引进到中国来? 一方面,我坚决主张必须有一把尚方宝剑,因此制订《行政诉讼法》既是必须的、必然的,也是中国宪法内涵中应有之意;但另一方面,中国的《行政诉讼法》绝对不是美国的司法审查,因为我国宪法中找不到司法审查的依据。这个观点不仅从来不被接受,而且长时间受到批判,但我始终坚持。

第四个案例是关于监察法的修改问题。修改监察法究竟要不要先修改宪法？这是法学界辩论的重要议题之一。我坚持必须先修改宪法，再修改监察法，然后才能依法成立监察委员会。

几十年来，我做了十年高检的特约检察员，十五年北京市委监察局、中纪委监察部的特约监察员和三届国务院参事。我清楚我国的公权力监督、党内监督与法律监督的历程是怎么走过来的。根据我国现行宪法体制，不修改宪法是不可能调整这么大的权力架构，从而重新配置权力的。

以上这四个案例体现的实质是我国政治生态与宪法体制中，完全不同于西方的、特有的政治与法律的关系，非常值得也必然能够引起人们的思考。对此，我的思考有以下几点：

第一，关于理论基础。我们必须在中国的政治生态中寻找中国公法的理论基础，否则便没有出路。这涉及政治学、宪法学一系列基本理论和基本问题，然而现有的西方理论并没有给中国实践提供理论依据，社会经济跨越式发展又急需制度构建与理论支撑，那么我们只能是自己来摸索、来创造。因此，这些问题正是我们哲学社会科学界面临的最重大的 21 世纪的新任务。

第二，关于党的领导和建设法治中国的关系。我的想法基本上和柯教授的想法是相通的，但是提法、表述上可能有些不同。关于党的领导，党的十九大的核心任务是提出修改宪法，紧随其后的是修宪的工作。对此，整个法律界的理解是很肤浅的。对于这个问题的看法，时间不允许我展开，幸好我以后可能作为党规研究中心的老成员或者是顾问，能够继续跟大家一起研究和讨论。

但是现在我要说的是，在新中国法的理论与制度建设中，老一辈无产阶级革命家中有两位应当值得我们注意——新中国成立初期不要忘记董必武、改革开放以后不要忘记彭真。彭真有一段非常精辟的话来论述党和国家法治的关系，清晰地阐释了党的领导究竟应该如何体现在治国理政当中，尤其是体现在法治建设的推进上。他的大概意思是这样的：党领导人民制订宪法法律、修改宪法法律，同时也必须在制定宪法法律后，带领全党模范地遵守宪法，在宪法和法律的范围内活动。彭真非常精准、简洁地表明了党和国家法治的关系。时间不允许我展开，我也就不具体阐释理由是什么、为什么必须如此。但我特别佩服柯教授，因为他在这方面做了大量的阐释，尽管大家未必都能赞同他的观点，但是一家之说是成立的。作为学者，我认为这是很可贵的。

第三，从案例引申思索党规和国法在我国公法实践中是如何运行与互动的。这方面我做了很多课题,也做了比较多的论述阐释。因为最近这十五年我几乎没有再给硕士生上过课,只能是在给博士生上课的时候特别强调这些问题,那就是党规和国法都属于行为规范。我们知道自然科学的认识过程是复杂的、艰难的,所以才有这么多的人要攀登金字塔追求诺贝尔奖。但实际上,在某种意义上讲,社会科学的研究要认识自己、认识社会规律,这比认识自然规律还要艰难。因此对于各种各样的行为,尤其是在当下高科技、虚拟数字经济、甚至黑科技迅速发展的情况下,我们要如何进行规范?这是个大问题。我最近也参加了一些大的法律制定和修改研讨,这里面包含了一系列重大问题,包括转基因的研究等很多高科技问题到底怎么办?国家该怎么办?政府要不要干预?怎么干预?政府的法律监管究竟是如何实施的?我认为,解决问题的手段之一是必须对各类主体行为予以科学规范,否则便不可能建成现代国家治理体系,也不可能形成世界有序的格局。

行为规范是应当进行分类的。我大体将纷繁的规范分为四类,即政治规范、法律规范、社会规范和道德规范。虽然这四类规范要分别研究,但也不能将它们截然分开。正像西方研究行政伦理、政治伦理一样,它既有道德规范成分,也可能被某些国家在某一个历史阶段纳入国家公法的范畴。但我认为大体上的区分是应该有的,也就是说党规规范政治行为,国法规范整个社会组织,包括党员和党的组织。当然,怎么来认识当下的党规以及党规在早期和法律之间的交叉关系?甚至哪个先、哪个后?怎么样区分?我认为这其中包含一个发展与认识过程。作为学者,我们应当包容不同的观点,但是对于社会科学的分类学来说,大体上我们是应当做这种区分的。

第四,中国规范公权力的政治逻辑是什么?这点必须要在学界反复讨论、阐释清楚、表达清楚、甚至要争论清楚。中国经历了建党、建军、建国,今年的70周年阅兵仪式仪仗队最前面的就是这三面旗帜。我认为这三面旗帜的排列顺序值得深思——党、军、国。没有党建立武装、革命政权,采取武装斗争就不可能最终建立新中国,大家必须得认识清楚这其中的政治逻辑关系。中国执政党领导一切,执政根本的基础和依据是历史形成的,是人民认可的,更是发展到今天的必然结果。我们应该认识和探究中国政治下的中国法治是如何?又将怎样转换并进一步深入发展?是不是一定要通过选举?也就是说中国新的国家政权跟其他西方国家已有的经验和制度比较起来有什么特殊性?

我们是否看到，从 20 世纪的早期开始，中国实际上就走上了一条完全区别于发达资本主义国家的道路，中国实现国家现代化的道路走的是与所有西方国家完全不同的两条路。

如何看待中国的公权力？中国的公权力必须是由公仆替人民掌握，如果他不是公仆，就不应当是中国公权力的执行者，应该有牢固的制度保障让他随时下来、随时被罢免。这就是由马克思恩格斯提出、列宁初步实践的人民监督理论。因此，中国对于公权力的监督问题已经有了一系列实践中形成的经验，当然也有惨痛的教训。只是我们对此的理论研究严重滞后，制度也仍在建立之中。这跟西方分权制衡是完全不一样的。详细内容就不多说了，如果有机会请大家去看一看古田会议的展览，应当对此就会有更深的认识。

西方国家设定政府和掌握公权力的人是公民的敌对方，或者说是每一个人的敌人，把政府公权的恶摆在第一位，而每一个人都可以反对恶。这跟我们建党、建军、建国的初衷是完全不一样的，因此我们可以认为"公仆必须受人民监督，监督是防止人民的公仆蜕变成骑在人民头上的主人"就是我国一切政治监督逻辑的原点。

当然，我们的制度到今天还很不完善，这其中的原因很复杂。我要强调一点，中国共产党在新民主主义革命时期带领着农民完成了民族资产阶级和无产阶级应该完成的任务，改革开放时期也是如此。在国家的秩序、经济开始恢复好转之后，中国共产党带领着全中国 14 亿人民走过了没有全部完成的一次工业革命、二次工业革命和三次工业革命，甚至开始领跑第四次工业革命。应当说，中国共产党是承担多重使命、引领多领域全面跨越式发展的最高政治领导力量。历史也好，当下也罢，有这样的错那样的错并不奇怪，因为中国共产党一直在艰苦探索之中。在这之中也包括了法律制度，也就是把"司法审查"引到中国来。我认为这是应当包容的、可以理解的。因为我们在试错的同时也必须要包容过错。但是我们不能忘记建国的初心、不能忘记我国制度的根本性质，抓住对中国公权力监督政治逻辑的认知，跳出西方传统法理的窠臼，摆脱分权制衡理论的束缚，从自己公法实践中创建自己的公法理论。

依据案例谈了思考与体会，再说一点应对的措施，也就是社科界应该怎么办。在新中国成立 70 周年大庆之际，作为社会科学的工作者，干了一辈子法学教育，总结起来是有一点心虚与愧疚的。我没有带好学生，至少他们不完全理解中国共产党现在正准备做什么？已经做了什么？现在的难题是什么？法律人如何深度参与？怎样才有所担当？我没有把他们教懂、教好，这也是我最大的遗憾。但是，我相信如果还有时间我可以再做一点，因此在柯教授的中心里面我可能还会再做一点事情。

中国的社会科学究竟是如何走入困境的呢？我觉得根本的问题是自己对自己的民族、自己的文化没有自信心，到今天为止都是如此。当然，要有自信首先要解决三观问题。这不是一时半会就能够解决的，需要有一个不断吸收新东西、改造旧东西，也就是有一个思想变化改造的过程。

除了三观的培养教育之外，我要强调就是修养信仰，尤其是共产党员必须要这样做。除此之外，还要有大历史观和大地理观。我认为我们在这方面差得非常多。"把西藏分出去、新疆分出去，把什么分出去"，为什么必须要保卫领土的完整、捍卫我们的主权和国家安全？其实这在很多人的头脑中是不清晰的。这就是因为没有正确的历史观。蒋介石在东北失陷之后情愿一枪不发退出来，其实跟他的历史观是有关系的。孙中山先生虽然非常了不起，用五权宪法保证了当时国家的基本统一，但是他早期提的口号也就是要把满洲人赶出去就行了。所以，大地理观、正确的地理观非常重要。正是因为有惨痛的教训，我才要提这些问题。看着现在很多的年轻人，好多已经是教授的学者，脑子就像是一盆浆糊一样，就是因为他们缺少正确的历史观。应该如何看待中国的历史观、地理观，它和我们对中华文明的认识是联系在一起的。

另外，我觉得中国走的独立于西方发达国家之外的道路，是别人替代不了的，强求咱们走人家的路是不行的。这一点也应该深深地印在自己的脑子里。这也是要研究和解决的 21 世纪社会科学，包括政治哲学的核心问题之一，因为确立正确历史观、地理观是必要的前提条件之一。

最后，还有两点希望：

第一，要做好比较研究。刚刚人大的靳书记也说了，我认为比较研究更多的是政治经济学的比较、政府的比较、比较法的比较。我做了 10 年的比较法的所长，但是那个时候我只做了一点点事。沈宗灵教授曾说过中国的比较法还没有开始，对此我是特别赞同的。我当时做的只是研究立法建立一国两制，一国两制的比较研究今天看来就是中国法 1.0 的完整版，也是把中国法的完整版向世界拓展的一个基础。应当说到目前为止，这些问题也都没有研究好，所以台湾、香港才会产生相当大的问题。我们没有理论的进一步支撑,更谈不上为政治家提出政治构想。法学家、政治学家没有为之做好更多的制度设计和防范性制度机制的准备,原因之一就是比较研究跟不上,我们的比较法及比较制度研究还不行。

第二,我发现在现在的争论和讨论过程当中,最大的一个遗憾是自说自话。学英美法的学者只谈美国或者英国传统的古老法理,德国留学的学者回来就要谈德国高深莫测的法哲学。这都是什么问题呢?都是一知半解之后的断章取义,或者是片面引用一些什么制度或者是什么学说理论。恐怕他们的学习都缺乏一个根本,就是学是为了什么?怎么做到以我为主?但这并不是不吸收和不借鉴外国文明。比如,我们在制定《行政诉讼法》的时候就既吸收了大陆法系成文法的一些规则,同时也没有放弃吸纳美国的一些制度,特别是在《立法法》《处罚法》的制定过程中,我就主张一定要把听证制度引进到我们国家的法律体系中来。马克思再三地说过,习近平总书记也说过:只有在人类所有文明吸纳和继承的基础上,才能建立社会主义和共产主义的人类文明。

我想说的还很多,但是时间不允许了,今天只能把最基本的、个人体会最深的问题,通过四个案例来谈谈我的思考以及对策。不对的地方希望大家批评,谢谢!

党内法规体系构建的几个理论问题[*]

柯华庆[**]

摘要:"治国必先治党,治党务必从严,从严必依法度"是党的十八大以来国家治理体系现代化的基本原则,"全面依法治国"和"全面从严治党"顺应新时代而生。"一种法律体系理论对于任何充分的关于某一法规的定义来说,完全是必不可少的前提。"每一条党内法规只有放在党内法规体系中才能充分理解,党内法规体系的构建依赖于理论。党内法规体系是社会主义法律体系的组成部分,对其的完善需要社会主义法律体系的理论创新。

"治国必先治党,治党务必从严,从严必依法度"是党的十八大以来国家治理体系现代化的基本原则,"全面依法治国"和"全面从严治党"顺应新时代而生。党的十八届四中全会研究了全面依法治国重大问题,首次将"完善的党内法规体系"作为中国特色社会主义法治体系的重要组成部分,党的十八届六中全会研究了全面从严治党重大问题,制定了《关于新形势下党内政治生活的若干准则》,修订了《中国共产党党内监督条例(试行)》。为了进一步提高党内法规制定质量,2019年8月30日党中央对2012年印发的《中国共产党党内法规制定条例》(下文简称《制定条例》)和《中国共产党党内法规和规范性文件备案规定》(下文简称《备案规定》)予以修订。《制定条例》和《备案规定》的制定和发布,使中国共产党有了第一部正式的、公开的"立法法",对提高党内法规制定质量和完善党内法规体系起着至关重要的作用。如果说《制定条例》使得党内法规的制定有章可循的话,那么《备案规定》坚持有件必

---

[*] 该文原载于《人民论坛》2020年6月(上)。
[**] 柯华庆,男,中国政法大学党规研究中心主任、教授、博士生导师。

备、有备必审和有错必纠原则,对于维护党内法规和党的政策的统一性和权威性起到了关键作用。有了《制定条例》和《备案规定》,党内法规体系的构建就提上了议事日程。党的十九届三中全会和党的十九届四中全会确立了党领导一切的制度体系,党内法规体系是国家治理体系现代化的重要组成部分。"一种法律体系理论对于任何充分的关于某一法规的定义来说,完全是必不可少的前提。"每一条党内法规只有放在党内法规体系中才能充分理解,党内法规体系的构建依赖于理论。党内法规体系是社会主义法律体系的组成部分,对其的完善需要社会主义法律体系的理论创新。

一、党内法规是不是法律

一般而言,规范性、制度性、强制性是法律的三个特点。规范性就是服务于或者意味着服务于作为一种人类行为的指导。制度性就是法律的适用和法典化在很大程度上通过特定制度来实现或规定。强制性是指法律的服从和适用是由国家强制力提供内在保障的。每一种法律体系的理论都必须解释法律的三个特点。党内法规毫无疑问是法律。《制定条例》第三条明确规定,"党内法规是党的中央组织,中央纪律检查委员会以及党中央工作机关和省、自治区、直辖市党委制定的体现党的统一意志、规范党的领导和党的建设活动、依靠党的纪律保证实施的专门规章制度"。党内法规规范党的领导和党的建设活动,具有规范性。党内法规依靠党的纪律保证实施,具有强制性,《中国共产党政法工作条例》第六条明确规定政法工作"坚持党的绝对领导",《中国共产党章程》明确宣示"党政军民学,东西南北中,党是领导一切的",《中华人民共和国宪法》总纲第一条明确规定"中国共产党领导是中国特色社会主义最本质的特征",所以不仅党内法规,而且党的各种决定、通知、意见和建议不同于一般组织的建议之类,其最突出的特点是经过党内法规处理的党员有违法犯罪行为的可以直接移交司法机关,建议司法机关处理的都会得到处理,具有强制约束力。党的十八大以来坚持全面从严治党和依规治党背景下,通过党领导一切的体制机制保证党内法规的适用和实施,彰显了其制度化的特点。

二、党内法规的道德性与法律性

党内法规适用于党员和党组织,国家法律适用于公民及其组织,为什么党内法规应该严于国家法律呢? 梳理这一问题的核心在于,厘清党内法规的法律性与道德性。

人们通常将法治和德治对立起来,认为法治建立在人性恶的基础上,德治建立在人性善的基础上;法律规范行为,道德规范心灵;法律通过外力约束,道德是自我约束。人性善和人性恶的假设都不符合现实。现实的人性是善恶并存的,区别在于不同人的善恶比例不同,可以按照善恶比例对社会上不同人进行分层,国家治理应该是抑恶扬善,使得恶更少一点,善更多一点。法治与德治相结合就建立在人性善恶并存的基础上。邓小平同志明确指出:"制度好可以使坏人无法任意横行,制度不好可以使好人无法充分做好事,甚至会走向反面。"在普遍缺乏好制度的情况下,邓小平同志对制度的强调毫无疑问是有道理的,但好制度对人的提升是有限度的,好制度并不能使所有人成为好人,坏制度也不能使所有人成为坏人,所以中国在几千年的国家治理体系中一直存在法律和道德并存的情况,既发挥法律底线的功能同时发挥道德教化的效果。"刑不上大夫,礼不下庶人"就是封建社会礼法并治的治理原则。党的十九大确立的社会主义的法治原则是依法治国和以德治国相结合与依法治国和依规治党有机统一,同时全面从严治党也坚持依规治党与以德治党相结合,无论治国还是治党都既需要法治也需要德治。

法律与道德不是完全对立的关系,而是层层递进的关系。道德规范与法律规范都建立在价值观基础上,有效的法律秩序必须以共同体的最低道德观念为前提。富勒将法律称为"义务的道德",而将道德称为"愿望的道德"。愿望的道德是善的生活的道德,是卓越的道德以及充分实现人之力量的道德。义务的道德确立了使有序社会成为可能或者使有序社会得以达致其特定目标的那些基本规则。如果说愿望的道德是以人类所能达致的最高境界作为出发点的话,那么义务的道德则是从最低点出发。富勒对义务的道德和愿望的道德的区分是绝对化的二元划分,现实情况并非如此。人类不同时期的最低的义务的道德和最高的愿望的道德是不同的,在前一个时期是愿望的道德,在后一个时期可能就成了义务的道德。富勒假定了每个人的义务的道德和愿望的道德相同,然而事实上每个人的义务的道德和愿望的道德并不是完全相同的,同一个人在不同时期的义务的道德和愿望的道德有可能不同,一类人的义务的道德可能是另一类人的愿望的道德。我们可以将富勒对义务的道德和愿望的道德的划分扩展为多层级的义务的道德和愿望的道德,就像一个人的奋斗从最低台阶到更高台阶的不断攀登,每一次的奋斗目标相当于愿望的道德,成功之后就成为像义务的道德一样的起点,层层递进,不断攀升。法律与道德的关系就是这种相对的层层递进关系。

国家法律与党内法规是金字塔式结构。国家规定所有国民必须遵守法律(也就是义务的道德),这样的法律是国法,同时国家提倡国民遵守道德(也就是愿望的道德),这样的道德可以称为"国德"。国德是国民自愿遵守的,但并不排除其中一类人自我选择必须遵守其中部分国德,此时部分国德就成为部分人的法律(所有人的愿望的道德成为了部分人的义务的道德),党内法规就是这样的法律。共产党员是自愿选择加入共产党、经过组织严格考察最后宣誓入党的。《中国共产党章程》第一条规定,申请加入中国共产党的是"年满十八岁的中国工人、农民、军人、知识分子和其他社会阶层的先进分子",也就是说首先必须是"先进分子"才能申请加入;第二条第二款规定,"中国共产党党员必须全心全意为人民服务,不惜牺牲个人的一切,为实现共产主义奋斗终身"。一般党内法规对于一般国民来说是愿望的道德,但对党员来说则是义务的道德。党内法规又可以区分为党法和党德,党法是所有党员的义务的道德,是必须遵守的,党德是党员的愿望的道德,是自愿遵守的。对于党员来说,《中国共产党廉洁自律准则》中规定的"党员廉洁自律规范":"第一条　坚持公私分明,先公后私,克己奉公。第二条　坚持崇廉拒腐,清白做人,干净做事。第三条　坚持尚俭戒奢,艰苦朴素,勤俭节约。第四条　坚持吃苦在前,享受在后,甘于奉献。"都是党员必须做到的,是党法。对于一般党员来说,党员领导干部廉洁自律规范"第五条　廉洁从政,自觉保持人民公仆本色。第六条　廉洁用权,自觉维护人民根本利益。第七条　廉洁修身,自觉提升思想道德境界。第八条　廉洁齐家,自觉带头树立良好家风"是愿望的道德,是党德,但对党员领导干部来说,则是义务的道德,是党法。党内法规中有针对一般党员的、党员干部的和党员领导干部的,实现"添一个身份则多一份规矩"。

这与一个人自愿结婚后就不能再享受单身汉的自由、一个人成为父母后就有更多的义务的道理是相同的。至于愿望的道德是否能够通过规范行为来实现的问题是技术操作问题。党内法规是法律,但不是国法,而是党法;党内法规又可以分为党法和党德;如果说国法是义务的道德,那么党法是愿望的道德;如果说党法是义务的道德,那么党德是愿望的道德;由此社会主义法律体系是一个从最低义务的道德到最高的愿望的道德的金字塔结构,越往上愿望的道德性越强,对所规范主体的要求越严,规范的柔性也越强,实质合理性也越强。如果说资本主义法治要实现的是基于人性恶的底线防范式法治,那么社会主义法治要实现的是基于人性善恶并存的底线防范和理想弘扬式法治。

三、党内法规的稳定性与变革性

"法律必须稳定,却不能静止不变。"如果说庞德的这句话表达了变革时期法律被动应对社会变化的事实,那么社会主义法律的变革性是其主动性的本性,因为共产党是一个以实现共产主义伟大理想为使命的使命型政党。通过党内法规的变革来实现国法的变革是社会主义法治的基本特征。

共产党是使命型政党,共产党的使命包括领导无产阶级革命夺取政权和实现共产主义。共产党与一般无产阶级政党相同的地方在于通过革命夺取政权。《共产党宣言》明确宣示:"在实践方面,共产党人是各国工人政党中最坚决的、始终起推动作用的部分;在理论方面,他们胜过其余无产阶级群众的地方在于他们了解无产阶级运动的条件、进程和一般结果。共产党人的最近目的是和其他一切无产阶级政党的最近目的一样的:使无产阶级形成为阶级,推翻资产阶级的统治,由无产阶级夺取政权。"共产党与一般无产阶级政党不同在于它有更加远大而崇高的理想,在领导无产阶级夺取政权之后进行经济基础革命、社会革命和思想文化革命,最终实现共产主义:"当阶级差别在发展进程中已经消失而全部生产集中在联合起来的个人的手里的时候,公共权力就失去政治性质。原来意义上的政治权力,是一个阶级用以压迫另一个阶级的有组织的暴力。如果说无产阶级在反对资产阶级的斗争中一定要联合为阶级,通过革命使自己成为统治阶级,并以统治阶级的资格用暴力消灭旧的生产关系,那么它在消灭这种生产关系的同时,也就消灭了阶级对立的存在条件,消灭了阶级本身的存在条件,从而消灭了它自己这个阶级的统治。"共产党的最终目标是解放全人类和实现共产主义,与资产阶级政党不同在于它不仅是为了执政,而且是为了通过不断的社会革命和自我革命领导人民走向解放。共产主义远大目标决定共产党既不能保守自己的利益也不能停滞不前,只有通过不断的自我革命来逐步消灭阶级解放全人类最终实现共产主义。所以社会主义法治不同于资本主义法治的以保持稳定为特征,而是为了阶级和国家消亡,为了消灭自身,最终实现共产主义。

四、党内法规体系与国家法律体系的关系

党内法规是法律,那么党内法规体系与国家法律体系的关系就是一个不可回避的问题。2012 年发布的《中国共产党党内法规制定条例》第二条规定的党内法规定义是:"党内法规是党的中央组织以及中央纪律检查委员会、中央各部门和省、自治区、直辖市党委制定的规范党组织的工作、活动和党员行为的党内规章制度的总称。"党内法规仅仅是规范党员的行为和党组织的工作和活动的,党内法规的名称名副其实。事实上,以"党内法规"之名的党内法规不仅仅规范党员和党组织,而且涉及其他非党主体,最典型的是《中国共产党统一战线工作条例》涉及民主党派、无党派、工商联等。2017 年 6 月,中共中央印发的《关于加强党内法规制度建设的意见》明确完善以"1+4"为基本框架的党内法规制度体系,即在党章之下分为党的组织法规制度、党的领导法规制度、党的自身建设法规制度、党的监督保障法规制度 4 大板块。由中共中央办公厅法规局编辑并由法律出版社出版的《中央党内法规和规范性文件汇编(1949 年 10 月—2016 年 12 月)》就是按照"1+4"为基本框架的。党的自身建设法规制度是狭义的建设法规制度,党的组织法规制度和党的监督保障法规制度实际上也属于党的建设法规制度,党的领导法规制度不同于其他三种法规制度。党章中既有党的建设法规制度也有党的领导法规制度。《制定条例》第三条非常明确规定党内法规是"规范党的领导和党的建设活动"的,这是一个明显的进步。顾名思义,党的建设仅仅涉及党员和党组织,也一直是我们党重视的,已经成为马克思主义理论下的二级学科。党建包括思想建党和制度治党,制度可以是非正式制度也可以是正式制度,正式制度包括党内法规

和规范性文件。思想建党是理论上的和信念上的,制度治党要求规范化和强制约束力。党中央强调全面从严治党和依规治党必然要求对党的建设进行规范,对党的建设进行规范的法规称为"党内法规"是合理的。领导是一种关系,涉及领导者和被领导者,中国共产党与中华人民共和国、中国共产党与中国人民、中国共产党与民主党派等都是领导与被领导的关系;同时,党中央在制定党的领导法规制度时都会征求非党主体的意见和建议,《中国共产党统一战线工作条例》就征求过民主党派、无党派、工商联等非党主体的建议。

党导法规和党内法规是两种不同性质的法规。党的关系涉及内部关系和对外领导关系,党的对外领导与党的对内治理是两种不同性质的工作,规范党的对外领导的法规即领导类党规,规范党的对内治理的法规即建设类党规。领导类党规既是保证党与人民群众血肉联系的规则,也是党的全面领导和人民当家作主有机统一的规则。《中华人民共和国宪法》规定,"中华人民共和国是工人阶级领导的、以工农联盟为基础的人民民主专政的社会主义国家"。在现实的政治中,如何从法律层面保证党的领导与人民主体地位相统一就是领导类党规的任务。领导类党规是党与人民之间领导关系的规则,要求党在制定领导类党规时必须坚持从群众中来到群众中去原则,在党与人民的互动中将党的主张与人民的愿望紧密结合,形成表达共同意志的领导类党规。当前,领导类党规由党中央统一制定颁布,但制定程序中必须明确规定被规范的非党主体的参与,确保领导类党规是党与非党主体的共同意愿。领导类党规是党领导国家的制度落实,是党领导国家的依据和工具。领导类党规是宪法总纲第一条"中国共产党领导是中国特色社会主义最本质的特征"的制度化、法治化,是党总揽全局、协调各方的制度化和法治化。领导类党规使党对一切工作的领导有规可循,是党行使领导权的法律依据。领导类党规是党制定政策的规范依据,党的政策以领导类党规为制定依据,引导着国家法律变革,使党的主张转化为国家意志、国家法律。

领导类党规的制定依据是宪法和党章,因为宪法是国家的根本大法和统一大法,宪法明确规定了中国共产党的领导地位。《中国共产党政法工作条例》第一条明确"为了坚持和加强党对政法工作的绝对领导,做好新时代的政法工作,根据《中国共产党章程》《中华人民共和国宪法》和有关法律,制定本条例"是一个非常积极的信号。《中国共产党统一战线工作条例》和《中国共产党党组工作条例》的制定依据也应该是宪法和党章,因为宪法序言中明确了"中国各族人民将继续在中国共产党领导下","在长期的革命、建设、改革过程中,已经结成由中国共产党领导的、有各民主党派和各人民团体参加的,包括全体社会主义劳动者、社会主义事业的建设者、拥护社会主义的爱国者、拥护祖国统一和致力于中华民族伟大复兴的爱国者的广泛的爱国统一战线,这个统一战线将继续巩固和发展"。领导类党规的基础是中国共产党的先锋队性质和领导地位,为中国共产党所独有。中国共产党与八个民主党派的关系是中国特色新型政党关系,新就新在中国共产党的领导地位。中国共产党通过党内法规规范作为领导党的自身,然后通过领导类党规领导其他民主党派、无党派和社会团体,充分体现了中国特色社会主义的基本特征。无论如何,党中央将规范党的领导关系的法规称为"领导类党规",既有法理依据也有现实意义。(有必要补充说明的是,毛泽东同志最初使用的概念是"党规"。1938年,毛泽东同志在扩大的六届六中全会上做了《论新阶段》的政治报告,明确提出"所以纪律教育,不但在养成一般党员服从纪律的良好作风上是必要的;而且在监督党的领袖使之服从纪律,也有其必要。党的纪律是带着强制性的;但同时,它又必须是建立在党员与干部的自觉性上面,绝不是片面的命令主义。为此缘故,从中央以致地方的领导机关,应制定一种党规,把它当作党的法纪之一部分。一经制定之后,就应不折不扣地实行起来,以统一各级领导机关的行动,并使之成为全党的模范"。邓小平同志在著名的《解放思想,实事求是,团结一致向前看》一文中明确提出,"国要有国法,党要有党规党法。党章是最根本的党规党法。没有党规党法,国法就很难保障"。邓小平同志同样没有说"党内法规",而且邓小平同志实际上提出了法治上的"治国必先治党"思想。)

　　区分建设类党规和领导类党规有利于构建以宪法为统领的完整统一的中国特色社会主义法律体系。现有中国特色社会主义法律体系包括建设类党规体系和国家法律体系,中国特色社会主义法律体系还应将领导类党规体系纳入其中。建设类党规是党的内部治理的制度化和法治化,建设类党规严于国家法律从制度上保证党的先进性,保障党的领导地位,党的领导和唯一执政就具有了正当性;国家法律是全国人民共同意志的法律化;领导类党规则是连接党内法规和国家法律的"楼梯"。中国共产党应该依据建设类党规管党治党、依据国家法律治国理政、依据领导类党规领导国家和人民。依法治国是依据国家法律治国,依规治党是依据建设类党规治党,依规领导是依据领导类党规领导。依规领导使依法治国和依规治党实现了有机统一,领导类党规使依法治国和依规治党实现了一体化。因此,领导类党规是正当化、规范、改善和加强党的全面领导的必然选择。

《中国共产党党内法规制定条例》明确了党内法规的效力等级。第三条明确规定"党章是最根本的党内法规,是制定其他党内法规的基础和依据",可以说党章是党规中的"宪法"。第五条通过对党内法规的名称区别来区分党内法规的所规范的内容:"党内法规的名称为党章、准则、条例、规定、办法、规则、细则。党章对党的性质和宗旨、路线和纲领、指导思想和奋斗目标、组织原则和组织机构、党员义务权利以及党的纪律等作出根本规定。准则对全党政治生活、组织生活和全体党员行为等作出基本规定。条例对党的某一领域重要关系或者某一方面重要工作作出全面规定。规定、办法、规则、细则对党的某一方面重要工作的要求和程序等作出具体规定。中央纪律检查委员会以及党中央工作机关和省、自治区、直辖市党委制定的党内法规,可以使用规定、办法、规则、细则的名称。"第二十八条进一步通过对中央党内法规草案审批的规定明确了党内法规的效力等级,"(一)准则草案一般由中央委员会全体会议审议批准;(二)条例草案一般由中央政治局会议审议批准;(三)规定、办法、规则、细则草案一般由中央政治局常委会会议审议批准"。迄今为止印发的党内准则只有三个:《中国共产党廉洁自律准则》《关于党内政治生活的若干准则》和《关于新形势下党内政治生活的若干准则》,需要特别注意的是《关于党内政治生活的若干准则》主要解决党内民主问题,《关于新形势下党内政治生活的若干准则》主要解决党内集中问题,民主集中制是中国共产党的组织原则。规定、办法、规则和细则之间的效力等级是相同的。党规与国法之间的协调一致是法律体系的根本要求,在效力等级上不能采取含含糊糊的态度,而是需要构建一个以宪法为统领、以党章为核心的社会主义法律效力体系。

第五次宪法修正案蕴含的党规与国法关系[*]

欧爱民　　向嘉晨^{**}

摘要：党内法规与国家法律是国家治理现代化的两大制度支柱。第五次宪法修正案是新时代优化中国治理结构的一次重大宪制变迁，必然会涉及党内法规与国家法律的关系问题。习近平新时代中国特色社会主义思想蕴含了丰富的中国特色社会主义法治思想，为处理党内法规与国家法律关系提供了思想指导。"党的领导"写入宪法正文形塑出党内法规与国家法律在"党的领导"领域的交叉关系，即国家法律抽象确认与党内法规具体规定。国家监察机关的创设催生了党规国法衔接协调的新机制。党政联合制定混合性党规体现出党规国法的"一体关系"，"留置"取代"双规"等法治先行先试实践彰显出党规国法的转化关系。

关键词：第五次宪法修正案；交叉关系；一体关系；转化关系

中国特色社会主义最本质的特征是党的领导，中国特色社会主义最大的优势是党的领导，但在法治发展的历程中，党的实际具体活动与运作方式，与法治的既定框架、规则体系与运行原则等，难免会存在张力。[①] 因而推进法治中国建设的关键是，如何确保党的领导与依法治国的有机统一，具体表现为如

---

　　* 基金项目：国家社科基金重点项目"党规与国法关系的合宪性调适研究"（项目编号：17AFX008，主持人：欧爱民）；湖南省学位与研究生教育改革研究一般项目资助"党的领导法治化研究"（项目编号：CX20190441，主持人：向嘉晨）。

　　** 欧爱民，男，湘潭大学党内法规研究中心主任，武汉大学党内法规研究中心研究员，湘潭大学法学院教授、博士生导师；向嘉晨，男，湘潭大学党内法规研究中心助理研究员，湘潭大学法学院博士研究生。

　　① 周叶中、庞远福：《论党领导法治中国建设的必然性与必要性》，《法制与社会发展》2016年第1期。

何正确处理党内法规与国家法律的关系。第五次宪法修正案作为新时代优化中国治理结构的一次重大宪制变迁,是基于中国的国情与立场,围绕中国特有的法治问题展开的实践探索,必然会涉及党内法规与国家法律的关系问题。目前学术界对宪法修正案的阐释多是基于传统的解释进路,对此鲜有涉及。为此,从党规与国法关系的新视角阐释宪法修正案显得尤为必要,不仅有利于在宪法体制层面实现政治逻辑与法治逻辑的有机统一,还对构建中国特色的宪法学具有重要现实意义。

一、习近平新时代中国特色社会主义思想:党规与国法关系的新指南

党内法规与国家法律是中国国家治理现代化的两大制度支柱,如何正确认识和处理党规国法的相互关系,实现二者的衔接协调是当前国家治理法治化大背景下面临的重大问题。历届党和国家领导人都十分重视党内法规制度建设,并发表了一系列重要论述。毛泽东首次提出党内法规的概念,他指出:"为使党内关系走上正轨,除了上述四项最重要的纪律外,还须制定一种较详细的党内法规。"①在十一届三中全会上,邓小平首次阐述了党规与国法的联系:"国要有国法,党要有党规党法,党章是最根本的党规党法。没有党规党法,国法就很难保障。"②胡锦涛在中纪委第六次全会上提出:"要加强以党章为核心的党内法规制度体系建设,着力提高制度的科学性、系统性、权威性。"③党的十八大以来,习近平总书记站在推进党的建设新的伟大工程的战略高度,在许多重要会议、重要场合就党内法规制度建设做出一系列重要论述、指示,丰富和发展了马克思主义党建学说和中国特色社会主义法治理念。此次修宪将习近平新时代中国特色社会主义思想写进宪法,以根本法的形式肯定了马克思主义中国化的最新成果,为新时代正确认识、处理党内法规与国家法律关系指明了前进方向、提供了重要遵循。

---

① 《毛泽东选集》第二卷,人民出版社 1991 年版,第 528 页。
② 《邓小平文选》第二卷,人民出版社 1994 年版,第 147 页。
③ 管新华:《依规治党的历史溯源、现实设计和未来推进》,《探索》2016 年第 2 期。

（一）党内法规是"法"，且党内法规严于国家法律

在科学定位党内法规与国家法律的关系之前，必须认清两者为何能统一于中国特色社会主义法治体系之中。对此，习近平总书记指出："在我国，法是党的主张和人民意愿的统一体现，党领导人民制定宪法法律，党领导人民实施宪法法律，党自身必须在宪法法律范围内活动"。① 同时，习近平总书记强调："党章等党规对党员的要求比法律要求更高，党员不仅要严格遵守法律法规，而且要严格遵守党章等党规，对自己提出更高要求"。② 上述极富深意的论述实质上蕴含了如下两方面的基本内涵：

其一，党内法规是"法"。党内法规是我们党长期执政形成的制度成果，是中国特色社会主义法治体系的有机组成内容。党内法规的出现，改变了国家法律一元主义的格局，逐渐形成了党规国法二元并存的法治新格局。但长期以来，学术界不认同党内法规的"法"属性，认为法律即指国家法律，党内法规与之相比，从制定主体、制定程序、调整对象、适用范围、强制保障等多方面都存在差异，"党内法规"的提法容易产生歧义。③ 一部分学者则认为党内法规虽然是"法"，但只是广义上的"法"，与村规民约、公司章程等一样属于社会法和软法的范畴。④ 还有一部分学者认为，党内法规在制定主体、意志体现、执行的强制力等方面都具备了法律规范的特征，应将其纳入国家法律体系之中。⑤ 由此可见，围绕党内法规的法治属性问题，学术界观点纷呈，没有形成定论，理论研究的滞后与制度实践的成熟之间很不相称。

习近平新时代中国特色社会主义思想中关于党内法规制度建设的重要论述有力解答了党内法规的上述本体论问题，起到了"正名与定纷止争"的作用。习近平总书记指出：在我国，法是党的主张和人民意愿的统一体现。党内

---

① 中共中央文献研究室：《习近平关于全面依法治国论述摘编》，中央文献出版社 2015 年版，第 36 页。

② 中共中央文献研究室：《习近平关于全面从严治党论述摘编》，中央文献出版社 2016 年版，第 105 页。

③ 曾市南：《"党内法规"提法不妥》，《中国青年报》2004 年 1 月 2 日。

④ 姜明安：《论中国共产党党内法规的性质与作用》，《北京大学学报（哲学社会科学版）》2012 年第 3 期。

⑤ 王春业：《论将党内法规纳入国家法律体系》，《天津师范大学学报（社会科学版）》2016 年第 3 期。

法规与国家法律都是党的路线方针政策的规范化、制度化与具体化,国家法律是党和人民意志的集中体现,党内法规是党的意志的体现,而党始终以实现人民根本利益为宗旨,所以党规和国法都是以实现人民的根本利益而形成的、以行为规则表现出来的共识。同时,在中国特色社会主义法治体系的建设过程中,党的领导是不可动摇的根本原则。由于党内法规是在民主集中制原则的基础上,按照一定的组织程序制定出来的,国家法律则是在党的领导下,由立法机构按照一定的法定程序制定出来的。因此,党内法规与国家法律在中国特色社会主义法治体系中的统一便具有了共同的行为主体。① 为此,《中共中央关于全面推进依法治国若干重大问题的决定》首次以党的文件的形式明确将"形成完备的法律规范体系"和"完善的党内法规体系"共同作为建设中国特色社会主义法治体系的重要内容,将党内法规正式纳入中国特色社会主义法治体系的范围,在肯定党内法规的"法"属性的同时,厘清了党内法规与国家法律的差异性与统一性,明确了党内法规在国家治理中的功能与地位,扫除了人们认识上的阴霾,解决了长期困扰学术界的理论分歧。

其二,党内法规严于国家法律。办好中国的事情,关键在党,关键在党要管党、从严治党,而从严必依法度。为此,党内法规必须严于国家法律。习近平总书记曾精辟指出:"在我们国家,法律是对全体公民的要求,党内法规制度是对全体党员的要求,而且很多地方比法律的要求更严格。我们党是先锋队,对党员的要求应该更严"。② 这一鲜明的论断表明党员不仅要模范遵守国家法律,还要遵守党内法规为其设定的更为严格的行为规范。党内法规之所以要严于国家法律:一是中国共产党先锋队性质的必然要求。中国共产党是领导人民实现中华民族伟大复兴的先进政党,而共产党员则是人民群众中的先进分子,在规范要求上,自然要比对普通群众的要求更严格。如果党内法规对党员的要求等同于甚至低于国家法律,那么党的先进性则无法保障。二是强化党的政党纪律,实现长期领导和执政的需要。中国共产党是社会各阶层中的先进分子为了实现党的长期领导和执政而团结起来的一种政治组织,而

---

① 　中共中央文献研究室:《习近平关于全面依法治国论述摘编》,中央文献出版社 2015 年版,第 112 页。

② 　陈柳裕:《党内法规:内涵、外延及与法律之关系——学习贯彻党的十八届六中全会精神的思考》,《浙江学刊》2017 年第 1 期。

要实现长期领导和执政的目标,必须要求政党内部对其成员设定更为严格的行为规范。习近平总书记深刻指出:如果管党不力、治党不严,我们党迟早会失去执政资格。因此,国家法律没有禁止的行为,党内法规则可能要禁止,例如在理想信念方面,国家法律规定公民有信教的自由,但中国共产党必须坚持马克思主义这一根本指导思想,因此,共产党员绝不能"烧香拜佛,不信马列信鬼神"。三是党内法规对党员权益进行二次调整的必然结果。在党内法规对党员行为作出调整之前,国家法律已经对公民行为实施了调整。从这个意义上而言,党内法规调整不是从一张白纸开始,而是对国家法律调整的一种接续。① 国家法律对公民采取"理性人"标准,即要求公民的行为符合一般人所应有的理性即可,这是全体公民的底线。而共产党员与生俱来的先进性要求其必须接受比一般公民更为严格的监督和要求,这是全体党员的底线,否则党内法规的二次调整就缺乏应有的价值,党内法规也就失去存在的必要性。因此,党员违反党内法规的行为不一定违反国家法律,但党员违反国家法律的行为必定会违反党内法规。

(二)党规与国法相辅相成、相互促进、相互保障

党的领导是中国法治建设的核心要义,准确认识和处理治党与治国的关系是实现国家治理法治化的重点环节。由于治国主要依靠国家法律,治党主要依靠党内法规,因此国家治理法治化的关键在于如何理解并处理党内法规与国家法律的关系。对此,习近平总书记结合当下中国的法治建设实际,提出"全面推进依法治国,必须努力形成国家法律法规和党内法规制度相辅相成、相互促进、相互保障的格局"的重要论断。② 这一论断蕴含着如下几方面的内涵:

第一,"相辅相成"是指党内法规与国家法律互相配合,互相补充,缺一不可。例如在党领导立法领域,从党的主张到国家意志的转化要经历如下五个环节:其一,党委形成国家法律立改废释的意见或建议;其二,党委向国家立法机关提出立法主张;其三,有立法提案权的主体提出议案,启动国家立法程序;

---

① 宋功德:《党规之治》,法律出版社 2015 年版,第 325 页。

② 习近平:《关于〈中共中央关于全民推进依法治国若干重大问题的决定〉的说明》,《人民日报》2014 年 10 月 29 日。

其四,立法机关党组进行党内动员部署,确保党的意图得以实现;其五,立法机关审议通过立法议案等。在上述环节中,第一、第二、第四等环节属于党内活动,主要依靠《中共中央关于加强党领导立法工作的意见》《中国共产党地方委员会工作条例》等党内法规进行调整,第五环节属于国家立法活动,主要依靠《立法法》《行政法规制定程序条例》等国家法律进行调整,第三环节既有党内事项,也有国家事项,分别适用相应的党内法规与国家法律。① 可见,在联袂规范,携手调整,犹如车之双轮、鸟之两翼,缺一不可。

第二,"相互促进"注重党内法规与国家法律相互强化,共同推进。例如,《公务员法》作为公务员管理领域的主要法律,规定了公务员管理要坚持党的领导,坚持党管干部原则,从而推动了《公务员考核规定(试行)》《公务员奖励规定(试行)》《公务员调任规定(试行)》等相关党内法规的出台,同时,上述党内法规又会反过来促进《公务员法》的修订,从而形成"有效且无漏洞"的公务员管理体系。

第三,"相互保障"强调党内法规与国家法律互为依托、相互支撑。首先,国家法律需要党内法规的保障。邓小平曾精辟指出:"没有党规党法,国法就很难保障。"例如1979年中共中央印发了《关于坚决保证刑法、刑事诉讼法切实实施的指示》,为刑法、刑事诉讼法等国家法律的实施提供了党规保障。再如,《领导干部干预司法活动、插手具体案件处理的记录、通报和责任追究规定》等党内法规,为确保司法机关依法独立公正行使职权提供了制度保障。同时,没有国家法律的协同,党内法规的具体条款也难以落地。例如为了体现党的组织领导,《代表法》《选举法》《组织法》等国家法律在候选人提名、选举程序等方面做出了相应的制度安排,确保党组织根据《党政领导干部选拔任用工作条例》《中共中央关于地方党委向地方国家机关推荐领导干部的若干规定》等党内法规推荐提名的人选能够顺利当选。

(三)党规与国法的统筹推进、一体建设

党内法规与国家法律共同作为中国特色社会主义法治体系的组成部分,缺少任何一环都无法形成系统完备、行之有效的法治体系。而要做到二者良

---

① 周望:《论党内法规与国家法律的关系》,《理论探索》2018年第1期。

性互动,共襄法治,重点在于保证党内法规与国家法律的有机统一。对此,习近平总书记精辟指出必须坚持依法治国与制度治党、依规治党统筹推进、一体建设,这一重要论断抓住了中国法治建设的关键节点,明确了统筹推进党规国法制度建设的基本要求。

其一,注重法治理念的衔接。法治要求人们必须按照一定的规则活动。党内法规与国家法律有机统一必须坚持法治的思维和理念,并且这种法治思维和理念应该是一致的,不能因为党内法规与国家法律的不同而存在差异,否则就会加剧两种法治的矛盾。① 具体表现为两点:一是党内法规与国家法律同属"法"的范畴,两者共同追求法律的普遍性、公开性、非溯及既往性、明确性、自治性、可行性、稳定性和与官方行为的一致性等。这是人类制度文明在法治领域的体现;二是党内法规作为中国特色社会主义法治体系的重要组成部门,应当符合社会主义"良法"的具体要求,党内法规与国家法律应在内在精神上保持一致性,即应当坚持中国共产党的领导、坚持人民主体地位、坚持法律面前人人平等、坚持依法治国和以德治国相结合、坚持从中国实际出发等中国法治建设的基本原则。②

其二,补齐党规建设的短板。中国特色社会主义法治体系包括党内法规与国家法律,与较为完善的国家法律体系比较而言,党内法规制度建设虽然取得了巨大成绩,但还存在诸多制度短板,党内法规与国家法律统筹推进存在"偏科"的现象,必须以改革创新精神加快补齐党内法规的制度短板。正因如此,中共中央相继印发了《中央党内法规制定工作五年规划纲要(2013—2017)》《中央党内法规制定工作第二个五年规划(2018—2022年)》等规划纲要,为构建科学完备、系统严密、运行有效的党内法规体系进行了顶层设计。

其三,确保制度运行的协调。党规与国法并存是当代中国社会治理的现实,两者难免会存在不适应、不一致等问题,为此,确保两者实施执行的协调至关重要:一是要厘清党内法规与国家法律的调整范围。例如,依据《中国共产党地方委员会工作条例》《中华人民共和国地方各级人民代表大会和地方各级人民政府组织法》的相关规定,党的地方委员会与同级人大及其常委会、人

① 韩强:《党内法规与国家法律的协同问题研究》,《理论学刊》2015年第12期。
② 《中共中央关于全面推进依法治国若干重大问题的决定》。

民政府均有重大事项的决定权。但在实施执行上,党委决策的重大事项应集中于路线方针政策等政治性事项,人大及政府决策的重大事项应集中于执行意义上的行政问题,两者不可等同混淆。二是要建立健全党内法规与国家法律协调的保障机制,特别是要建构党内法规与国家法律制定的协同机制、备案审查的联动机制、清理评估的链接机制等,并在基础上,遵循"宪法至上、党章为本"原则,构建党内法规与国家法律不衔接、不协调的预防机制、发现机制、判断机制与处理机制等。

二、"党的领导"写入宪法正文:党规与 国法合理配置的新模式

第五次宪法修正案的一个亮点是,将"中国共产党领导是中国特色社会主义最本质的特征"写入宪法正文当中,实际构成了中国特色社会主义宪法理论的核心,[①]在中国法治实践中具有重要的现实意义。具体而言,一是体现了党的领导的根本性和直接性。宪法第一条作为宪法的"国体条款",规定了国家的根本性质和制度,而将"党的领导"写入宪法第一条,表明坚持"党的领导"是社会主义制度的一项根本原则,赋予了"党的领导"以直接的宪法效力。[②] 二是体现了"党的领导"的全面性。宪法第一条是宪法文本中最具统领总括的规范条文,与我们国家的国体和根本政治制度紧密相关。而将"党的领导"写入宪法第一条,集中体现了"东西南北中,党是领导一切"的精神实质,并探索出一条中国特色的"党的领导"法治化道路,蕴含着党规与国法合理配置的新模式。

对于"党的领导"法治化的模式,不少学者展开了探讨和研究,产生了许多观点。例如,有学者主张通过制定《政党法》等国家法律具体规范党的领导。[③]

---

① 周叶中、林骏:《"党的领导"的宪法学思考》,《法学论坛》2018 年第 5 期。

② 此前有关"党的领导"表述仅出现于宪法序言中,但有关宪法序言的法律效力学界存有争议,主要形成了"全部无效说""全部有效说""部分效力说""模糊效力说"与"强于正文效力说"等五种观点。(参见朱福惠、龚进之:《宪法序言的特殊功能及其法律效力》,《江苏行政学院学报》2017 年第 1 期)

③ 蒋劲松:《政党的国法治理》,《法学》2016 年第 1 期。

也有学者认为,宪法既然确认了党的执政权,就应当按照法治原则,同时明确或另行立法明确这种领导权或执政权的具体内容、范围、运用程序和相应义务。① 本次宪法修正案没有采纳上述观点,只是原则性规定"中国共产党领导是中国特色社会主义最本质的特征",蕴含着丰富的规范含义,从而在"党的领导"领域形塑出党内法规与国家法律的交叉关系。

所谓交叉关系是指党内法规与国家法律均需要对"党的领导"进行调整,但两者存在明显的分工,即国家法律仅对"党的领导"进行抽象规定和确认,而有关"党的领导"的职权、范围和程序等内容则由党内法规具体规定,从而形成了交叉关系的两个侧面,即国法侧、党规侧。

（一）交叉关系的国法侧:抽象确认"党的领导"

所谓交叉关系的国法侧是指在党内法规与国家法律共同调整的"党的领导"领域,国家法律应当承担的调整任务及其遵循的调整原则。综上,国家法律只能抽象确认"党的领导",即宪法和法律仅对"党的领导"作出原则性规定,旨在赋予"党的领导"在国务领域的正当性。具体包括两个方面的内涵:一是党的领导地位无法通过党内法规的自我授权而产生,也即党的领导地位必须来自于宪法和法律的确认,这是法治的基本要求。二是国家法律不宜对"党的领导"进行具体调整,换句话说,党如何发挥领导作用,党具有什么样的领导权力等事项不由国家法律规定。原因在于依靠国法难以对具有极高权威的最高政治领导力量实现真正的制度驯服,难以有效破解"法治建设既需要权威,又需要对权威进行限制"的二律背反难题。此外,"党的领导"涉及面广,内容复杂,如果单纯通过国法的形式对其进行规范,容易导致相关"党的领导"的法律占比过高,造成国家法律体系的比重失衡②,不利于中国特色社会主义法治体系的建设。

"党政军民学,东西南北中,党是领导一切的",但也并非所有的国家法律都要抽象规定"党的领导",从而造成"党的领导"入国法的"泛化"现象。"党的领导"作为最高的政治权力,政治性是其本质属性,因此只有涉及贯彻执行

---

① 童之伟:《执政党模范守法是实现法治之关键》,《法学》2000 年第 7 期。

② 据统计,在党的领导领域,中国共产党共出台了 949 部党内法规。(参见宋功德:《坚持依规治党》,《中国法学》2018 年第 2 期)

党的路线、方针、政策等政治性较强的国家法律才需要抽象确认"党的领导"。具体而言,包括如下三种情形:一是直接涉及党的政治、思想、组织领导的宪法性法律,例如《民族区域自治法》《立法法》等;二是涉及"党的直接管理事项"的国家法律,即涉及党管军队、党管干部、党管人才、党管意识形态的法律,例如《公务员法》《高等教育法》等;三是涉及国家安全的法律,例如《国防法》《国家安全法》等。上述三种类型的国家法律涉及政治性较强的事项,有必要抽象规定"党的领导"原则,其他类型的国家法律政治性较弱,例如《婚姻法》《合同法》等不宜对"党的领导"作出抽象规定。

图表1　抽象确认"党的领导"的国家法律

法律名称	法律条款
《监察法》	坚持中国共产党对国家监察工作的领导,……(第二条)
《立法法》	立法……坚持中国共产党的领导……(第三条)
《各级人民代表大会常务委员会监督法》	各级……坚持中国共产党的领导,坚持改革开放。(第三条)
《民族区域自治法》	民族自治……在中国共产党的领导下,……努力奋斗。(序言第五自然段)
《工会法》	工会……坚持中国共产党的领导……依照工会章程独立自主的开展工作。(第四条)
《村民委员会组织法》	中国共产党在农村的基层组织发挥领导核心作用……直接行使民主权利。(第四条)
《公务员法》	公务员制度坚持中国共产党领导……坚持党管干部原则。(第四条)
《学位条例》	凡是拥护中国共产党的领导……都可以按照本条例的规定申请相应的学位。(第二条)
《高等教育法》	中国共产党高等学校基层委员会按照中国共产党章程和有关规定,统一领导学校工作,支持校长独立负责地行使职权,其领导职责主要是……(第三十九条)
《国防法》	中华人民共和国的武装力量受中国共产党领导。……(第十九条)
《国家安全法》	坚持中国共产党对国家安全工作的领导……(第四条) 国家坚持中国共产党的领导,……(第十五条)
《反间谍法》	反间谍工作坚持中央统一领导……(第二条)

续表

法律名称	法律条款
《现役军官法》	军官必须具备下列基本条件:(一)忠于祖国,忠于中国共产党……(第八条第一项)

(二)交叉关系的党规侧:具体细化"党的领导"

所谓交叉关系的党规侧是指在党内法规与国家法律共同调整的"党的领导"领域,党内法规应当承担的调整任务及其遵循的调整原则。综上,"党的领导"的具体细化任务由党内法规承担,即在国家法律对"党的领导"进行原则性规定的基础上,通过党内法规对"党的领导"的具体权限、范围、程序等事项进行细化,从而形成了完备的党的领导法规。根据党内法规调整的广度与深度,可以将党的领导法规划分为两大基本类型,即总体规定型、具体规定型。

第一,总体规定型。所谓总体规定型是指调整范围较为广泛,一般不涉及具体国家事务管理的领导法规。总体规定型领导法规具有三大特征:一是法规性质的基础性。所谓法规性质的基础性是指总体规定型领导法规一般是基础性党规,是对"党的领导"的某一领域重要关系或者某一方面重要工作作出全面规定的党规。根据《中国共产党党内法规制定条例》第五条的规定,总体规定型领导法规一般是以"条例"形式出现,例如《中国共产党党组工作条例》《中国共产党政法工作条例》等。二是调整内容的全局性。所谓调整内容的全局性是指总体规定型领导法规一般仅就"党的领导"的基本原则、组织保障、领导权限等全局性问题做出总体性规定,其他较为具体、细致的领导问题则由相应的配套性党规进行调整。因此,此一类型的领导法规主要对"党的领导"进行总体性规定,并主要通过党内法规的"溢出效应"对国家和社会事务实行间接调整。①。三是调整范围的领域性。具体而言,在政治领域,此一类型的领导法规主要对党的政治领导方向、政策领导路线、重大事项决断等方面进行总体规定,如《中国共产党地方委员会工作条例》《中国共产党党和国家机关基层组织工作条例》等;在思想领导领域,此一类型的领导法规主要对

---

① 所谓党内法规的"溢出效应",是指党内法规超越管党治党的传统界限,对国家事务、社会事务进行调整,对非党组织与党外人士进行约束所发生的法治现象。

思想领导路线、宣传和教育方式等方面进行总体规定,如《中国共产党宣传工作条例》《中国共产党党员教育管理工作条例》等;在组织领导领域,此一类型的领导法规主要对干部的推荐和管理进行总体规定,如《党政领导干部选拔任用工作条例》《党政领导干部考核工作条例》等。

第二,具体规定型。所谓具体规定型是指调整范围较为具体,一般会涉及具体国家事务管理的领导法规。具体规定型领导法规具有三大特征:一是法规性质的非基础性。具体规定型领导法规不是"党的领导"某一领域的主干性法规,而是相应的配套性法规、执行性法规、实施性法规,是总体规定型领导法规的下位法规,对"党的领导"某一方面重要工作的要求和程序等作出具体规定。根据《中国共产党党内法规制定条例》第五条的规定,具体规定型领导法规一般是以"规定""办法"等形式出现。例如《事业单位领导人员管理暂行规定》《高等学校领导人员管理暂行办法》等。二是调整内容的具体性。具体规定型领导法规是对特定领域党的领导事项作出具体规定。例如《高等学校领导人员管理暂行办法》分别就高校领导的任职条件和资格、选拔任用、任期和任期目标、责任考核评价、职业发展和激励保障、监督约束、退出等进行详细规定。三是调整范围的特定性。具体规定型领导法规一般涉及国家事务的行政管理,其调整领域为党政交叉的特定事项。例如,在意识形态领域,总体规定型领导法规是《中国共产党宣传教育工作条例》等,但意识形态作为党的一项极端重要的工作,事关党的前途命运,事关国家长治久安,事关民族凝聚力和向心力,党需要对意识形态工作进行具体管理,需要具体规定型领导法规对之进行调整。例如《全国性文艺新闻出版评奖管理办法》《关于重大革命历史题材影视作品拍摄和审查问题的规定》等。

三、国家监察机关入宪:党规与
国法衔接协调的新机制

中国作为现代意义上的民主法治国家,就法治监督体系而言,存在党内监督、行政监督和法律监督三种形式。在国家监察体制改革之前,上述三种监督方式犹如"三驾马车,并驾齐驱",虽然实现了权力监督体系的全覆盖,但也存在着"同体监督乏力、异体监督缺失、党纪国法断层、监督资源分散、对象难以周延"等诸多缺陷。① 为了解决上述困境,实现法治监督体系的统一,党中央决定实施国家监察体制改革,实行党的纪检机关与国家监察机关合署办公的模式,从而有效整合反腐败资源力量,建立集中统一、权威高效的国家监察体系。② 此次修宪将国家监察体制改革的成果写入宪法,创设了国家监察委员会,赋予其独立的权力运行机制,国家权力体系由"一府两院"转变为"一府两院一委",国家监察委员会具备了宪法上的实质正当性,同时也意味着党政合署办公的法治实践获得了宪法的肯认。

党政合署办公作为沟通党政两大领域的重要举措,必然会在党规国法的衔接协调领域产生影响。在合署办公体制下,如何准确处理和协调党规国法的关系是制度运行过程中必须解决的问题。正因如此,在国家监察体制改革进程中逐渐催生出党规国法衔接协调的新机制,从而彰显出党内法规与国家法律关系的两大类型,即一体关系、转化关系。

（一）党规国法的一体关系：党政联合制定混合性党规

一般情形下,党内法规与国家法律"各行其道、并行不悖",但由于党政事务不可能泾渭分明,有时会交织在一起,甚至会融为一体,从而形塑出党内法规与国家法律的一体关系。所谓一体关系是指党内法规与国家法律在调整范围、具体规则设置、规范文本等方面完全处于重合的状态。③ 一体关系的制度载体是混合性党规,所谓混合性党规是指由党的立法机构主导,联合拥有立法权的国家机关针对跨领域近似事项制定,以党组织的文号印发的,④在党内领域和国家特定领域均具有效力的行为规范、规章制度。例如《党政机关办公用房管理办法》《党政机关公务用车管理办法》等是由中国中央办公厅、国务院办公厅联合制定的混合性党规。混合性党规是一种较为普遍的中国法治现

---

① 秦前红:《困境、改革与出路:从"三驾马车"到国家监察——我国监察体系的宪制思考》,《中国法律评论》2017 年第 1 期。

② 彭新林:《国家监察体制改革:历史借鉴与现实动因》,《法学杂志》2019 年第 1 期。

③ 欧爱民:《党内法规与国家法律关系论》,社会科学文献出版社 2018 年版,第 87 页。

④ 在实践中,也存在以国家机关名义印发的混合性党规,例如 2009 年 11 月 9 日,中组部和人社部印了《公务员录用考试违纪违规行为处理办法(试行)》,该混合性党规的发文字号为人社部发〔2009〕126 号。再如中纪委和国家监委联合制定了《公职人员政务处分暂行规定》,但其发文文号为国监发〔2018〕2 号。

象,据统计,在有关组织人事管理的 61 部主要法规文本中,混合性法规 30 部,约占 49.2%,纯粹的党内法规有 21 部,约占 34.4%,国家法律 10 部,约占 16.4%。① 由此可见,混合性党规作为能够调整党政两大领域的制度载体,已日渐成为中国特色社会主义法治的新常态。

此次修宪将国家监察委员纳入宪法之中,肯定了党政合署办公的宪制正当性的同时,也意味着在合署办公机制中,党政联合制定混合性党规的法治形态具备了正当性基础。党政合署办公属于"一块牌子,两套人马",同时行使执纪、执法两种权力,分别适用党内法规、国家法律。由于绝大部分公务员兼具党员的身份,对之需要实施"双罚制",对于同一行为既要追究党纪责任,也要追究国法责任,从而催生出纪法衔接的问题。纪法衔接既涉及党规责任,也涉及法律责任,单纯的党内法规、国家法律不宜对之进行调整,在此法治背景下,党政联合制定党内法规便是最佳的制度安排。例如在国家监察体制改革后,中纪委与国家监察委员会联合制定了《公职人员政务处分暂行规定》《国家监察委员会特约监察员工作办法》《国家监察委员会管辖规定(试行)》等,从而将混合性党规此一长期被学术界忽视的法治形态推上了制度化的前台。混合性党规在如下几个方面彰显出党规与国法的一体关系:

其一,适用对象的一体性。混合性党规既能调整党组织和党员,也能调整非党组织和党外人员。混合性党规由党组织主导制定,同时相关国家机关参与其中,其制定主体具有双重性,因而混合性党规既能对党组织和党员进行调整,也能对非党组织和党外人员进行调整,产生约束力。例如,中纪委与国家监委共同制定的《公职人员政务处分暂行规定》,其适用对象为国家公职人员,其中既包括公职人员中的党员,也包括党外公职人员,从而有效避免了在合署办公中因主体不同而导致的党规国法的不衔接问题。

其二,适用事项的一体性。混合性党规既能调整党务,也能调整国务。单纯的党内法规、国家法律都有其特定的调整领域,即党内事务和国家事务。但党政共治领域中的一体性事项既包括党务,也涵盖国务,因此适用单纯的党内法规或单纯的国家法律进行调整都会产生"名不正,言不顺"的问题。混合性党规由党的机关和国家机关共同制定,其既是党的意志的集中体现,也是国家

---

① 欧爱民:《党内法规与国家法律关系论》,社会科学文献出版社 2018 年版,第 193 页。

意志的制度载体，因而混合性党规具有调整事项的横跨性，既能调整党务，也能调整国务，能有效解决党规国法直接调整国务、党务的"名谓"问题。例如根据《国家监察委员会特约监察员工作办法》的规定，特约监察员行使执纪、执法的一体监督权，涉及党纪监督与国家监察两大领域，单纯的党内法规、国家法律不宜对之进行调整规范，为此，中纪委、国家监察委员会联合制定了上述混合性党规，对特约监察员的遴选、职责、保障等问题进行了详细规定，有效破解了跨领域共同事项的法治依据问题。

（二）党规国法的转化关系：先行先试的两阶段法治路径

"双规"是大家耳熟能详的法治概念，是指党的纪委有权要求有关人员在规定的时间、地点就案件所涉及的问题作出说明。在本次国家监察体制改革之前，根据1996年修订的《刑事诉讼法》，作为反贪的法律专责机关，检察机关虽然有十八般武艺，即刑事拘留、监视居住等五种强制措施和传唤、讯问等十三种侦查手段，却难以应对日益复杂的贪腐案件。[①] 在一些特殊情形中，被调查的官员通过自身权力阻挠调查，进而为反腐运动带来了巨大的困难，需要有一片法律（之外的）空间，为党和国家开展一定活动提供可能。为此，形成于党纪实践的"双规"被赋予填补相关国家法律空白的先行先试功能，并在丰富的反腐实践中逐步走向成熟。但同时也应当看到，虽然党纪反腐与国法反腐共同建构了中国特色的反腐法治体系，但两者之间应当有一个合理的分工，即纪委负责的案件是违反党纪、政纪，检察院监督的范围则是犯罪。"双规"的普遍适用打破了上述分工，纪委和检察院在重大职务犯罪上的关系变成了纪委立案调查、查清事实，然后移送检察院，反贪局实际仅作为纪委的预审机构出现，检察院独立发现重大案件、立案侦查的比例大幅下降。上述法治实践的先行先试虽然取得了巨大的成绩，但过于依赖党纪反腐，国法反腐的功能没有得到应有的重视，无疑面临一个正当性危机，需要对之进行一次矫正。为此，2017年，党的十九大报告首次明确指出以"留置"取代"两规"，2018年，第十三届全国人大一次会议表决通过了第五次宪法修正案，创设了国家监察委员会，为完善国家反腐体制提供了一个宪法窗口。为此，紧接表决通过的《中

① 刘忠：《读解双轨侦查技术视域内的反贪非正式程序》，《中外法学》2014年第1期。

华人民共和国监察法》,赋予国家监察委员会采取"留置"措施的权力,其实即是赋予纪检监察机关采取"留置"措施的权力。所谓"留置"是指国家监察机关依据《国家监察法》对公职人员的职务违法和职务犯罪进行调查取证所采取的一种限制人身自由的强制措施,其功能与"双规"基本相似,因此,纪检机关此前的"两规"措施相应的在此过程中被"留置"取代。①

"留置"取代"双规"是中国法治建设与人权保障的一大进步,实质上是在现行宪法框架内对党内部分权力体系的改良,并将之纳入国家权力体系,从而在生动的中国特色法治实践中,彰显出党内法规、国家法律的一种关系类型,即转化关系。所谓党内法规向国家法律的转化是指在涉及国家治理、配置和调整公权力的公法领域,将先行先试的成熟党规制度吸收到国家法律里,从而在转化领域形成国家法律调整的法治局面,补齐相关国家法律的制度短板,提升中国法治体系的整体效能。党内法规与国家法律的转化关系在特定的公法领域,探索出先行先试的两阶段法治路径,即党内法规的先试阶段、国家法律的成熟阶段。

其一,党内法规的先试阶段。这是特定事项法治化的初始阶段。在中国特色的法治实践中,一些事项应当由国家法律予以调整,但一段时间内制定国家法律的条件尚未成熟,可以制定相应的党内法规先行先试,填补相应的法治缺陷,经过实践检验和探索,待条件成熟后再进行国家立法。例如早在1994年,"财产申报法"就已列入全国人大常委会的立法规划,但时隔三十多年,该国家法律还未面世。为此,中国共产党充分发挥党内法规的先行先试功能,制定了《领导干部报告个人有关事项规定》《领导干部个人有关事项报告查核结果处理办法》等党内法规。当然,并非所有的国家法律均可尝试党内法规的先行先试路径。党内法规"先行先试"的范围只能局限于党政交叉的特定领域,即涉及国家治理、配置和调整公权力的公法领域。

其二,国家法律的成熟阶段。这是特定事项法治化的完成阶段。当制定国家法律的主要条件已经形成,就应及时将党内法规转化为国家法律,以国家法律取代相应的党内法规,结束党内法规的先行先试阶段。在法治实践中,可

---

① 刘怡达:《论纪检监察权的二元属性及其党规国法共治》,《社会主义研究》2019年第1期。

从如下四个方面判断转化条件是否成熟:一是党内法规的先行先试取得了成功,具有丰富的正反两方面的经验与教训;二是对涉及的问题有较为全面深入的把握,产生了较为操作可行的解决方案;三是理论研究较为充分,形成了较为成熟的理论共识,能对国家法律的制定提供有效的智力支撑;四是制定国家法律有较强的紧迫性。例如"双规"在长期的党纪反腐中,取得了巨大的成绩,其优势与缺陷得到了充分的彰显与暴露,理论界对"双规"的法治化转型达成了广泛的理论共识。党的十八大以来,中国法治进入了新时代,"双规"的法治化转型恰逢其时,为此,《国家监察法》以"双规"为原型,创设了"留置",实现了"双规"向"留置"的无缝对接与完美转化。

结　　语

习近平新时代中国特色社会主义思想入宪,为分析处理党内法规与国家法律关系提供思想指导,党的领导写入宪法正文、国家监察委员会入宪等彰显出党内法规与国家法律的交叉关系、一体关系、转化关系。上述党内法规与国家法律的关系类型及其丰富内涵为全面深入研究阐述中国宪法提供了全新的视角与中国进路。但正如有学者指出的,中国宪法学研究还存在着概念主义、形式主义和文本主义研究方法和视野的局限性,使我们既不能理解"成文宪法"的形式化特征本身具有的政治意义,也不能理解每日每时在中国现实生活中以不成文宪法形式展现出来的"活生生的宪法"或"真正的宪法"。① 因此,在新的时代条件下,我们要站在构建中国特色社会主义宪法学理论的新高度,在习近平新时代中国特色社会主义思想的指导下,立足于中国特有的宪法实践,阐释中国特色的宪法制度。而挖掘此次宪法修正案所蕴含的党规与国法关系,则是研究和丰富中国特色社会主义宪法学的一种新尝试,也是一个重要的切入口,希冀能发挥抛砖引玉的功效。

---

① 强世功:《中国宪法中的不成文宪法——理解中国宪法的新视角》,《开放时代》2009 年第 12 期。

党内法规性质的再探讨

——兼论党内法规不宜上升为国家法的原因

刘长秋*

摘要：将党内法规纳入软法的范畴并不意味着党内法规就不硬。因为软法未必软，而硬法也未必全都硬。软法与硬法的划分主要是基于有无国家强制力作为保障，凡是没有国家强制力作保障的都属于软法，而有国家强制力作为保障的则一律归入硬法。在定性国家法之外的其他发挥着类似法律作用的社会规范方面，软法尽管可能不是一个最恰当的术语，但却是目前尚无法为其他概念所取代的概念。鉴于党内法规的软法性，其不宜上升为作为硬法的国家法。将党内法规上升为不利于维护国家法治统一，也不利于全面从严治党。

关键词：党内法规；国家法；软法；硬法

在一定意义上，党内法规的概念是党的制度建设的基础性概念，甚至可以说它已经成为一个中国特色的制度性概念。① 这是因为，中国共产党作为新中国唯一的执政党，是中国社会主义革命和建设的领导者，是带领全国人民实现伟大民族复兴的中国梦之关键。办好中国的事情，关键在党，党的体制机制能正常运转，中央命令和决策能够在全党和全国贯彻执行好，党内法规起着极其重要的作用。党内法规在全面从严治党中居于核心、关键的地位。② 正因为如此，党内法规成为我国全面实施依法治国战略中不能回避和绕开的一类

---

* 刘长秋，男，法学博士，温州大学柔性引进人才，上海社会科学院法学研究所研究员，宪法与行政法室主任、党内法规研究中心主任。

① 杨绍华：《夯实党执政治国和自身建设的制度基础——中共中央办公厅法规局负责人答记者问》，《求是》2014年第2期。

② 许耀桐：《党内法规论》，《中国浦东干部学院学报》2016年第5期。

特殊法治现象。自党的十八届四中全会通过的《中共中央关于全面推进依法治国若干重大问题的决定》将党内法规明确纳入我国社会主义法治体系以来,学术界有关党内法规的研究已经如火如荼地展开。而党的十八届六中全会对于从严治党、制度建党的进一步强调,必然会再次引发学界对于党内法规问题的新一波关注与探讨。这对于我们正确理解、把握和运用党内法规,正确处理依规治党与依法治国之间的关系,实现从严治党以及推进我国依法治国战略而言,无疑具有重要理论指导意义。然而另一方面,在有关党内法规的定性方面,学术界依旧存在着一些模糊认识,甚至不少人主张将党内法规上升为国家法,这实际上混淆了党内法规与国家法之间的不同性质与功能,会对我们全面依法治国乃至全面从严治党战略的深入实施带来不良影响。基于此,本文拟就党内法规的性质再加探讨,并在此基础上对党内法规不宜上升为国家法的原因加一阐释,以期抛砖引玉,引起学界同仁对于该问题的深入分析。

一、党内法规性质的再探讨

"在其最根本的意义上,法律哲学是在探寻法律的性质,以及法律制度与法律实践的根本特征。"[1]党内法规作为一种现实存在的特殊法治现象,显然也应当是法哲学关注和研究的对象,而对其性质的探讨也就成为题中之义。就目前来看,尽管党的十八届四中全会通过的《中共中央关于全面推进依法治国若干重大问题的决定》将党内法规也纳入了我国社会主义法治体系,但这并没有完全平息学术界对于党内法规是否是法的性质之争论。在作为一种法治现象的党内法规是否是法以及是什么法的问题上,学术界依旧存在很大争议。

(一)党内法规是一种软法

有关党内法规的性质,学术界目前比较倾向性的观点认为,党内法规是一

---

① Joseph Raz, *Between Authority and Interpretation: On the Theory of Law and Practical Reason*, Oxford University Press, 2009, p.49.

种软法。而所谓的"软法",正如有学者所指出的,"实际上是一个备受争议的问题。有些法律家对这一概念极为反感甚至拒绝提及,尤其是在将其作为法律的渊源方面。一般来说,法律与其他社会规则的区别就在于它的权威性、规范性与约束力。在这一严格意义上,法律必须是刚性的,用"软"来加以表述它在措辞上似乎是存在矛盾。"①正因为如此,直到今天,仍然有许多法学者认为,法只是由国家制定、维护和强制执行的规则。② 软法这一概念反映了法律全球化的两个最主要趋势;即:法律制造者引人注目的多样化,以及更进一步而言,法律主体以及法律制度的私人化。③

在学术界,人们对于软法尚没有一个统一的为所有软法学研究者接受的概念与范围。有学者认为,软法是在私人领域(缺乏强约束之管制)内确立和实施的混杂交织的行为规则。④ 也有学者则认为,软法通常用来指包含劝告性而非法律约束性的义务的规定。⑤ 作为与"硬法"相对应的"软法",是指由公权力主体(包括国家公权力主体、社会公权力主体、国际公权力主体)制定或认可的规范相应共同体成员行为,调整公权力主体与相应共同体的关系、公权力主体与相对人的关系、公权力主体相互关系的,不具有国家强制约束力的规则的总称。⑥ 还有学者认为,"软法"是一种法律效力结构未必完整、无须依靠国家强制保障实施、但能够产生社会实效的法律规范。⑦ 尽管对于软法的概念人们还莫衷一是,难以达成一致,但一般认为,软法具有以下三个方面的基本特征:(1)软法是一种行为规则;(2)软法不符合或不完全具备国家法的

---

① P.W.Birnie,A.E.Boyle.*International Law and the Environment*,Oxford University Press,2002,p.24.

② [德]伯恩·魏德士:《法理学》,丁晓春,陈越译,法律出版社2013年版,第29页。

③ Anna Di Robilant,"Genealogies of Soft Law",*The American Journal of Comparative Law*,2006,54,pp.499-564.

④ Orly Lobel,"The Renew Deal:The Fall of Regulation and the Rise of Governance in Contemporary Legal Thought",*Minnesota Law Review*,2004,89,pp.342-480.

⑤ Andrew T.Guzman,Timothy L.Meyer."International Soft Law",*The Journal of Legal Analysis*,2010,2,pp.171-211.

⑥ 姜明安:《论中国共产党党内法规的性质与作用》,《北京大学学报(哲学社会科学版)》2012年第3期。

⑦ 罗豪才、宋功德:《认真对待软法——公域软法的一般理论及其中国实践》,《中国法学》2006年第2期。

要素,尤其是没有国家强制力;(3)软法具有类似于又不尽相同于法律的约束力,即它对于特定的群体而言是能够发挥约束作用的。党内法规作为一种对于党员具有约束力的规范,具有国家法的某些要素(如具有普遍适用性),但又不具备国家法的全部特征(如其制定主体不是国家法的制定主体、不具备国家强制力等)。在这一点上,党内法规与软法的特征是极为契合的。以此为基点,将党内法规作为一种软法,在承认其法律性的同时,使其区别于国家法,显然是正视其法律地位从而令其在当代社会治理中发挥更好作用的需要,也是经得起法理推敲的。

(二)正确理解用以界定党内法规性质的软法

关于党内法规是一种软法的观点,笔者在 2012 年时就专门著文陈述过,①而学术界有不少学者对此表示赞同。② 然而,对此观点,也有学者表示反对。③ 部分学者认为,"'软法'观对党内法规的实践缺乏解释力",④党内法规并不软,相反,很多时候它们也需要借助国家的强制力,甚至比国家法都要硬,将党内法规作为一种软法容易贬低党内法规的权威,与党内法规实际上的地位不符。以此为基点,"党内法规不宜被视作'软法'"。⑤ 但笔者以为,这实际上是对软法这一概念的一种严重误读。原因在于,所谓硬法与软法的划分并不是依据这些规范自身约束力的强弱来进行的,而是依据其约束力所赖以存在和发挥作用的后盾来划分的。具体而言,软法是指与国家法相对应的一种社会行为规范,是不在国家法体系之内但又客观上发挥着类似国家法律约束力的规范。

从法理上来说,国家法是体现国家意志,由国家强制力保障实施的一种社

① 刘长秋:《软法视野下的党规党法研究》,《理论学刊》2012 年第 9 期。
② 刘新圣:《论软法在公共治理过程中的应用》,《胜利油田党校学报》2015 年第 1 期;姜明安:《软法在推进国家治理现代化中的作用》,《求是学刊》2014 年第 5 期。
③ 曹秋龙:《依法执政背景下的党内法规性质研究》,《学术探索》2015 年第 5 期;夏明智:《党内法规的法域属性和完善路径探析》,《广西社会主义学院学报》2015 年第 3 期。
④ 欧爱民、李丹:《中国特色社会主义法治语境下党内法规特性的考问与澄清》,《湘潭大学学报(哲学社会科学版)》2019 年第 3 期。
⑤ 蔡金荣:《依法治国方略中的中国共产党党内法规:正名与定位》,《求实》2016 年第 11 期。

会行为规范,以国家强制力为后盾是国家法的基本特征。而软法尽管也具有约束力,但却并不是依赖于国家强制力而产生的约束力。以此为基点,判断一种社会规范是不是软法实际上不能依据这种规范自身约束力的强弱,而是要看这种社会规范约束力产生的根源是否在于国家强制力。凡是以国家强制力为后盾,依靠国家强制力保证实施的行为规范——无论其在执行过程中有多软,多不尽如人意——都是国家法,是与软法相区别的硬法。反过来,凡是客观上具有约束力且该约束力的产生不是源自国家强制力的,都属于软法的范畴。就是说,软法实际上是对应国家法提出的一个概念,并不是如其名称上所显示的那样,本身就是一种"软"的法,而是如罗豪才教授所指出的,"软法是一个概括性的词语,被用于指称许多法现象,这些法现象有一个共同的特征,就是作为一种事实存在的可以有效约束人们行动的行为规则,而这些行为规则的实施总体上不直接依赖于国家强制力的保障。"①从社会治理的实践来看,尽管软法被冠以"软法"之名,但其执行力却并不一定差,其约束效能也未必弱,很多时候,在很多领域,软法的约束效果甚至比国家法要好得多。② 换言之,软法不一定软!而党内法规就是一种尽管被纳入软法但实际上却并不软的软法,是软法中的"硬法"。就对于党员的要求来说,党内法规在要求上显然要高于硬法,严于硬法。党员违反党内法规需要承担党纪责任,而这些党纪责任甚至不乏严厉性,如警告、严重警告、撤销党内职务、留党察看和开除党籍等。以《中国共产党纪律处分条例》第 74 条规定为例,"党员领导干部违反有关规定组织、参加自发成立的老乡会、校友会、战友会等,情节严重的,给予警告、严重警告或者撤销党内职务处分。"对于一般人而言,组织、参加或发起老乡会、校友会、战友会等并不需要承担任何责任,只要其行为不违法。然而,对于党员而言,其实施以上行为则可能需要承担警告、严重警告或者撤销党内职务处分这类严重的纪律处分。显然,该法规对于党员的要求要严于国家法律,其硬度甚至不逊于国家法律。但党内法规很硬并不表明它本身就是一种硬法,因为无论其多硬,赖以支撑其硬度的都不是国家强制力。

---

① 罗豪才:《公域之治中的软法》,见罗豪才等:《软法与公共治理》,北京大学出版社 2006 年版,第 6 页。

② 殷啸虎主编:《中国共产党党内法规通论》,北京大学出版社 2016 年版,第 10 页。

正因为党内法规与国家法之间的上述差异,党的十八届四中全会通过的《中共中央关于全面推进依法治国若干重大问题的决定》(以下简称《决定》)在将党内法规纳入我国社会主义法治体系时,有意将之与国家法做了区分。《决定》指出:"在中国共产党的领导下,坚持中国特色社会主义制度,贯彻中国特色社会主义法治理论,形成完备的法律规范体系、高效的法治实施体系、严密的法治监督体系、有力的法治保障体系,形成完善的党内法规体系"。在这里,《决定》在"形成完备的法律规范体系"与"高效的法治实施体系""严密的法治监督体系"以及"有力的法治保障体系"之间用了顿号,而在形成前面四个体系与"形成完善的党内法规体系"之间则用了逗号。这表明,同样作为我国法治体系的重要组成部分,前四者与党内法规体系是存在区别的,前四者隶属于国家法的范畴,都需要以国家强制力作为保障,属于同一层面的体系,而后者则自成体系,是与前者相并列的体系,他们之间并无隶属关系。而从表述的前后顺序上来看,《决定》将"形成完善的党内法规体系"放在"形成完备的法律规范体系、高效的法治实施体系、严密的法治监督体系、有力的法治保障体系"之后,实际上暗含了前者(国家法)是基础而后者(党内法规)为保障的意蕴,亦即后者须要以不违背前者为前提。不仅如此,党内法规自身的名称也已经清楚地表明了党内法规与国家法之间的不同。《决定》在将党内法规纳入我国法治体系时并没有使用之前党的一些文件中所使用到过的"党法党规"或"党的法规"之类的称谓,而是专门用了"党内法规",这表明其本身就已经对党内法规在我国法治体系中的地位有了明确定位,即党内法规是仅适用于党内的一种法,是基于党在我国依法治国中的领导地位以及从严治党的需要而被纳入我国法治体系的一种法律现象。

(三)用软法来定性党内法规是相对更为可取的做法

实际上,作为与国家法相对应而提出的一个法学概念,软法或许并不是最好的一种称谓,尤其是在用软法来定性实际上并不软的党内法规的法律性质时,这一提法很容易引起人们的误解。为此,也有些学者将之称为社会法。①

---

① 如姜明安教授就认为,剖析"党内法规"的一般特征,其基本定位应该属于社会法和软法。具体可参见姜明安:《论中国共产党党内法规的性质与作用》,《北京大学学报(哲学社会科学版)》2012 年第 3 期。

但笔者认为,作为与国家法相对称的一个学术概念,社会法固然有其可取之处,但其实却更容易令人们产生分歧与误解。因为在理论上,社会法有太多种理解,易造成人们思想认识上的混乱。在法学界,社会法的概念有多种解释,它既可以看作是相对于公法私法的第三法域,也可以看作是调整和规范各种社会问题的法律。而就其法律规范的内容而言,也有狭义、中义和广义之分。狭义的社会法,即社会保障法,是法律体系中的一个独立法律部门。① 中义的社会法居于广义和狭义两种概念界定的中间,"内容涵盖了劳动法与社会保障法。"②广义的社会法则是指所有为实现社会政策而制定的法律,诸如劳动法、消费者保护法、住宅法、环保法等均为社会法。我国台湾学者黄右昌所称社会法乃指所有基于社会政策之立法,其范围不只包括劳动法,甚至连经济法、民法亦属社会法之范畴。③ 而除了以上理解之外,还有学者或认为,社会法是一种法学思潮,是相对于"个人法"的概念而使用的;④或认为,社会法是一个法律门类,而不是一个法律理念。⑤ 可以说,"社会法产生以来,关于社会法涵盖的内容以及社会法是法律部门还是法域的争论一直没有停歇过。"⑥仅我国内地学者关于"社会法"词语的使用就多达数十种。而在我国,社会法甚至曾一度被作为我国法律体系中的一个部门法。显然,社会法的概念包含了过多的理解与解释,更容易引起人们的误读,更容易导致人们观念上的分歧和争议。而软法的概念尽管也存在不少争议,也不是一个最好的提法,但至少相比于社会法的提法而言,它还是一个更为可取的概念。笔者以为,在目前我们尚无法找到一个能够更准确描述包括党内法规等在内的国家法之外的"法"之法律性的概念的情况下,用软法来界定这些"法"的性质显然就是一种最好的选择。基于此,将党内法规纳入软法,在承认其法律性并认可其为我国社会主义法治体系组成部分的同时,使之区别于国家法,显然是一种务实而理性的选择。就此而言,将党内法规作为一种软法,在法理上不

---

① 张守文:《社会法论略》,《中外法学》1996 年第 6 期。

② 陈海嵩:《经济法与社会法关系之我见》,《中南民族大学学报(人文社会科学版)》2003年第 4 期。

③ 赵红梅:《社会法代表性学说之评析与展望》,《法学》2004 年第 5 期。

④ 王为农、吴谦:《社会法的基本问题:概念与特征》,《财经问题研究》2002 年 11 月。

⑤ 郑尚元:《社会法是法律部门,不是法律理念》,《法学》2004 年第 5 期。

⑥ 林嘉:《社会法在构建和谐社会中的使命》,《法学家》2007 年第 2 期。

应再存在争议。

　　当然,需要特别指出的是,在学术界,由于认识上的不同,人们对于哪些规范属于软法还没有完全达成一致。在此背景下,很多人往往仅依据软法的名称,从法自身约束力的强弱方面来区分软法与硬法。正因为如此,有学者将硬法中指导性、号召性、激励性、宣示性等非强制性规范也纳入软法的范畴。①这实际上是值得商榷的。笔者认为,如果将硬法中指导性、号召性、激励性、宣示性等非强制性规范也纳入软法,则客观上很容易混淆软法与硬法的界限。因为硬法与软法划分的主要界标并非法律规范约束力的强与弱,而在于是否以国家强制力为后盾;而硬法中的指导性、号召性、激励性、宣示性等非强制性规范尽管约束效能不强,比较偏软,但却是以国家强制力为后盾的,依赖国家强制力来保障实施。因此,这类法律规范只是属于"软"的硬法而已,其在定位上依旧应当归属于硬法。而党内法规尽管约束效能很强,在执行力上很"硬",但由于不依赖于国家强制力保障实施,因而并不能被划入作为硬法的国家法之列,而依旧只能被划归入软法。当然,依据党内法规则从严治党方面所体现出来的效能,我们可以说党内法规是一种很"硬"的软法。

二、党内法规不宜上升为国家法

　　需要特别指出的是,作为一种软法,党内法规尽管与国家法一样,都是我国社会主义法治体系的组成部分,是我国社会主义法治体系不可或缺的构成要件,但其实质性不同决定了其彼此不宜相互替代,即:不宜将党内法规上升为国家法,使之失去自身特殊的独立存在形态而成为国家法的组成部分:也不宜将国家法的内容过多地融入到党内法规中,否则会降低了党内法规对于党员的要求。学术界有很多人主张将党内法规上升为国家法律,②这实际上只

---

　　①　周艳云:《民主、自律、制度:腐败的层进治理——以软法的治理为视角》,《学习与实践》2016 年第 7 期。

　　②　刘松山:《建议将党规党法上升为国家法律》,《理论与改革》2000 年第 6 期;王绍远:《实现党内法规与国家法律的有机衔接研究》,《中共珠海市委党校珠海市行政学院学报》2016 年第 1 期;谢宇:《论中国共产党党内法规的法治化》,《云南社会科学》2016 年第 3 期;张文显:《法治与国家治理现代化》,《中国法学》2014 年第 4 期;袁达松、黎昭权:《法治思维和法治方式在全面从严治党中的作用》,《人民论坛》2015 年第 29 期。此外,还有很多学者也都持这样的观点。

看到了党内法规作为一种法而与国家法所共同具有的法律性,而混淆了党内法规作为一种法与国家法的不同。

（一）将党内法规上升为国家法律不利于维护国家法治统一

实际上,表面上看,把党内法规上升为国家法客观上的确能够解决一些看上去似乎是问题的问题,例如貌似破坏法治统一的问题。有学者就指出,如果将党内法规体系视为我国国家法体系之外的另外一个体系,则势必会出现两个或两个以上独立的规范体系同时存在的情况,而这会导致其相互间不协调的现象与日俱增,从而破坏国家法治的统一,进而影响国家的治理效果。该学者同时认为,将党内法规纳入国家法律体系更易于将党内法规纳入法治轨道,更有利于提高党内法规质量,更有利于加强对党内法规的监督,也更利于党内法规的执行。[①] 但对此观点,笔者不敢苟同,相反,笔者认为,将党内法规体系纳入国家法律体系,使之成为国家法反而不利于国家法治的统一。原因在于以下三个方面。

1. 将党内法规上升为国家法律会使国家法的行为标准产生冲突

在法理上,国家法与党内法规对其适用对象的行为要求在伦理道德层次上是不同。"中国共产党是马克思主义政党,是有着严格党内制度和高超建设标准的政党。"[②]而党内法规就是这一高超建设标准的最突出体现。党内法规作为一种管党治党的规范,其在行为标准上的要求要远高于国家法,有些要求已经涉足到了"高尚的道德"领域。这是其发挥管党治党优势,使党得以保持先进性与纯洁性的内在需要与现实选择。从法与伦理道德的关系上来说,国家法只是为适应社会治理需要而被法律化的、适用于一般公民的、最低限度的伦理道德规范。而党内法规则不然,出于中国共产党自身性质及使命的要求,党内法规对于党员所提出的要求往往要远高于国家法对于一般公民的要求,以使其能够依照党员的标准的为人处事,体现党的先进性,发挥党员的模范带头作用。如果将党内法规上升为国家法,则要么必须遵循国家法之于人

---

① 王春业:《论将党内法规纳入国家法律体系》,《天津师范大学学报（社会科学版）》2016年第3期。

② 韩喜平、巩瑞波:《边界与效度:政党内部激励活动的原则论析——以中国共产党党内表彰活动为例》,《中共中央党校学报》2017年第4期。

们行为要求的设置标准,降低对于党员的行为要求,要么提高对一般公民的行为标准要求,使国家法对公民行为标准的要求达到党内法规对于党员要求的高水平,否则就会与国家法在行为标准的要求上出现矛盾与冲突。"作为国家的法律,如果将它和执政党的党内法规混为一谈,就会使希望遵守法律的公民无所适从,降低公民对于法律的预期性,更进一步造成法律公信力的下降。"①将党内法规上升为国家法律尽管会使二者在行为要求的标准上保持一致,契合了法治的公平原则与平等理念,但也显然会造成党内法规与国家法律各自调整范围的错乱,使二者失去其各自原本具有的调整优势而趋于混同。

2. 将党内法规上升为国家法律会使国家法律设置的理念出现混乱

国家法与党内法规在内容设置的理念上存在较大差别。国家法由于是广大人民群众用以保障自己当家作主地位的基本工具,所以相对更倾向于权利保障,在制度设置上也更突出权利保障,它是以权利本位为前提的,将享有权利作为履行义务的逻辑前提。"对于当代社会而言,应当以权利为本位,来重塑人的主体性理念。"②因为只有以权利为本位,才能够走向一种道德、公正、合理与进步的高级法律生活。而权利本位的基本要义在于:任何义务的设定需要以相应的权利为基础,是为实现特定权利所必需的。在权利与义务的关系上,权利是目的,义务是手段,法律设定义务的目的在于保障权利的实现;权利是第一性的因素,义务是第二性的因素,权利是义务存在的依据和意义。③而党内法规作为一种更高标准的行为要求以及出于管党治党的需要,则以义务本位为基本特征的,往往更显现和突出党员的义务,将党员义务的履行作为其享有权利的条件。对于党员而言,"一个人所享有的权利只应该是对他所负有的义务的交换:他从对方那里得到的权利只应该是用他从对方那里承担的义务换来的"④。"与国家的法律规定和权力行使必须以维护公民法定权利

① 王绍远:《实现党内法规与国家法律的有机衔接研究》,《中共珠海市委党校珠海市行政学院学报》2016年第1期。
② 葛洪义主编:《法理学》,中国人民大学出版社2006年版,第53页。
③ 张文显主编:《马克思主义法理学——理论、方法和前沿》,高等教育出版社2003年版,第303页。
④ 王海明:《论权利与义务的关系》,《伦理学研究》2005年第6期。

为价值取向不同,中国共产党党员只有承诺和自觉履行党章规定的义务,才能享有党员权利,反之,其享有的权利就会被取消。"①这种承载着职责和责任的义务本位使中国共产党成为一个为了中华民族不断奉献的政治组织。也正是中国共产党的这种特性,才可以承载中国共产党领导中国人民完成新民主主义革命、社会主义建设和改革开放的伟大事业。② 在此情形下,将党内法规上升为国家法势必会导致同一国家法律体系内出项两种截然不同的权力设置理念,从而造成国家法律在理念上的冲突与内容设置上的混乱,危害国家法治的统一。

3. 将党内法规上升为国家法律会异化国家法律体系

国家法与党内法规作为法的调整机理并不相同。国家法作为一种法,作为最低限度的伦理道德,只能调整人们的行为,不能涉足人们的思想,尽管其能够对人们的思想世界产生非调整性影响、价值取向方面的影响和结构性影响。③ "法律的调整对象是行为或行为关系,纯粹的思想或思想关系不能为法律所调整。"④这是其与伦理道德的一个本质性区别。而党内法规则不同,党内法规作为相对于国家法而言在伦理道德要求层次上更高的制度规则,在调整党员的行为之外,还可以调整其思想,要求党员加强自身思想作风建设。在党内法规中,很多规范都已经不限于对党员行为进行调整,也已经涉足到了其内心世界,涉足到了其思想意识领域。如《中国共产党廉洁自律准则》第7条规定的"廉洁修身,自觉提升思想道德境界"等,就是典型的对于党员思想的调整。而《中央党内法规制定工作五年规划纲要(2013—2017年)》中也明确指出:完善党的思想建设方面的党内法规,为做好理论创新和理论武装工作提供制度保障。也就是说,在党的思想建设方面,是有专门的党内法规的。这注定了党内法规与国家法的调整机制是不尽相同的。国家法的调整依靠外在约束,依靠对人们行为的引导和约束实现社会治理;而党内法规则强调思想建党与制度建党相结合,其调整提倡内外兼修,依靠对党员行为与思想的双重规范

① 黄明哲、赖路成:《党员主体地位与党员权利义务关系研究》,《学习与实践》2009年第2期。
② 李军:《中国共产党党内法规研究》,天津人民出版社2016年版,第110页。
③ 季金华、张昌辉:《论法律对思想的影响》,《法律科学(西北政法大学学报)》2016年第2期。
④ 朱景文主编:《法理学》,中国人民大学出版社2008年版,第120页。

达到党内治理。在这种情况下，如果将党内法规上升为国家法，则势必会令党内法规成为国家法体系中的"另类"，从而会直接冲击和动摇国家法只规范人们行为而不能调整人们思想的理论根基，造成国家法制度体系的异化与混乱，且会导致党内法规自身合法性的消减。

（二）将党内法规上升为国家法律不利于从严治党

不仅如此，笔者以为，将党内法规纳入国家法律体系，使之上升为国家法也不利于"党要管党，从严治党"。从理论上来说，党内法规上升为国家法会削弱其作为制度所具有的政治属性，而相应地增强其作为制度所具有的规范性、权威性与强制性，但也会带来一些显见的不良效应。原因在于，这种转变会使党内法规的调整领域由党内扩至党外，使国家法介入其本不宜介入的党内关系领域，使二者的调整范围逐渐趋同。而这显然会改变党内法规姓"党"的事实，从而不利于党要管党与从严治党的实际需要。党内法规之所以是党内法规，一方面在于其具有法律属性，在于其对于党员及各级党组织具有的类似于国家法的权威与约束力，但另一方面则在于其具有政治属性，在于其姓"党"，在于其能够坚持党的宗旨，能够以其自身更高的行为标准与更严的内容要求帮助党保持工人阶级先锋队并同时也是中华民族与中国人民先锋队的党性。从法理上来说，国家法具有普遍适用性，即其对于一国公民是统一适用的，将党内法规上升为国家法显然意味着党内法规对于一般公民也要加以适用，而党内法规对于党员的高标准与严要求也势必要统一适用于一般公民。这不仅极不现实，而且也会抬高国家法对于一般公民的行为要求，使党内法规作为一种治党规范失去其在从严治党方面的优势，并进而使党丧失其先进性。因为既然一般公民都能够借助于上升为国家法之后的党内法规而具有了更高的行为标准，则中国共产党党员的先进性势必会无从体现，而党的先进性也就会因此而丧失。

此外，从党内法规制度体系的主要内容来看，其中的大部分都是中国共产党进行党内治理的依据和准则。它们主要涉及党的思想作风、民主集中制、反腐倡廉、机关工作等方面的建设，而这些内容是国家法律无法触及或取代的。①

---

①　支振锋：《党内法规的政治逻辑》，《中国法律评论》2016 年第 3 期。

将党内法规纳入国家法律体系,使之升格为国家法,显然意味着党内法规成为需要借助而且也必须要借助国家强制力来加以实施的硬法。这就意味着党纪与国法将融为一体,对于违规的党员追究其责任时追究的一律是其国家法责任,而不再有也不需要再有更能体现从严治党要求的党纪责任,党内法规的更严厉责任即"纪严于法"势必将无法体现。这必然会在事实上降低党对于党员的思想和行为要求,无法显现"党要管党、全面从严治党"的必要性和重要性。

非但如此,与国家法相比,党内法规的一个非常重要的特征并同时也是优势,就在于党内法规既具有法律属性又具有政治属性,"党内法规既要坚持马克思主义政党的属性和要求,体现党建的实践经验,又要具有全局性和前瞻性,创立这样一些法规必须考虑很多因素。"①而党内法规的政治属性则使其具有相对灵活与独立的特点,这正是其能够适合管党治党需要的关键所在。因为"党内法规因其制定主体是党的组织,虽然其制定也有一定的程序,但一般会根据社会的发展实际以及党内出现的新情况新问题及时地做出调整,具有灵活性,且文本形式和内容可繁可简,可以是具体的也可以是原则性的"。②"作为政党组织建立规章制度的形式与程序就相对简单、简便与快捷得多,这样的特点便于规章制度在社会生活中能够快速实施。"③"党内立法的灵活性表现出党组织的适应能力。面对党内出现的新问题、新现象,在党内立法上可以先行出台些试行条例,它不仅规范了党内组织行为,而且也为调整规范留下了空间和余地。"④而国家法则必须具有更强的稳定性,这"不仅是社会稳定的基础,也是社会发展的基础"⑤。基于稳定性的需求,国家法需要受严格的立法程序之限制,无论是制定还是修改都需要遵循极为繁杂的程序,与党内法规相比,国家法缺乏必要的灵活性。"党内法规的'内'决定了党规姓党,党规非国法,无须法院,但党规也要避免文牍主义和形式主义,不能以死板的制度约

---

① 蔡文华:《论依规治党的内涵、目标及其实践路径》,《探索》2016 年第 4 期。
② 许耀桐:《党内法规在法治中的重要作用》,《北京日报》2016 年 12 月 5 日。
③ 石文龙:《依法执政与"党法"》,《太平洋学报》2011 年第 2 期。
④ 王振民、施新州:《中国共产党党内法规研究》,人民出版社 2016 年版,第 126 页。
⑤ 张文显主编:《马克思主义法理学——理论、方法和前沿》,高等教育出版社 2003 年版,第 344 页。

束执政党本身政策机动灵活的优势。"①而将党内法规上升为国家法则意味着党内法规必须要受国家法相对更为稳定性这样一种要求的制约，必须要受《立法法》所规定的远较《党内法规制定条例》所规定的更繁琐的立法程序之制约，从而失去其相比于国家法而言所具有的相对灵活性，②难以适应管党治党的实际需要，使党内法规丧失其作为具有政治属性的法而具有的制度优势。

相反，将党内法规纳入国家法治体系同时又令其保持与国家法律的区别，则不仅可以确保国家法的更高权威，有利于维护国家法治的统一，也有利于体现党的先进性，保证党要管党和实现从严治党。笔者以为，党内法规制度建设是党的法治思维的影射，将党内法规纳入我国法治体系但又独立于国家法体系之外，是党运用并坚持法治思维的一种灵活体现。这样一种做法既可以避免将党内法规上升为国家法之后可能引发的使其成为国家法律体系中之"另类"的尴尬，从而维护和保证我国国家法治的统一；又可以宣示党内法规在我国法治体系中的重要性，突出其对于党员和各级党组织之无可辩驳、不可否认的法律性，推进和带动广大党员干部对党内法规法律性的认同、接受与遵行，从而借助党内法规与国家法律之不同而强化和凸显党对于党员的高标准与严要求，实现和保障全面从严治党，永葆党的先进性与纯洁性，并因之而进一步凸显党自身作为执政党与领导核心的正当性与合法性。以此为基点，"只有坚持党规别于国法、党规国法分工协作，党纪严于国法、党纪挺在国法前，才能保证党内法治与国家法治良性互动，保证党内善规之治与国家良法之治相辅相成"。③将党内法规上升为国家法会导致党内法规难以再成为党内法规，造成党内法规与国家法调整范围的混同。而"如果我们将两个工具单一化、同质化乃至同一化，就必然会使我们丧失本可自如运用的执政手段，执政效能必然大大降低，执政目的就很难达成"④。因此，在党内法规与国家法的关系上

① 支振峰：《党内法规的政治逻辑》，《中国法律评论》2016年第3期。
② 需要特别指出的是，党内法规的灵活性只是相对于国家法的灵活性，作为法，党内法规也具有法律的特性，也需要遵循法的制定与操作规程，只不过相比于国家法而言，这一规程要简化一些，但却依然不离合法性这一底线要求。
③ 肖金明：《在党内治理中实现良法善治》，《山东人大工作》2016年第10期。
④ 卓泽渊：《党规与国法的基本关系》，《中共杭州市委党校学报》2015年第1期。

必须要明确以下方面的内容,即:党内法规不能够取代国家立法成为治国理政的重器;而国家立法也无法代替党内法规成为管党治党的制度保障。二者需要形成良性的互动互补关系,共同在当代社会治理中发挥作用,而不是简单地将党内法规上升为国家法。

当然,需要特别指出的是,党内法规不宜上升为国家法律并不意味着党内法规的某些内容不能转化为国家法律中的具体制度。① 作为执政党与领导核心,党的执政理念必然会体现在党内法规的某些具体制度之中,而这些制度很多情况下未必仅适用于治党,其中的一部分也适用于治国理政。如有关党员干部财产申报的制度,这一制度既可以适用于党员干部,也可以适用于一般公务员等非党的领导干部。这类制度显然可以转化为国家法,成为国家法的内容之一。此外,在党内法规能否上升为国家法的问题上,还需要区别党的重大决议与党内法规的不同。与党内法规不宜上升为国家法律不同,党的重大决议一般可以上升为国家法律,甚至从党治国理政的角度来说,很多党的重大决议都有必要上升为国家法律。原因在于,党内法规是一种治党规范,通常只适合于调整党内关系,而不适宜调整党外关系,但党的重大决议则未必如此。因为作为我国唯一的执政党与领导核心,党的重大决议中有相当一部分是属于党治国理政层面的内容,归属于党的政策,如党的十八届三中全会通过的《中共中央关于全面深化改革若干重大问题的决定》、党的十八届四中全会通过的《中共中央关于全面推进依法治国若干重大问题的决定》、党的十八届五中全会通过的《中国共产党第十八届中央委员会第五次全体会议公报》以及中办和国办联合印发的《关于进一步把社会主义核心价值观融入法治建设的指导意见》等。这些都属于党的政策层面的决议,其针对的对象显然已不限于党内。而这些政策层面的重大决议作为党的政策并不仅仅适用于调整党内关

① 从语义学上来说,将党内法规上升为国家法意味着从党内法规到国家法的转变只是调整范围与效力上的转变,即令党内法规在所调整的对象上将由党内关系扩展为一般性社会关系,党内法规将成为正式的国家法,其效力将由国家强制力来加以保障,但其制度内容并不需要改变。而将党内法规的某些内容转化为国家法的一些具体制度则不同,它是在充分考虑这些制度适用效果及其在国家法层面适用可能性的基础上,由国家法在立法时对这些制度的理念或调整方法等加以借鉴,其制度内容实际上已经做了有利于其升格为国家法制度方面的改变。如《中国共产党章程》中的人民代表大会制度、民族区域自治制度等向《人大代表法》、《民族区域自治法》的转化等。

系,甚至主要并不是用以调整党内关系的,而是党作为中国社会主义建设领导者发挥其领导作用的重要依据。① 依据政策与国家法律的关系机理,很多法律都是政策的法律化以及政策实施的保障,而很多政策则往往都是法律的前奏。"党的政策是国家法律的先导和指引,是立法的依据和执法司法的重要指导。"②在政策与法律的关系上,需要重视政策向法律的转化,使政策多一些类似法律的稳定性;易言之,就是要重视政策的法律化。就此而言,党作出的一些具有政策性质的重大决议是可以甚至必须要转化为国家法律的。

---

① 笔者以为,理论界之所以有很多人认为党内法规应当被上升为国家法律,一个很重要的原因就在于其混淆了党内法规与党的政策之间的区别,将党的政策与党内法规混同,把党的政策也作为了党内法规。例如,罗许生就认为:"从我国重要法律法规的立法进程来看,基本遵循着党的主张——党内法规——国家法律这么一个路径。"(罗许生:《国家治理现代化视阈下党内法规与国家法律衔接机制建构》,《中共福建省委党校学报》2016 年第 6 期)但实际上,从我国重要法律法规的立法所遵循的进路并不是"党的主张——党内法规——国家法律",而是"党的主张——党的政策——国家法律"。

② 习近平:《在中共十八届四中全会第二次全体会议上的讲话》,见《习近平关于全面依法治国论述摘编》,中央文献出版社 2015 年版,第 20 页。

"五大区分"理念的提出与
党内法规的理论构建

石文龙*

摘要:依法执政的提出使得"执政"作为一个全新概念出现在我们的社会生活中。与此相应,与执政相关的同类概念还有执政权、执政党、执政者。那么,领导与执政、最高政治领导力量与执政党、领导权与执政权、执政党与执政者以及党内、党外不同领域的区分等。这五对概念是研究依法执政的关键性概念,构成了党内法规理论建设的核心范畴,其相互之间既统一又有区分。领导与执政属于两种行为的区分,最高政治领导力量与执政党属于两种身份的区分,领导权与执政权表现为两种权力的区分,执政者与执政党表现为两种角色的区分,党内与党外表现为两个活动领域的区分。当然,这一区分也是在相互有机统一基础之上的区分,其相互之间存在着既区分又融合的关系。

关键词:"革命党";"执政党";"五大区分";既统一又有区分

党的十六大首次提出依法执政这一时代课题,党的十七、十八、十九大报告再次予以重申。因此,党的十六大、十七大报告在我国社会发展的重要关头,历史性地提出了"依法执政"这一重大课题,依法执政的提出使得"执政"作为一个全新概念出现在社会科学领域。执政这一"全新"概念的提出,其巨大价值之一在于使我们从理论上对党的领导与执政两者之间相互关系形成了系统性的五大区分:即领导与执政、最高政治领导力量与执政党、领导权与执

---

* 石文龙,男,上海师范大学哲学与法政学院教授,法学博士,英国牛津大学访问学者。

政权、执政党与执政者的区分以及党内、党外的区分。这五对概念构成了党内法规理论建设的核心范畴,其相互之间既统一又有区分。"五大区分"理念对于党内法规的理论建设具有深刻的理论意义与现实价值。

一、两种行为的区分:执政与领导

"执政与领导常常'纠缠'在一起,这不仅是理论上的难点,也是实践中的难点。就如同领导与管理的分离一样,二者从两位一体到相互分离,为领导工作的专业化奠定了基础。这是社会分工的必然结果,也是历史的巨大进步。"①就现代社会而言,在"领导"这一人类重要行为的发展史上,存在着两次重大变革。其一,是领导与管理的分离,这是第一次划时代的变革;其二,是当今社会发生的领导与执政的分离,这是第二次划时代的变革。这一变革的重要意义在于执政作为一个独立的新的概念应运而生,并由此对中国社会产生了重大的影响。

可以说,执政是适应了法治建设的需要而产生的,执政分解了领导的部分内容,特别是将党对国家政权的领导转化为具体的执政。从这个意义上来说,执政是党的领导在国家政权中的延伸与发展,这一延伸与发展也使得党的领导方式发生了变化。

领导与执政都是国家政治制度的重要内容,两者具有一致性。领导与执政两者的联系在于,领导是执政的政治前提,执政是领导地位在国家政权活动中的必然体现。但是,领导不同于执政,两者的区分可以从很多方面来表述。因此,本文结合法律的专业语境与我国现实的情况研究两者的区别。根据上述方法,我们提出在法学领域之中,两者的主要区别表现在如下几个方面。

1. 两者反映了不同的社会关系并且在不同的社会关系中显示出不同的个性。"领导"反映的社会关系是上下级之间的隶属关系,执政能够表达社会关系中的平权关系。社会关系可以按照纵向与横向这一坐标,可以分为纵向的隶属关系和横向的平权关系。

---

① 石文龙:《执政的时代内涵与基本特征研究》,《政治与法律》2010 年第 11 期。

2.运作方式或者说运作模式的不同。领导在运作方式上呈现出自上而下指挥、协调等形式,在运作方位上呈现的是纵向垂直"姿势",在运作模式上,由于习惯等因素常常表现为以"我决定你执行"的"命令服从型"。执政在运作方式上需要考虑到人大、政府、司法机关等国家机关的存在,因此在运作的方位上呈现的是横向平行的"态势",在运作模式上,就不能是"命令服从型",而是号召与建议等形式的"我建议你决定",最终由人大等专门机构进行决定。

3.两者属于不同的领域或者话语。党的领导主要是一个政治概念,它反映的是党在国家的政治地位处于核心地位,党是国家的政治核心。尽管我国宪法中有"中国共产党领导"一词,但是其表述均在序言之中,没有直接的条文规定权力、职责与责任或者其他的权利与义务。如同"人民"一词也是宪法频繁使用的词汇,甚至有基于宪法条文"中华人民共和国的一切权力属于人民"形成人民主权的思想与宪法原则。但是"人民"与"敌人"还是政治概念。能够成为法律概念仍然是"公民"一词,这也是"人民"与"公民"的主要区别之一。领导与执政同样存在与"人民"与"公民"之间相类似的现象。执政主要是一个法律概念,它要求执政党依法进入国家机关,通过国家机关,在法律的范围内进行活动。进入国家机关要通过法定的选举,通过国家机关就是由国家机关行使最终的决定权,这些都是具体的法律途径。可见,领导更是一个政治性话语,相应地,执政是一个法律性话语。因此,将"执政"一词运用到法律中来,对于突破"党管一切"的战争年代的领导习惯,适应法治时代的领导模式具有重要意义。

4.与领导相比,"执政"一词的内涵比较小。大多数的学者赞同领导的内涵和外延比执政宽泛得多。在现代社会,执政反映的是政党与政权之间的关系,因此有学者认为"执政则必然是在国家政权机构内部的活动"[1],所谓"体制内执政"就是在依宪执政。而领导不受这一条件制约,因此,执政天生地需要"克制主义"情怀,强调在执政之中实现"党的领导"。

5.领导具有原则性,执政具有灵活性。正因为领导反映了执政党的政治性质,因此领导具有原则性,我们熟悉的"四项基本原则"也正是这一精神的

────────────

[1] 石泰峰、张恒山:《论中国共产党依法执政》,《中国社会科学》2003 年第 1 期。

反映。执政不同于领导,还在于领导实现的具体形式,它不反映事物的性质。执政可以有多种形式,例如可以由民主党派、无党派人士执掌政权①,可见,执政具有灵活性的一面。

6. 领导具有宏观性、全面性,执政具有专业性、可操作性。党的领导显然是领导全社会,包括国家机关,以及政治、经济、文化等诸领域,执政主要是执掌包括人大、政府、司法机关等国家政权,这一领域的具有很强的专业性,程序性的内容。因此,才会有执政方式、执政程序等相关概念。

二、两种角色的区分:最高政治领导力量与执政党

在今天的中国政治生活中,中国共产党实际上既是最高政治领导力量又是执政党,具有"一身二任"的双重角色。但是,如果只是强调两者一致的方面,忽视两者的差别,就难以找到执政党在社会生活中准确的位置。

最高政治领导力量与执政党具有内在的联系,这一点也是毋庸置疑的,在我国最高政治领导力量的地位是执政党执政的前提,执政党是最高政治领导力量地位的落实与巩固。但是两者的区别也是明显的,表现在:

(一)取得最高政治领导力量与执政党地位的时段不同

众所周知,党作为最高政治领导力量的地位是在长期的革命和建设中形成的。在党的初创时期,它只有几十个党员、几个小组。当时还是"地下党",是非法的党,甚至在江西瑞金建立红色政权之后,还被称之为"共匪""赤匪"。因此,在 1949 年 10 月 1 日新中国成立之前,尽管共产党已经在部分地区执政,但因为并未在全国范围内执政,所以共产党只是最高政治领导力量而非执政党。新中国成立后,中国共产党既是最高政治领导力量,又是执政党,实现了所谓"一身而二任"。

---

① 2007 年 4 月 27 日,十届全国人大常委会第 27 次会议表决任命致公党副主席万钢为科技部部长。这一举措被西方媒体称为:"这是毛泽东时代以后首次任命一位非中共人士担任政府部长"。2007 年 6 月 28 日,无党派人士陈竺获全国人大常委会表决通过出任卫生部部长,陈竺是改革开放 29 年来,中国首位出任国务院组成部门正职的无党派人士,也是继中国致公党副主席万钢被任命为科技部部长后第二位担任政府部长的非中共人士。

(二)权力的来源不同

作为最高政治领导力量的地位源自于"历史发展的必然,是人民的选择",而执政党的地位需要法律、特别是宪法的授予,这是法治国家的基本要求,所谓"权为民所授",因为在法律上人民是国家权力的主体。对此,我国宪法第二条明确规定:"中华人民共和国的一切权力属于人民。"

(三)最高政治领导力量与执政党的活动方式不同

有学者认为:"说她是最高政治领导力量,是指共产党是中国特色社会主义事业的领导核心;说她是执政党,是指她不再是战争年代的领导人民夺取全国政权的革命党,而是领导人民掌握政权的执政党。需要进一步明确的是,中国共产党不再是领导革命战争的最高政治领导力量,而是领导和平建设的最高政治领导力量"[1]。我们认为,强调作为最高政治领导力量的地位是保证党的长期执政,永久执政;强调执政党的地位是要求执政党按照"执政的规律"执政,而不是以"革命党"的"斗争规律"进行执政。与其他社会主义国家一样,由于"在政党与政权的关系上是先有政党,后有政权,没有政党就没有政权,所以政权不可能与这些国家的执政党分离,只可能是二者一定程度上的职能分工。"[2]因此,就可能存在"党政不分"现象,甚至可能出现政党代替政权问题。文革所出现的"革命委员会"正是这一现象的反应。

因此,按照"执政的规律"执政具有极为重要的意义,这一"执政的规律"主要包括:

1.执政心态是以建设者的心态执政。就是说是以建设新国家新法治的心态执政,而不是以废除旧国家、旧法治的心态执政。因此,"党要在宪法和法律的范围内活动"是执政的基本要求。

2.执政方式要与人民主权和国家法治精神相协调。就是要按照党的领导、人民当家作主、依法治国相统一的原则进行执政。因此,要尊重人大与

---

[1] 田润宇:《领导党与执政党之间:对中国共产党角色定位的学理思辨》,《求实》2010年第1期。

[2] 田润宇:《领导党与执政党之间:对中国共产党角色定位的学理思辨》,《求实》2010年第1期。

"一府两院一委"的工作。

3. 执政的目的是以支持和保证人民当家作主。做到执政为民,而不是"替民做主"。

因此,要明确领导与执政的区分,正确认识与实践"执政的规律",把自己塑造成为具有现代意识、法治理念、先进的执政党和最高政治领导力量。

当然,作为最高政治领导力量与执政党两者在内涵上具有同质性、统一性,即二者在本质上是一致的,两者具有高度统一的,但是我们要求在同质性、统一性中,看到区别,不能将同质性、统一性视为同一性。在此,需要强调的是"统一性"与"同一性"是两种截然不同的论点,认为执政就是领导,最高政治领导力量就是执政党的观点,属于"同一性"论,而"同中有异、异中有同"的观点,属于统一性论。统一性强调的是在差异之中有共同性的内容,在共同性中又有差别的特质。

三、两种权力的区分:领导权与执政权

领导权与执政权的分离,标志着政治体制改革中的"两权分离"理论的形成。因为在经济体制改革中,我们也提出过"两权分离"的理论。

(一)领导权的政治属性

我们在日常生活中也会使用到"领导权"一词,但是,这一权力与宪法上规定的国家权力不是一回事。如果不局限于法律,权力的概念会有很多的解释。但总体而言,权力可以分为政治上的权力,道德上的权力与法律上的权力,三者区别较大。其中,诸如在公交车上"给老弱病残者让个座"这一道德规则,体现的就是道德上的权力。我们认为党的"领导权"主要是一种政治上的权力,表现为一种政治影响力,是一种"政治权威"。这一性质是由该权力本身的内容而决定的。分析"领导权"的具体构成,我们不难发现所谓党的"领导权"指的是如下的权力。

1. 在产生时间上的优先权。在党与国的关系上是先有党后有新中国。中国共产党成立于 1921 年 7 月,新中国诞生于 1949 年 10 月。所以在我国是先有政党,后有新中国,这就是《没有共产党就没有新中国》歌词所反映的现实

状况。这就是我国政治格局不同于西方的重要因素。西方政党是在资产阶级革命取得胜利,在资产阶级建立政权之后才产生的。这就是我国现行宪法序言中想要表达的历史逻辑,并且因为这一历史逻辑而自然地取得的领导地位。我们把这一时间上的在先性解读为"优先权"。

当然,在民法、国际法上都有"先占"一说,即"首先占领","第一次占领"。在民法上,先占原指对无主物的最先占有者可以取得该物的所有权。在国际法上,指的是国家可以占取无主地,取得对无主地的所有权。但是尚无任何法律理论以"先占"理论来构筑政党对国家以及国家政权的"取得",况且从本质上说,"优先权"与"先占"毕竟还存在着根本性的区别。国家的"所有权"自始至终属于人民,而不是政党。这一人民主权思想是中国共产党历来所主张的,也是中国共产党争取人民进行革命和社会主义建设的重要理论根据。

2. 基于历史成就形成的政治威信或者权威。美国社会学家彼德·布劳认为:"权威的显著特征是:被下级集体所承认和实行的社会规范强制它的个体成员服从一个上级指示。服从对该集体来说是自愿的,但社会强制力使它对该个体变得带有强迫性。与其他形式的影响和权力不同,遵从建议和命令的压力不是来自于提建议和下命令的那个上级,而是来自下级的集体。这些规范化的强制力可以是制度化的弥漫于整个社会的,或者它们可以突生于某个处在社会互助中的群体之中。"①可见,权威不同于刚性化的权力,人们基于一定的社会规范的外在影响而引发的内在认同,是权威产生的基础。中国共产党的政治权威的构成包括这样几个方面:

(1)基于历史成就的政绩基础。我们的党历经艰难曲折而取得一个又一个的胜利,这一成就是政治权威形成的主要因素。权威的形成是自发的,是人们发自内心的诚服,不是外部的力量与他人的力量所能强加的。中国共产党由于自己的艰苦卓绝的努力和辉煌的成绩树立了权威的社会地位。

(2)人员构成的"榜样性"与目的宗旨等"高尚性"。《中国共产党章程》一开头即开宗明义,指出:"中国共产党是中国工人阶级的先锋队,同时是中国人民和中华民族的先锋队,是中国特色社会主义事业的领导核心,代表中国

---

① ［美］彼德·布劳:《社会生活中的交换与权力》,华夏出版社 1988 年版,第 231 页。

先进生产力的发展要求,代表中国先进文化的前进方向,代表中国最广大人民的根本利益。党的最高理想和最终目标是实现共产主义。"这也是"三个代表"重要思想的立论基础之一。

(3)政治领袖的个人声望与威望。诸如"两个凡是"提出并且能够成为政治生活的政治准则,正是这一声望与威望的真实写照。领袖的个人魅力强化了政党政治权威的基础。权力与权威的区别是明显的。简单而言,在法治社会,权力是法律授予的,权威是基于威信在社会中自然形成的。权力的基础是国家力量,包括国家强制力,权威的基础是基于人本身的能力,如才能、实力、魅力等因素。因此,权威往往表现为他人的心理认同,而权力则表现为法律上的强制。

3."打江山坐江山"的传统形成的习惯力量

习惯也是一种力量,这种力量使得人民自愿地服从与遵守,并以自己的行为保证这一习惯的延续。因此,"打江山坐江山"是政治合法性重要内容,所谓"皇帝轮流做,明年到我家"正是这一合法性的夸张性的表达。政治的根本问题是政权问题,因此需要从权力的来源与权力的运行两个方面诠释政权的合法性,包括政治合法性与法律上的合法性。我国现行宪法"序言"的第5、第7自然段对历史的描述,同样是通过历史的演绎推导出党的领导的政治合法性。历史的合法性解决的是"凭什么执政",当然这个合法性不可能一劳永逸。所以还有现实的合法性,现实的合法性要解决的则是"凭什么继续执政"。

上述内容说明领导权是政治上的权力,而不是法律意义上的权力,所谓法律意义上的权力,是法律所明确赋予的,如立法权、行政权、司法权。事实上,"宪法文本中使用的是'党的领导',而不是'领导权'。在法治社会,权力的存在必须要有法律上的依据,所谓'未经法律的授权不得为',以对应与公民权利的'法不禁止即自由'一词。在法治社会,如果没有法律的明确授权,权力就不会存在。在宪法文本中使用的是'党的领导',在序言中使用了'党的领导',通篇找不到'领导权'一词。当然,其他所有的法律上也不存在'领导权'这一表达与规定。"①

---

① 石文龙:《对"领导权"一词的宪法学分析》,《云南大学学报(法学版)》2009年第4期。

（二）执政权的法律属性与要求

执政权，即执政党"执掌政权"的权力，不同于领导权，这一权力具有法律属性，因为：

1.这一权力需要宪法或者法律的授予。如我国宪法第五十八条明确规定："全国人民代表大会和全国人民代表大会常务委员会行使国家立法权。"宪法第一百二十六条规定："人民法院依照法律规定独立行使审判权，不受行政机关、社会团体和个人的干涉。"宪法第一百三十一条规定："人民检察院依照法律规定独立行使检察权，不受行政机关、社会团体和个人的干涉。"以及宪法第八十九条规定："国务院行使下列职权"等。关于执政权，有人认为可以从"党的领导"中推导执政权来，但是"权力"的拥有不能依据需要宪法或者法律予以明示，不应用推导的方式。对此，我们建议在今后制定《党与国家关系法》中，一并予以明确。就此，我们可以发现，执政权目前在现实生活中还是"空白"。

2.执政权与人大立法权之间的关系。以往我们在研究党与人大关系的视角，是"党的领导"与人大之间的关系，其实，这是一个错误的命题，因此，难以得出正确的结论。因此，如果将党与人大的关系定位成党的执政权与人大立法权之间的关系，这一问题就可以形成正确的答案。在这一关系中，党具有立法的建议权，重要领导人选的推荐权等，但是人大拥有最终的决定权、任命权。党为了使得自己的大政方针能够得到贯彻，就需要通过"党的领导"，包括党在国家机关中的党员、干部，特别是设立在国家机关中的党组予以落实。

3.执政权与司法权的关系。同样，"党的领导"不是直接指挥案件的侦办与审判等"包办行为"，而是在尊重"审判独立"的前提下通过领导"党员""党组"等形式"执掌政权"。

因此，区分领导权与执政权无论在理论上还是在实践中都具有重要的意义。

四、两种角色的区分：执政者与执政党

"代表执政制"不同于现有的政党执政一说，这一概念的提出无疑彰显了"代表"这一重要个体。事实上，"代表"本来就不应该被忽略，而且应该得到加强并形成有关"代表"的专门制度。本文在强化"代表"这一问题上同样做了进一步的推动，主张在政治、法律研究中建立专业术语：执政者。

（一）执政者的含义

明确了代表执政制的内涵之后，对执政者的分析就容易得多。执政者就是代表执政制中的"代表"，我们将其界定为：执政者主要是进入国家政权内部直接或者间接地执掌权力的重要的政党成员。这里同样用了"主要是"，意思是在广义上执政者还包括县级以上各级党委、政协等的领导成员。我们将前者称之为狭义上的执政者，后者称之为广义上的执政者。

该定义的界定中有直接执掌权力或者间接地执掌权力之分，这一分类的制度性根据是《党政领导干部选拔任用工作条例》。其实，条例本身对这两类人员在语言的使用上就有不同。必须注意到了条例对语言的不同使用，这一语言上的不同也就相对地反映了直接执掌权力或者间接地执掌权力的不同。具体为：

1. 领导成员，直接执掌国家的权力。

《党政领导干部选拔任用工作条例》第四条中的第一二两款规定了县级以上党组织与国家机关的领导成员和非国家机关的领导成员，这些领导成员直接执掌国家的权力。

2. 非中共党员领导干部与处级以上非领导职务者，间接地执掌国家的权力。

《党政领导干部选拔任用工作条例》第四条中的第三四两款规定了非中共党员领导干部与处级以上非领导职务者。条例中的非中共党员领导干部与处级以上非领导职务并不是直接执掌权力的人，在这里，我们将其归之于间接执掌权力的执政者。如各民主党派的领导人他们并不直接执掌权力，但是在参政议政中具有重要作用，至少是参与了权力的现实运行。我们也注意到这里使用了"领导干部"与"非领导职务"这样不同于"领导成员"的语词。而在我国特定的语境之中，领导干部与领导职务是对领导成员更为尊称的词汇。可见，领导干部和非领导职务是我国政治语境之中的专用语。

当然，我们说这一分类是相对的，特别值得注意的是在国家机关中工作的非中共党员领导干部同样是直接执掌国家权力的执政者。因此，两者的区分不是绝对的,而是相对的。

(二)执政者与执政党的联系和区别

执政者这一概念是执政党概念的再发展,其存在价值在于丰富并发展了执政党的制度,特别是现代法律制度方面。具体如下:

1. 执政者是执政党概念的属概念,是执政党这一种概念的再发展。

社会科学的发展过程就是不断地由种概念发展出下一级的属概念过程,这也是概念发展与演变过程的"分化"现象,分化有助于种概念本身的发展。例如从人权到权利,再到政治权利、经济权利、文化权力等,就是人权的具体发展历程。当然,执政党的下属概念很多,并不限于执政者。其下属概念越发展,则执政党制度的建立与建设就会越完善。例如关于执政者与执政党的关系问题,我们就可以发展出执政者是执政党的代理人这一重要观点,这一观点无疑是对执政党概念与制度的再发展。

2. 执政党具有的是执政资格,而执政者是在执政资格的基础之上具体地从事执政行为。

以往我们对执政党的理解存在着很多不易觉察的错误,例如类似这样的表达很多:"作为执政党,之所以能执政,是必须经过全民选举的(通过县以下选民直接选举和县以上的人大的间接选举)。由人民选举出来的各级人民政府及其官员(大都是执政党党员),既然是由全民选举产生的,就要对全民负责,为全民服务。他们是全民的公仆,要代表全体国民利益,而不能只是代表最大多数人民的利益,更不能只代表某一个或几个阶级、民族、利益群体的利益"①。这里"作为执政党,之所以能执政,是必须经过全民选举的",这一判断就是对执政党与执政者的混同,因为作为执政党是不需要"必须经过全民选举的",但是执政者是"必须经过全民选举的"。而且,"作为执政党,之所以能执政"就成了错误的说法,我们认为执政党具有的只是执政的资格,其本身不能执政,只有通过推荐代理人,即执政者进行执政。

3. 执政者将执政党这一概念进行了分层,这一分层使得原有的许多概念、判断与研究失去意义。

---

① 郭道晖:《治党:固守陈规还是与时俱进》,《法学》2002 年第 7 期。

现有很多关于"作为最高政治领导力量与作为执政党的不同地位与作用"的文章,例如下面的表达是经常屡见不鲜的观点:中国共产党在法治国家中作为一个整体,既是最高政治领导力量,又是执政党,"一身二任"。这种双重身份,既相互联系,又有某些区别。我们在处理党与政权的关系和党与法的关系上的某些失当,与对这"一身二任"在法治地位上的区别的认识误差有关①。作者进一步论述了"领导权与执政权在权能性质、来源和主管范围上的区别,略做探讨"。当然,这是从执政的广义而言的。但是如果从狭义而言,从执政者的语境中来分析,上述最高政治领导力量与执政党的区别的没有实质性意义的研究,因为这一判断的前提是错误的。基本理由是:执政党不再从事具体的执政,而是执政者在进行具体的执政。同样我们不难发现,作为最高政治领导力量同样需要分层,因为党的领导存在着内部的领导与外部的领导。就外部的领导而言,是执政党的"整体领导",而就内部而言,是少数领导者对广大普通党员的领导,是部分领导者的领导。虽然有民主集中制的存在,但是最后的集中还是需要领导者在民主基础之中进行集中。

所以,从执政者的视角,执政者与执政党的区分使得诸如"执政党、最高政治领导力量的转变之类"的观点、表达以及研究失去了意义。

(三)执政者作为独立概念的特殊价值

其实,"执政者"一词在日常生活中也在使用,当然并不普遍,而且没有在专业意义上使用。在21世纪的中国社会,使用执政者一词具有特别重要的意义。

1.在政治生活中呼唤职业的"政治家",特别是作为"职业的政治家群体"。

以往我们不自觉地将政治家等同于"野心家",所以在主观上,我们往往不自觉地要将政治家演绎为思想家、军事家、战略家、设计师等。其实,现代政治须臾也离不开政治家的活动。在现代社会,政治也是个大市场,"政治市场这一概念脱胎于公共选择理论,这一点已明显地散见于公共选择理论学派理论家们的观点之中。遗憾的是,直到今天,也就是公共选择理论盛行于西方四五十年以后,国内的学者们才在汹涌的市场经济大潮的冲击下,小心翼翼地转

---

① 郭道晖:《治党:固守陈规还是与时俱进》,《法学》2002年第7期。

述和论证公共选择的有关理论"①。在经济建设中,有首席执行官一说,简称CEO。CEO是一个带有褒义的尊称,是企业掌舵人的意思,是在一个企业中负责日常经营管理的最高级管理人员,又称作行政总裁(中国香港和东南亚的称呼)或最高执行长(日本的称呼)或大班(中国香港称呼)。其实,不只是经济领域需要CEO,政治领域同样需要CEO。过去的中外历史中就有执行官这一称谓,同样,在21世纪的今天,政治CEO是特别需要发扬光大的。政治CEO的作用同样不会逊色于经济CEO的。

2. 在法治生活中,需要构建执政者制度。

提出了"执政者"这一概念之后,就会由此展开新的问题。在法律上,人们就会主动地将问题即研究视角与研究任务继续往前延伸。这些重要的问题包括:

(1)执政者如何进入国家机关? 这里存在的问题是通过党来决定执政者还是由人大选举、任命执政者。在法治社会显然应该无条件地尊重人大的"最终决定权",因为党的意志不同于人民的意志,执政党的任务就是要努力使党的意志转变为人民的意志。

(2)进入到国家机关中的执政者其身份是国家机关工作人员吗? 这是一个极为重要的问题,即执政者以什么身份进行执政,是以执政党的身份还是以国家机关工作人员的身份进行执政,这就是上面提到的"执政党与最高政治领导力量的区分"试图要解决的重要问题。因为只有执政者,才是"一身二任",执政党其他成员不存在"一身二任"的情形。显然,这里强调进入国家政权之后的执政者必须以国家机关工作人员的身份进行执政,理由是执政者在政权系统之中,必须尊重国家政权本身运行的规律进行执政。如人民法院的专业审判工作必须严格按照法律的规定进行,等等。值得注意的是,我国的各级国家机关中存在的党组②,党组不是党组织,只是党组织的派出工作机构,

---

① 陈洪生:《政治市场:一个作为概念与研究方法的政治术语》,《江西行政学院学报》2005年第2期。

② 《中国共产党章程》第九章第四十六条规定:"在中央和地方国家机关、人民团体、经济组织、文化组织和其他非党组织的领导机关中,可以成立党组。党组发挥领导核心作用。党组的任务,主要是负责贯彻执行党的路线、方针、政策;讨论和决定本单位的重大问题;做好干部管理工作;团结党外干部和群众,完成党和国家交给的任务;指导机关和直属单位党组织的工作。"

不具备党组织所具备的独立权利,比如不能发展党员等。那么,执政者与党组是什么关系? 我们认为执政者可以是党组成员,但是不影响其按照国家机关本身的规律进行依法执政的性质。

(3)政党责任的承担。执政者出现后,政党责任制度无疑也可以大大地往前迈进了一步。即执政者的责任与执政党的责任的分离,至少是执政者个人出现的问题无疑由执政者个人承担,简单如执政者的违法行为由执政者个人承担。这一制度就对政党责任的内容进行了合理而有效的区分,分解了执政党承担责任的政治压力与社会压力。

3.执政者的提出在文化方面对树立"个体价值"也具有特别重要的意义。

东方的文化在集体与个体两者之间强调集体,而忽视个体。所谓先国家,后集体,再个人正是这一观念在社会生活中的集中表现。服从组织,服从上级至今仍然是我们行为方式的重要准则。在法治社会中,对"个体价值"的尊重是人权、权利建设的文化基础,也是我们进行公民社会培育与发展的重要的基础性内容。

因此,我们主张是执政者个人在执政,而不是组织在执政。为此,我们提出了"代表执政制",是"代表执政制"中的代表在具体地执政,这些代表我们称之为执政者。执政者作为一个独立的概念具有其独特的理论价值与时代意义。当然,这里的个人不是"散兵游勇""个人英雄主义"模式下的个人。而是政党组织中的个人,是政党制度中的个人,是民主集中制制度中的个人。因此也是"政党之网"上的、有组织、有制度、有纪律的现代执政者。执政概念的建立对完善执政党以及政党制度具有重要的理论与实践价值。

五、两个活动领域:党内与党外—— 以"党管干部"为例

执政党在党内与党外存在着不同的活动形式。结合"党管干部"分析,党内与党外的活动方式明显不同。从文字上来判断,"党管干部"在语言逻辑上存在着三个重大问题:一是谁来管干部? "党管干部"中主语"党"具体指什么? 如同人民一样,"党"是个集合概念,那么,具体是由党的哪个机关来"管干部"? 上升到理论的层面就是"党管干部"的主体问题。二是管什么? 即

"党管干部"的具体内容,内容是对"党管干部"原则的具体化与深化。三是怎么管干部?"党管干部"中的干部具体包括哪些人?对管理"客体"的明确是执政方式科学化的主要方面。事实上,这三大问题既是"党管干部"的理论难点,也是我们改进与完善"党管干部"制度的逻辑起点。

(一)"党内外有别"是把握"党管干部"内涵的重要方法

对于任何难点的分析都需要借助于科学的方法,"党管干部"同样如此,解决这三大问题首先必须要有正确的方法。

我们必须注意的是今天的中国共产党已经不同于成立之初的中国共产党。今天的中国共产党在形式上具有另外意义上的双重身份。首先,就内部而言,中国共产党是一种特殊的政治组织;其次,就外部而言,中国共产党又是一个执掌政权的执政党,作为执政党必须考虑到政党与政权之间的关系问题。值得注意的是,从1921年中国共产党成立以后的很长一段时间,中国共产党只是具有一种身份。自中国共产党在局部地区执政后开始,中国共产党才开始取得了两种身份。作为一个特殊的政治组织与作为一个执政党,两者的管理主体、手段、方法具有很大的不同。事实上,现有的理论中已经形成了党内民主与人民民主的划分,这些划分均具有极为重要的意义与价值。因此,在对"党管干部"的理论与实践中,"党内外有别"是理解"党管干部"内涵的基本方法。

就党内而言,党要不要管干部?这对于一个执政党自身来说,是个不争的问题。因为作为一种特殊的政治组织,执政党对于这一组织本身必须不断地加强其先进性、纯洁性,以不断提升其作为工人阶级先锋队的内在的品质要求。因此,在党内要坚持党要管党原则和从严治党方针,这是我党从长期执政党建设实践中得到的重要认识和结论,也是加强和改进新形势下党的建设必须长期坚持的重要指导原则。邓小平指出:"党要管党,一管党员,二管干部"。这是党加强自身建设最重要、最基本的两个方面。当前,"党要管党"更具有紧迫性,正如2009年9月18日通过的《中共中央关于加强和改进新形势下党的建设若干重大问题的决定》所指出:"党面临的执政考验、改革开放考验、市场经济考验、外部环境考验是长期的、复杂的、严峻的,落实党要管党、从严治党的任务比过去任何时候都更为繁重和紧迫。"

在党外,"党管干部"要与人大的选举、任免相结合,要与司法机关对干部职务犯罪的追究相结合,要与人民的监督相结合,等等。党的正式文件中一再强调"党必须在宪法和法律的范围内活动","党的领导的本质内容是组织和支持人民当家作主"。党的十七大强调"人民民主是社会主义的本质"等。因此,必须将党的领导、人民当家做主与依法治国三者有效地结合起来,做到民主执政、科学执政与依法执政。上述重要原则对在党外的"党管干部"的实现方式提出了新的要求。

(二)"党管干部"在党内、党外的实现方式

主体不明则容易导致管理者的身份"虚化"与"异化",因此,"党管干部"的主体必须予以明确。

在党内,"党管干部"的"党",即"党管干部"的主体是各级党委,包括中央以及地方的各级党委,这一主体不包括党委的组织部门等机构。对此,需要科学地理解《党政领导干部选拔任用工作条例》,该条例第五条规定;"党委(党组)及其组织(人事)部门,按照干部管理权限履行选拔任用党政领导干部的职责"。在这里从文字上看,似乎"管"干部的主体是党委(党组)及其组织人事部门。其实,党组、组织人事部门等只是具体的办事部门与组织,他们不是独立的实体,不能成为独立的主体。

在实现形式上,"党管干部"依据的是中国共产党的民主集中制原则。在民主法治发展的今天,必须发扬党内民主,完善民主集中制保证"党管干部"的充分实现。

"党管干部"的主体是党委,这一理论的现实意义很大,它说明了而"党管干部"的主体不是"一把手",不是现实生活中存在的"书记说了算"。

在党外,"党管干部"的情况比较复杂,主要包括如下几个方面:

1. 在国家政权机关中的干部产生方式上,是党推荐干部由人大决定与任免重要干部,而不是党决定干部。即坚持"党管干部"和人大依法任免相结合,以及"党管干部"与党负责重大事项相结合,切实加强对重要干部的监督与管理。而且,在选举中,以差额选举为一般原则。

2. 对于触犯国家法律的干部,由司法机关追究刑事责任。显然,对于违反刑法的国家干部,应由司法机关来"管"。司法机关依法行使职权,受国家宪

法、法律保护,执政党应支持和保障司法机关独立行使法定的职权。

3.公民对干部具有批评、建议、控告或者检举权。这也是我国宪法赋予公民的重要权利。而且,目前的"党管干部"工作中要强调进一步扩大干部工作中的民主,认真落实人民对干部选拔任用的知情权、参与权、选择权和监督权。

此外,还是其他法律对干部提出的要求与约束,如行政法、国家赔偿法等法律对干部提出的要求。

(三)党内、党外"党管干部"实现方式的主要区别

"党管干部"在党内、党外具有共同性的内容,如要充分发扬民主、尊重"党管干部"程序性要求,如在"党管干部"工作中,要坚持公开、平等、竞争、择优的原则,促进干部能上能下等,但两者的区别也是明显的。具体而言:

1.权力的主要依据与性质不同。"党管干部"作为一种权力,其主要依据一是管理权,一是执政权。在党内,"党管干部"行使的依据主要是管理权,这是作为一种政治组织的权力。而在党外,"党管干部"行使的依据主要是执政权,这是落实党的领导,坚持依法执政的权力。

2.主体状况不同。在党内,"党管干部"的主体具有单一性或者可以说是唯一性,具体是各级党委。而在党外,"党管干部"行使的主体不是单一的,更不是唯一的,诸如人大、司法机关以及公民等都是"管干部"的重要力量,这些力量共同促成了"党管干部"原则的实现。

3.行使方式不同。在党内,"党管干部"的行使方式主要是任命制,而在党外,"党管干部"行使方式主要是推荐制。

4.管理对象不同。在党内,"党管干部"管理的是所有干部;在党外,"党管干部",特别是党在推荐干部时,推荐的是重要干部,党不能管所有干部。

5.活动原则不同。在党内,"党管干部"的活动原则是民主集中制,在党外,"党管干部"的活动原则是依法执政。

此外,必须强调的是,党对军队的领导是绝对的领导,不同于党对其他国家机关的领导。

理解这一差别具有重要的理论意义与现实价值,具体为:

1.党内、党外对"党管干部"有不同的形式与要求,不能将"党管干部"的党内形式与要求简单地复制到党外。

2. 在党内必须反对"家长制""一言堂"的领导作风,要大力发扬党内民主。在党外,党的领导并不是"党管一切"的领导方式。

3. 在"党管干部"这一领域,必须坚持党的领导、人民当家做主与依法治国的统一。无论在党内还是党外都要发扬民主、践行法治,确保"党管干部"在现实生活中的落实。

因此,"党管干部"存在着具体的语境、场景问题,就内、外部的不同视角而言,存在着党内的"党管干部"与党外的"党管干部"两种形式之区分。不能笼而统之地解释"党管干部",否则概念就容易被泛化而成为抽象的口号。因此,科学地把握"党管干部",需要将这一问题进行科学的区分,以在不同的语境、场景、条件之中理解"党管干部",使得"党管干部"的研究具有针对性与有效性。

需要强调的是,上述区分是建立"有机统一"基础上的区分,五对概念之间存在着"你中有我,我中有你"的现象。"五大区分"的理论建构对于我们准确地把握执政的内在规律,把握党内法规理论建设的核心范畴、推进党内法规的理论建设等均具有极为重要的意义。因此,在相互统一之中全面地把握领导与执政等相关区别,对于加强与完善党的领导,稳步推进政治体制改革等均具有重要的理论意义与实践价值。

法学视域下党内法规优越性探析

熊春泉　聂加龙*

摘要：与国家法律相比，党内法规在一般性、公布、规则不溯及既往、清晰性、不得矛盾、无不能现实的规定、稳定性和一贯适用性等方面都有着独特的优越性。充分发挥党内法规优越性既是国家治理体系现代化的现实的应有之义，也是满足推进国家治理体系现代化、柔性的社会管理模式与善治等实现所需。为此，需要通过宪法和建立党内法规与国家法律联动委员会来实党内法规与国家法律的衔接与协调。

关键词：党内法规；国家法律；优越性

虽然"法治应当优于一人之治"，①但不可否认的是那些被法律人津津乐道的均有着一定程度的局限，而与这一局限相伴的是"即便法治是件好事，但如果其太多也可能是件坏事"。② 法治太多可能是件坏事所蕴含的潜台词是并非人类任何的行为都需要法律的指导。既然需要法律指导的行为只是人类行为中的一部分，那么其他指导人类行为的社会规范便有了存在的合理性。其他指导人类行为的社会规范众多，道德、宗教、乡规民约……甚至是潜规则。在这众多的其他社会规范中，自党的十八届四中全会提出"形成完善的党内法规体系"是全面推进依法治国的总目标之一，长期（被）忽略了的党内法规得到了前所未有的重视，由此认识、了解了其与法律等同样具有指导人们行为的作用。既然党内法规有指导行为的作用，那么其必然有国家法律等所不具

---

　*　熊春泉，男，江西师范大学政法学院教授；聂佳龙，男，江西科技师范大学理工学院讲师。

　①　［古希腊］亚里士多德：《政治学》，吴寿彭译，商务印书馆1965年版，第167—168页。

　②　Andrei Marmori，"The Rule of Law and Its limits"，*Law and Philosophy*，January. 2004，23（1），pp.1–43.

有的优越性,因为"凡是现实的东西都是合乎理性的"。① 那么党内法规的优越性究竟是什么,之于国家治理体系现代化有何作用,以及如何发挥此种(些)作用则成为了我们当前应当予以认真对待的一个问题。

一、党内法规优越性初解

与国家法律相比,可以肯定的是党内法规的优越性至少在某一方面得以体现。那么究竟是一方面还是多方面? 优越性产生于比较,要么表现为独具某种功能等,要么表现为同样功能等相比更优。无论党内法规的优越性属于前述哪种类型,都暗含了必须确定与国家法律有关的参照系。美国学者安德瑞·马默(Andrei·Marmor)在名为"The Rule of Law and Its limits"(《法治及其局限性》)的法律哲学论文中用了一个意味深长的二级标题"The Rule of Law Virtues(or God is in the Details)"。该标题下面的内容是在论述法治美德——一般性、公布、规则不溯及既往、清晰性、不得矛盾、无不能现实的规定、稳定性、一贯适用性——的同时,也论述了国家法律的局限性。"进行法律哲学思考,并非必须对全部的——或大多数的——法律哲学题目——重要的是,要针对典型的题目思考。"②于是,对于党内法规的优越性没有必要进行"面面俱到"的描述。基于这些考虑,本文对标《法治及其局限性》一文的相关内容拟从如下的几个方面论纲式地论述党内法规的优越性。

(一)一般性

由于"一套使人类行为服从于规则之治的系统所必需具备的首要素质是显而易见的:必须有规则存在",③从而任何规则都符合一般性要求。国家法律的一般性表征为它是针对不特定主体提出或者设定的行为规范。这一特点往往被描述为确保了国家法律能够无偏见、无偏私地对待不同社会成员,从而

---

① [德]黑格尔:《法哲学原理》,贺麟译,商务印书馆1961年版,第11页。
② [德]考夫曼:《法律哲学》,刘幸义译,法律出版社2003年版,第4页。
③ [美]富勒:《法律的道德性》,郑戈译,商务印书馆2005年版,第55页。

实现正义。然而,我们在现实中不难观察到这样的情况:"偏见""偏私"对待比正无偏见、无偏私对待更能实现正义。这一现象除了正义长着一张普罗透斯似的脸所致外,还与法律规范过于一般化或过于模糊有关。[1] 无论是过于一般化还是过于模式都需要解释。尽管解释可以解决模糊不清的问题,但在享有法定的解释权的国家机关没有进行解释之前,人们遵循国家法律指引而安排的行为势必会不一致甚至是盲动。党内法规尽管也要符合一般性要求,但却不像国家法律那样有诸多的解释。由此,可以说,在指引人们行为方面,党内法规比国家法律更具体、更明确。

(二)公布

国家法律想要实现指引人类行为作用之目的首要前提要求是其必须公布,让人们知晓。然而,对于人们而言,公布国家法律并非全是如所言的提供了行动理由,更多的是提供了想知晓那些法律的机会。既然是机会,那么意味着人们有不知晓国家法律的可能。实际上,即便是法律职业者也仅仅是比普通人更精通怎样找到国家法律而已。也就是说,即便是数量庞杂的国家法律均已公布,但对于人们来说,他们并不知晓大多数的国家法律的内容。尽管多数的情况下它并不会影响人们的行为,但在特定的情况下却能让国家法律陷入两难境地。[2] 党内法规相较于国家法律,除了公布,更为要重要的是通过相关教育活动确保了全体党员知晓其内容。由此,党内法规不会像国家法律因为内容不被党员知晓而陷入两难的境地。

(三)规则不溯及既往

国家法律指引人类行为蕴含了先有国家法律的台词。这样,国家法律只对其生效后的行为才具有了约束力。当然也有国家法律对生效前行为具有拘束力的情况——从旧兼从轻原则。该原则的理论基础往往被表述为保护人

---

① Andrei Marmori, "The Rule of Law and Its limits", *Law and Philosophy*, January 2004, 23(1), pp.1-43.

② 《法治及其局限性》一文中,马默教授以"battered women's syndrome"中的防卫例子阐述了人们不知晓刑法内容所面临的两难问题。See Andrei Marmori, "The Rule of Law and Its limits", *Law and Philosophy*, January 2004, 23(1), pp.1-43.

权。然而,人权是一种普遍道德权利,①由此不可避免地导致法的概念有政治倾向。② 尽管法律的概念是一个恼人不休的问题,但法律与道德有关联但并非是彼此的另一种表述。③ 而党内法规即便是对其生效前的行为具有约束力也不会面临前述恼人不休的问题,因为它是全面从严治党的内在要求。

(四)清晰性

国家法律指引人类行为在于首先它所确立的规则必须是清晰的,因为"清晰性要求是合法性的一项最基本的要素"。④ 然而,清晰性并不是总是一种优点,因为国家法律越清晰就越死板。⑤ 此种死板表征为"非黑即白"。然而,在多元社会中法律秩序内容往往是"既不完全符合一方面的利益但也并不完全违背另一方的利益"⑥所导致的结果。由于党的思想路线等决定了党内法规即便是执行少数服从多数的原则,但对于少数人的不同意见也必须认真考虑。⑦ 这样,党内法规并不会存在像国家法律那样因为清晰性带来的死板。

(五)不得矛盾

国家法律指引人类的行为必须同一。这是因为在同一情况下要求人们既为某种行为,又不为某种行为的国家法律必然是无用的。尽管这种现象并不常常发生,但现实中却时有发生,例如在生物多样性保护法律体系中行政法与

---

① [英]米尔恩:《人的权利与人的多样性——人权哲学》,夏勇、张志铭译,中国大百科全书出版社 1995 年版,第 153 页。
② [奥]凯尔森:《法和国家的一般理论》,沈宗灵译,中国大百科全书出版社 1995 年版,第6 页。
③ [英]哈特:《法律的概念》,许家馨、李冠宜译,法律出版社 2006 年版,第 1—17 页。
④ [美]富勒:《法律的道德性》,郑戈译,商务印书馆 2005 年版,第 75 页。
⑤ Andrei Marmori, "The Rule of Law and Its limits", *Law and Philosophy*, January 2004, 23 (1),pp.1–43.
⑥ [奥]凯尔森:《法和国家的一般理论》,沈宗灵译,中国大百科全书出版社 1995 年版,第6 页。
⑦ 《中国共产党章程》第十七条第一款规定,党组织讨论决定问题,必须执行少数服从多数的原则。决定重要问题,要进行表决。对于少数人的不同意见,应当认真考虑。如对重要问题发生争论,双方人数接近,除了在紧急情况下必须按多数意见执行外,应当暂缓作出决定,进一步调查研究,交换意见,下次再表决;在特殊情况下,也可将争论情况向上级组织报告,请求裁决。

刑法存在着一些冲突。① 该种冲突解决将会让我们得到一个在道德上完全融贯的法律制度。然而,道德具有多元性。这样必然会带着一种两难:如果坚守在道德上完全融贯的法律制度则会不尊重价值多元;如果坚持道德的多元性,那么法律制度在道德上则很难融贯。② 而党内法规清理制度的不但建立确保了党内法规制度的统一性,更为重要的是由于领导人民发展包括道德在内的社会主义先进文化决定了党内法规不仅能够在道德上完全融贯且尊重了道德的多元性。

(六)无不能实现的规定

国家法律如果以一种不能实现的方式来指引人类的行为,其实效可想而知。这里的"不能实现"更多指的是在当时的情况下人们遵守某项法律规则的代价相当大。造成这种现象的原因很多,其中有一种为了实现法的教育功能,例如《老年人权益保障法》规定的"常回家看看"。③ 该规定自 2013 年 7 月 1 日实施以来,其实践可操作性备受质疑,且在司法实践中法官在支持老年人精神权益时也常常处于为难的境地。④ 而党内法规则无这样的困境,因为无论是党的最高理想与最终目标还是现阶段任务是都是建立在科学理论基础之上的。

(七)稳定性

国家法律不能一成不变,但必须稳定。然而,稳定的反面是僵化。⑤ 僵化意味着国家法律承受着这样的不可承受之重:以日益陈旧的规则调整变化着的现在与未来。而要改变这一局面,国家法律必须变化,但是变化无论

---

① 雷军:《生物多样性保护法律框架下行政法与刑法规范之冲突及解决》,《中南大学林业科技大学学报(社会科学版)》2015 年第 5 期。

② Andrei Marmori, "The Rule of Law and Its limits", *Law and Philosophy*, January 2004, 23 (1), pp.1-43.

③ 《老年人权益保障法》第十八条第二款规定,与老年人分开居住的家庭成员,应当经常看望或者问候老年人。

④ 姚明、陈广明:《"常回家看看"的困境与破局:老年人精神赡养权益保障的实证分析》,《华侨大学学报(哲学社会科学版)》2018 年第 4 期。

⑤ 王春业、聂佳龙:《论博弈语境下法的生成》,《甘肃理论学刊》2011 年第 4 期。

是变化过慢还是过快都会遭受批评,都会导致法治的缺陷。① 而党的建设必须坚持与时俱进决定了党内法规的变化与社会情势变化(几乎)同步,不会僵化。

(八)一贯适用性

国家法律想要指导人类的行为,公布的法律规则与它们应用于个案必须一致是不言而喻的。但是马默教授则认为,公布的法律规则与它们应用于个案并非完全一致,可能会存在合理的例外。② 而"对党忠诚老实,言行一致……反对阳奉阴违的两面派行为和一切阴谋诡计"等党员必须去履行的义务规定能够确保党内法规与它们应用于党员行为等是一致的,而且是完全一致。

二、发挥党内法规优越性,促进国家治理体系现代化

承上所述,与国家法律相比,党内法规至少有八方面的优越性。这些优越性说明了党关于完善党内法规体系、促进国家治理体系现代化的判断的正确性。那么,党内法规优越性与国家治理体系现代化究竟有着怎样的内在联系?这无疑是我们必须予以认真对待的问题。而这一问题的解答,我们认为首先要了解何为国家治理体系现代化。

顾名思义,理解国家治理体系现代化的关键是治理(governance)。治理一词,源于拉丁文与古希腊文,基本意思是控制(control)、引导(guide)、操纵(manipulate)等,通常与统治(government)混用,表示政府的管理。随着西方政府的财政危机、由政府转向市场的观念转变、全球化的冲击与政府失灵③等主客观条件的出现,人们逐渐认识到,治理与统治在权威来源、管理过程中权

---

① Andrei Marmori,"The Rule of Law and Its limits",*Law and Philosophy*,January 2004,23(1),pp.1-43.

② Andrei Marmori,"The Rule of Law and Its limits",*Law and Philosophy*,January 2004,23(1),pp.1-43.

③ 熊春泉、聂佳龙:《大数据时代中国法治建设——一种立法视角的分析》,中国政法大学出版社 2017 年版,第 80—83 页。

力运行向度等方面不同,它可以对付国家的失效与政府的失效。① 由此,从 20 世纪 80 年代起,"治理"逐渐成为国际社会科学领域使用频率相当高的一个词汇,以至于研究治理问题专家鲍勃·杰索普感慨地说,治理"在许多语境中大行其道,以至于成为一个可以指涉任何事物或毫无意义的'时髦词语'"。②

尽管治理的确切内涵可以表述为"各种相关主体在协商与合作治理基础上采取各种方法与手段对他们所关心的事务采取联合行动,以期他们的利益能够实现的持续性过程",③但这并不能阻止治理的失败。防止治理失败的最好方法则是善治。所谓善治,简单地讲就是使公共利益最大化的社会管理过程,其本质特征是政府与公民对公共生活的合作管理,④是治理的理想状态。⑤ 善治的实现形式是法律供给"市场化",即国家与社会都是社会治理规则的供给方,且两者是竞合关系。⑥ 这意味着包括党内法规在内的社会规范与国家法律一起构成了国家治理体系。在这个意义上,国家治理体系现代化意指通过党内法规、国家法律等所形成一个恰当的、和谐的整体,针对社会公共事务进行管理进而实现社会公共利益最大化。至此,前面问题答案已经相当明了,即充分发挥党内法规优越性是国家治理体系现代化的现实的应有之义。

党的十八大以来不断推进国家治理体系现代化反复被强调。之所以如此,其中原因是党希望通过国家治理体系现代化实现善治。于是,充分发挥党内法规的优越性至少能够满足如下的现实所需。

(一)推进国家治理体系现代化所需

自我国 1840 年进入近代,国家治理现代化的问题便被提出。⑦ 只不过围

---

① 俞可平:《治理与善治》,社会科学文献出版社 2000 年版,第 7 页。

② 俞可平:《治理与善治》,社会科学文献出版社 2000 年版,第 7 页。

③ 《大数据时代中国法治建设——一种立法视角的分析》,中国政法大学出版社 2017 年版,第 85 页。

④ 俞可平:《治理与善治》,社会科学文献出版社 2000 年版,第 9—10 页。

⑤ 俞可平:《推进国家治理体系和治理能力现代化》,资料来源:http://theory.people.com. cn/n/2014/0227/c83859-24485027.html,最后访问日期:2019 年 10 月 18 日。

⑥ 熊春泉、聂佳龙:《大数据时代中国法治建设——一种立法视角的分析》,中国政法大学出版社 2017 年版,第 90—95 页。

⑦ 李贵连:《从贵族法治到民主法治:中国法治转型之路》,《中国社会科学报》2013 年 11 月 13 日。

于种种原因,该问题一开始并没有得到足够的重视。随着历史向前推进,人们在社会治理实践中逐渐认识到,"政府最严重的治理问题源自其庞大的规模和复杂的结构,即传统上大型的、垄断式的政府部门很难应对不断变化的环境因素(如市场信号),它们的焦点通常会集中在内部的正规制度和科层权威方面,并以此作为行动依据。因此,改革者们建议,有效的变革方案就是分散制定政策的权力,并创造出大量竞争性的小型机构来分解原先较大的部门。他们认为这些做法将有助于使政府在结构上更加趋于扁平,也更易于横向。"[①]由此,国家治理现代化基本的底色是打破权力触角伸向社会每一个角度,向社会组织分权。这样必然会导致国家治理体系中的治理主要工具不再是国家法律,还有其他。充分发挥党内法规的优越性意味着党内法规和国家法律一样都是国家治理的工具。因此,充分发挥党内法规的优越性是推进国家治理体系现代化所需是不言而喻的。

(二)实现柔性的社会管理模式所需

与其他社会规则相比,法律因为能够给社会某一制度注入一定的抗动态的惰性,[②]从而引致法律能够快速且持久地造就社会秩序。然而,这一特性导致国家治理在很长一段时间被理解为运用或(和)期待法律处理社会一切矛盾。由此,在现实中法治更多地是诠释硬性的、过度的法治。无论是硬性的法治还是过度的法治在现实中更多地表征为强调刚性的权力而忽略平等的权利对国家和社会的治理作用。发挥党内法规优越性意味着化解矛盾,消弭冲突可由党内法规解决。这样在社会管理中,化解矛盾与消弭冲突的选择项不只有法律,且法律也将不会成为优先考虑的选择项。这样势必导致过度依赖强制手段尤其是行政手段的社会管理模式发生变革:由刚性的社会管理模式向柔性的社会管理模式转变。"治理的柔性是对管理者的要求,主要是消除权力行使过程中的刚性,尽量减少使用强制等硬办法;社会组织能做的工作或者能够用自治办法加以解决的问题,就尽量减少公共权力的介入。"[③]党的十八

---

① 李泉:《治理理论的谱系与转型中国》,《复旦学报(社会科学版)》2012 年第 6 期。
② 郭道晖:《论立法的社会控制限度》,《南京大学法学评论》1997 年第 1 期。
③ 陈金钊:《国家治理体系法治化及其意义——兼论法律方法的功能》,见陈金钊、谢晖:《法律方法(第 15 卷)》,山东人民出版社 2014 年版,第 53 页。

大以来,以习近平同志为核心的党中央多次强调"加快形成党委领导、政府负责、社会协同、公众参与、法治保障的社会管理体制"。社会管理体制的变革意味着管理模式的变革。由此可知,发挥党内法规优越性是实现柔性的社会管理模式所需。

(三)实现善治所需

充分发挥党内法规所要实现的柔性管理首先意味着把本不该管的、管不好的领域让渡给作为社会组织的党。由此,党成为了社会治理的一支中坚力量。包括党在内的所有社会组织在本质上都是"社会形成体",①都有一定数量的成员。它们通过内部的规章制度等对成员进行自我管理。党自成立之始就高度重视,特别是党的十八届四中全会以后更是高度重视关于党的领导和党的工作、党的组织、党的思想、党的作风、反腐倡廉、民主集中等方面,通过建设党内法规体系的制定与完善来实现对党员的管理。目前全国有 9100 多万名中国共产党党员,且按照要求他们都必须遵守严于国家法律的党内法规。可想而知,如果党内法规得以充分地发挥,则至少意味着在党内法规严格约束下将会有很大一部分公民会成为遵纪守法的模范,从而会大大减少矛盾与冲突的发生概率,更为重要的是他们还可以通过党的群众工作有效地化解人民群众之间的矛盾与消弭人民群众之间的冲突。前面已述及,善治的最终目标是实现社会公共利益的最大化。社会公共利益的实现的前提是合作,而合作意味着矛盾与冲突不会上演,即便是上演了也能够得到妥善的解决。因此,可以说,充分发挥党内法规的作用有助于实现善治。

哲人休谟在《人类理解研究》一书提出:"人类理性(或研究)的一切对象可以自然分为两种,就是观念的关系(Relations of Ideals)和实际的事情(Matters of Facts)。"②从上面的论述不难看出,在当前推进国家治理体系现代化的社会背景下,充分发挥党内法规的优越性不只是在理论层面得到了证成,还在现实层面得到了证成。由此必然会得出这样一个结论:充分发挥党内法规优越性是促进国家治理体系现代化的应有之义、现实所需。这样不可避免

---

① 许志雄:《宪法之基础理论》,稻禾出版社 1992 年版,第 210 页。
② [英]休谟:《人类理解研究》,关文运译,商务印书馆 1995 年版,第 26 页。

地带来这样一个必须要予以认真对待的问题,即如何保障党内法规优越性得到充分地发挥。

三、保障党内法规优越性充分发挥的初步建议

作为概念的党内法规于 1938 年 10 月党的六届六中全会上由毛泽东同志提出,作为规范形态的党内法规比这更早。但即便是在理论与实践中,党内法规存在的时间悠久,但由于其首先是解决党的战斗力等问题。因而,党内法规在社会治理方面的作用在很长时间内被忽略了。此种忽略的后果之一是党内法规和国家法律"各自在推进党的建设和依法治国中发挥了重要作用",①大有"井水不犯河水"的意思。然而,实践日益地证明如前所述的党内法规与国家法律一样在社会治理中有所作为。党的十八届四中全会更是明确地提出了"注重党内法规同国家法律的衔接和协调"以促进国家治理体系和治理能力现代化的论断。从该论断中不难知道,保障党内法规优越性的充分发挥的关键在于党内法规与国家法律如何衔接与协调。

"一个语词的定义可以提供这样的指引:它可以使导引我们使用该语词的原则变得清晰,并且同时可以展示出我们应用语词于其上的现象类型和其他现象间的关系。"②2013 年颁布的《中国共产党党内法规制定条例》(以下简称《条例》)规定,党内法规指的是党的中央组织以及中央纪律检查委员会、中央各部门和省、自治区、直辖市党委制定的规范党组织的工作、活动和党员行为的党内规章制度的总称,其制定基础与依据是党章。由此不难知道,党内法规与国家法律是不同的规范,属于不同的规范体系。由此,党内法规与国家法律的衔接与协调的问题指的不是谁纳入谁而构成一元规范体系的问题,而是作为相互独立的规范体系在实现国家治理体系现代化的目标下构成一个相辅相成的规范体系集。

从哲学意义上讲,"事情对于我们来说的最为重要的角度因为其简单性和平常性而被隐藏起来了。(人们不能注意到它们,——因为它们总是公开

---

① 操申斌:《党内法规与国家法律协调路径探讨》,《探索》2010 年第 2 期。
② [英]哈特:《法律的概念(第二版)》,许家馨、李冠宜译,法律出版社 2006 年版,第 14 页。

地出现在人们的眼前。）"①

其一，从《中国共产党章程》与《条例》的内容中可以看到，法律为党内法规进行了制度意义上的托底。② 此外，同国家法律相比，党内法规只对党员有约束力，而且不但约束党员的"行"还约束党员的"言"，且比国家法律更加严格。"'党规党纪严于国家法律'并不是指'党规党纪'在'位阶'上高于'国家法律'，更不是说党规党纪可以与国家法律相抵触"。③

其二，作为国家与人民社会之间的媒介的政党，它一端联结着国家权力，另一端联结着人民社会。正因为如此政党尤其是执政党在国家政治生活中有着如此重要的作用，从而《中国共产党章程》与《条例》都有"党必须在宪法和法律的范围内活动"等规定。《中央党内法规制定工作五年规划纲要（2013—2017 年）》更是明确指出，宪法为上。从这一规定中我们可以看到，党内法规与国家法律一样以宪法为遵循。这样党内法规与国家法律可以因宪法而实现衔接。

衔接仅仅能解决党内法律与国家法律的连接问题，它们能否共同发力于社会治理则需要协调。党内法规与国家法律的协调意指两者在时间上、空间上或功能上的联合行动而出现有序的活动的结构。④ 由此，党内法规与国家法律的协调的关键在于两者的联动机制的建设。既然党内法规与国家法律因宪法而实现衔接，那么它们协调的问题应该置于宪法框架中予以思考。基于此，笔者认为可以建立一个党内法规与国家法律联动委员会（以下简称联动委员会）。该联动委员会的主要架构如下：

（1）联动委员会设置。根据《条例》的规定，有权制定党内法规主体是中央组织以及中央纪律检查委员会、中央各部门和省、自治区、直辖市党委。这决定了联动委员会只需设中央与省这两级即可。根据《宪法》规定，全国人大常委会享有解释宪法，监督宪法的实施等权力，省级人大享有保证宪法、法律、行政法规的遵守和执行，其中宪法和法律委员会与监察和司法委员会分别是

① ［奥］维特根斯坦：《哲学研究》，韩林合译，商务印书馆 2013 年版，第 92—93 页。
② 付子堂：《党内法规与国家法律衔接与协调》，《法制日报》2016 年 12 月 28 日。
③ 崔建周：《"党规党纪严于国家法律"：理论依据、实践指向与实现条件》，《理论探索》2015 年第 4 期。
④ 王春业：《区域合作背景下地方联合立法研究》，中国经济出版社 2014 年版，第 55 页。

全国人大和省级人大的具体的负责机构。由此,联动委员会可在全国人大宪法和法律委员会和省级的监察和司法委员会加挂牌子。

(2)联动委员会成员构成。毫无疑问,联动委员会的成员应该由党的立法部门与国家的立法部门的有关人员组成。根据《立法法》的规定,享有立法权的主体尽管有全国人大及其常委会、省级人大及其常委会、国务院及各部委、省级以及设区的市人民政府等,以及考虑到联动的便利性,笔者认为中央一级的联动委员会成员由全国人大及其常委会、国务院及各部委与中央组织以及中央纪律检查委员会、中央各部门的有关人员组成,省一级的联动委员会成员由省级人大及其常委会、省级人民政府与省级党委的有关人员构成。为了突出联动委员会的权威性,中央与省级的委员会主任分别由中央组织以及中央纪律检查委员会书记与省级党委书记担任。

(3)联动委员会的职责。基于联动委员会设立目的是协调党内法规与国家法律实现现代治理体系现代化,于是联动委员会应当至少要承担这些主要的职责:其一,加强事前沟通,确保党的意志上升为国家法律;其二,对党内法规进行审查,确保党内法规体现宪法和法律的精神与要求;其三,对党员等违纪、违法问题发生争议时进行初步认定并制定具体的处理方案,提请党中央裁决。

(4)联动委员会运行机制。联动委员会定期召开联动会议,就党内法规与国家法律协调问题进行沟通、交流与决议。经委员提议,委员会主任认为或者委员会主任有必要召开联动会议的,可以召开联动会议。如果是法律、行政法规、部门规章等与省、自治区、直辖市党委制定的党内法规的协调问题,省一级委员会主任应在中央一级的联动委员会在联动会议召开前将与省级人大及其常委会、省级人民政府委员会沟通、交流结果反馈给中央一级的联动委员会主任,并由委员会主任提交给委员会决议。如果是地方性法规、自治条例和单行条例、规章与中央组织以及中央纪律检查委员会、中央各部门制定的党内法规的协调问题,中央一级的联动委员会主任应在联动委员会在联动会议召开前将该问题移交给省一级委员会主任,由其提交给省一级的联动委员会进行讨论,并在规定的日期内反馈讨论结果。

党内法规的双重性质研究

宗　芳[*]

摘要：党的十八大以来，我党将全面从严治党提到了前所未有的高度，要全面从严治党就要依规治党，要依规治党就要加强党内法规建设。党内法规自身既具有政治性质，又具有法治性质。党内法规姓"中国共产党"，具有强烈的政治性质，彰显明确的政治价值取向，体现党性和人民性的高度统一。要强化党内法规价值取向，彰显其政治性质，就要以党的政治建设为统领，坚持正确的人民观，将社会主义核心价值观融入其中，不断加强政德建设。党内法规还属于"中国特色社会主义法"，其具有规则性、约束性、普遍性、公开性、程序性等特征，具有明显的法治性质，其旨在规范党内行为，合理配置党内权义责，要凸显党内法规的法治性质，就要不断强化党内法规的科学性、规范性、程序性和秩序性。

关键词：党内法规；政治性质；法治性质；政治建设；权力

1938 年 10 月，毛泽东在党的六届六中全会上首次使用"党内法规"的提法。[①] 1990 年 7 月通过的《中国共产党党内法规制定程序暂行条例》是我党首次以党内立法的形式来规范"党内法规"，"党内法规"也从一个约定俗成的习惯性用语转向为规范性称谓[②]。2012 年 5 月颁布的《中国共产党党内法规制定条例》给"党内法规"做了更明确的概念界定[③]。2019 年 8 月 30 日，最新

---

　　* 宗芳，女，青岛科技大学副教授，博士。
　　① 《毛泽东选集》第二卷，人民出版社 1991 年版，第 528 页。
　　② 中共中央办公厅法规室等：《中国共产党党内法规选编》，法律出版社 1996 年版，第 542 页。
　　③ 中共中央办公厅法规局：《中央党内法规和规范性文件汇编》，法律出版社 2017 年版，第 1360 页。

修订的《中国共产党党内法规制定条例》第三条对"党内法规"定义进行了更全面准确地阐释，规定"党内法规是党的中央组织、中央纪律检查委员会以及党中央工作机关和省、自治区、直辖市党委制定的体现党的统一意志、规范党的领导和党的建设活动、依靠党的纪律保证实施的专门规章制度。"①从上述概念可以看到，党内法规既具有政治性质，又具有法治性质。

一、党内法规的政治性质

党内法规姓"党"，而且是姓"中国共产党"，具有强烈的政治性质。从上述概念描述可以看到，党内法规适用范围主要是中国共产党这个政治组织内部，不直接适用于中国的其他党派和其他政治组织；其规范对象是党的各级组织和全体党员的行为，这不同于国家法律规范中国所有公民；其体现党的集体意志，已成为党内约定俗成的用法，并在党章、中央全会公报等党内最权威文件中被正式使用；其旨在限制党内公权力，实现全面从严治党；其彰显明确的政治价值取向，体现党性和人民性的高度统一。

党性是一个政党与生俱来的特性，是政党在维护本阶级的利益过程中形成的区别于其他政治组织的特质。人民性是指政党组织在执政和行政过程中始终把人民的利益和人民的需求置于首位，不断提升自身执政能力，以满足人民对幸福生活的追求。党性和人民性既不能相互割裂，也不能相互替代，也不存在孰高孰低的争辩，中国共产党最大的党性就是人民性，没有自己的特殊利益，是为了人民的幸福而不懈奋斗，坚持党性就是坚持人民性，党性又寓于人民性之中，民心所向是我党最大的政治；坚持人民性就是坚持党性，党性内涵包括人民性，人民需要的满足、利益的维护和实现都离不开党的领导，党的大政方针和党章党规都是为了使人民过上美好生活的政治和制度保障，我党的执政水平和执政能力不是自说自话，而是要最终交由人民来评判，"人民是我们党的工作的最高裁决者和最终评判者。"②党和人民都是集合性概念，不是具体的政党组织或某个个体，而是整体意义上的政党和人民，二者彼此包含、

---

① 《中国共产党党内法规制定条例》，《人民日报》2019年9月16日。
② 中共中央文献研究室：《十八大以来重要文献选编》（上），中央文献出版社2014年版，第698页。

相互依存,正如邓小平所言,"党离不开人民,人民也离不开党,这不是任何力量可以改变的。"①不管是实现人类解放、自由独立的革命愿景还是追求人民幸福的发展梦想,都始终与党的纲领、章程、目标、任务、党章党规密切关联。要强化党内法规价值取向,彰显其政治性质,就要以党的政治建设为统领,坚持正确的人民观,将社会主义核心价值观融入其中,不断加强政德建设。

(一)以党的政治建设为统领

习近平总书记在党的十九大报告中强调,"把党的政治建设摆在首位。旗帜鲜明讲政治是我们党作为马克思主义政党的根本要求。党的政治建设是党的根本性建设,决定党的建设方向和效果。"②2019年1月通过的《中共中央关于加强党的政治建设的意见》指出,"要以党的政治建设为统领,把政治标准和政治要求贯穿党的思想、组织、作风、纪律以及制度建设、反腐败斗争始终。……要把党的政治建设融入党和国家重大决策部署的制定和落实全过程,做到党的政治建设与各项业务工作特别是中心工作紧密结合、相互促进。"③党内法规建设过程中要强化党的政治建设对党规价值取向的引领和强化。

党的政治建设最根本的首要任务是"两个维护",即"坚决维护习近平总书记在党中央的核心、全党的核心地位,坚决维护党中央权威和集中统一领导"④,"领导核心"是党的组织系统的"中枢神经",是党从事一切行动的"定盘针",坚决做到"两个维护"是历史的启示和时代的必然。"党的领导核心"命题逻辑的起点是国际共运发展和中共革命建设改革历史逻辑的续延,研究历史经验教训最大的意义就是发掘历史的张力,让"前车之鉴"成为"后世之师",当前提出新领导核心是对历史的反思和尊崇,是历史和人民的选择;逻辑的支点是国内外重大现实问题的"倒置"逻辑,是对时代课题的真实回应和

---

① 新华社新闻研究所:《邓小平论新闻宣传》,新华出版社1998年版,第22页。

② 中共中央党史和文献研究院:《十九大以来重要文献选编》(上),中央文献出版社2019年版,第44页。

③ 中共中央党史和文献研究院:《十九大以来重要文献选编》(上),中央文献出版社2019年版,第795页。

④ 中共中央党史和文献研究院:《十九大以来重要文献选编》(上),中央文献出版社2019年版,第795页。

解决路径;逻辑立足点便是领导核心地位的确立是政治权威和法理权威相结合的表现,是捍卫政治"金字塔"和维护塔尖权威的需要,也有助于塑造"党的领导核心"法治新形象、彰显法理新权威。① 在党内法规建设中也要自觉落实"两个维护"的根本性要求,进一步强化党内法规价值取向,不断锤炼政党党性,提高党员个体的党性修养。

党规主体要强化党规价值取向,就要在坚持党的政治建设中同步进行,首先,要有坚定的政治信仰和理想信念,要以马克思主义为根本指导思想,坚持战略定力和政治方向,坚定党性立场和人民立场。其次,要捍卫党的最高政治领导地位,坚持党的核心性和全面性领导,优化党的领导体制和领导方式。再次,要不断强化各级党组织的政治属性,提升其组织能力、发挥其政治功能,提高党员干部的各项政治能力和政治本领,尤其是扭住"关键少数"这个"牛鼻子"。最后,党内不是"奥革阿斯的牛圈",要防止藏污纳垢或积重难返,就要积极净化党内政治生态,严肃党内政治生活,严守政治纪律和政治规矩,发展健康的党内政治文化等。② 党规主体在党的政治建设过程中看清政治大势、夯实政治定力、增强政治本领、明晰政治规矩,将有利于自觉坚持正确的价值取向,也将自觉推动党内法规建设朝着正确的政治方向发展。

(二)坚持正确的人民观

党内法规要时时处处彰显人民性,要坚持正确的人民观。正确的人民观是马克思主义最鲜明的品格,是马克思主义政党建设的核心要义,是我党始终坚持的价值旨归,是党章党规始终贯彻的价值取向,也是党内法规的价值内涵。

1. 坚持"人民群众是历史的创造者"

唯物史观认为人民群众是历史的真正的主人,历史是由人民群众创造的。马克思恩格斯在《神圣家族》中进行绝对的批判时,提出"历史上的活动和思想都是'群众'的思想和活动……历史活动是群众的事业,随着历史活动的

---

① 宗芳、张荣华:《新时代党的领导核心地位的逻辑证成》,《重庆社会科学》2017 年第 12 期。
② 中共中央党史和文献研究院:《十九大以来重要文献选编》(上),中央文献出版社 2019 年版,第 802—804 页。

深入,必将是群众队伍的扩大。"①无产阶级专政的胜利就是作为历史主体的人民群众的杰作,中共党人从人民群众中来,依靠人民群众的力量取得革命胜利,毛泽东也曾明确指出,"人民,只有人民,才是创造世界历史的动力。"②也正是人民群众的首创精神和实践智慧开创了中国特色社会主义建设的伟大奇迹,习近平总书记曾指出,"人民是历史的创造者,群众是真正的英雄。"③历史和现实的实践表明,"人民群众中蕴藏着丰富的智慧和无限的创造力"④,党的顶层设计、具体制度的优化等许多都是来自人民群众的实际需求和实践经验,因此,我们要"坚持从人民群众创造历史的活动中吸取思想营养和前进力量"⑤,要自觉拜人民为师,像小学生一样向人民群众求教,吸取人民创造的成功经验,⑥不断增强执政本领,更好地问政于民、服务于民。

2. 坚持"人民立场是中国共产党的根本政治立场"

马克思恩格斯选择终身为人类的解放事业而奋斗,马克思主义是关于人民自由全面发展的理论,无产阶级政党始终站在人民的立场,带领人民群众进行革命运动实现自我解放。中国共产党作为马克思主义政党,与其他政党最显著的区别就是坚持人民立场,这是我党最根本的政治立场,这直接关系到党的前途和命运,只有所站的政治立场正确了,永远与人民群众站在一起同呼吸共命运,永远保持党同人民群众紧密的血肉联系,党所领导的社会主义事业才能有正确的方向和目标,才能在各种错误的政治立场面前态度坚决不动摇,才能拥有最广泛最坚实的群众基础。党内法规制度虽然主要是规范党内关系,主要针对的是党组织和党员的行为,但是,规范的目的是为了锤炼党性、规制权力,使党更好地为人民服务,正确运用权力为民谋福利,建设过程需要人民群众的广泛参与,建设的最终目标是为了加强党与人民血浓于水的联系,最大

① 《马克思恩格斯文集》第1卷,人民出版社2009年版,第286—287页。

② 《毛泽东选集》第三卷,人民出版社1991年版,第1031页。

③ 中共中央党史和文献研究院:《十八大以来重要文献选编》(上),中央文献出版社2014年版,第70页。

④ 中共中央党史和文献研究院:《十八大以来重要文献选编》(上),中央文献出版社2014年版,第779—780页。

⑤ 中共中央文献研究室:《十六大以来重要文献选编》(中),中央文献出版社2006年版,第153页。

⑥ 《习近平谈治国理政》,外文出版社2014年版,第27页。

程度上维护和实现人民利益。

3. 坚持"人民对美好生活的向往是共产党的奋斗目标"

人民对美好生活的向往源自于人民自身的需要,马克思主义认为人的各种需要是其本性①,这种需要根据人自身发展以及其所在社会的发展程度会有所不同。最初可能是解决吃穿住用等最基本的生存需要,而后会渴望更高的物质生活,"仓廪实而知礼节",物质条件得以满足时会产生精神富足的需求,根据马斯洛的需求层次理论,会产生安全、情感、尊重、自我实现等各种更高层级的需求。目前我国人民的需求主要体现在民主、法治、公平、正义、安全、环境等方面②,这些需要集中体现为各种利益,马克思恩格斯认为,"'思想'一旦离开'利益'就一定会使自己出丑"③。他们还在《神圣家族》中指出如果革命不成功,主要是因为革命的原则没有代表群众的实际利益④,而无产阶级政党的使命就是不断满足人民群众日益增长的各种需要,就是在任何时候都要把群众的利益放在首位,要坚决维护并努力实现最广大人民群众的根本利益,让人民群众集体共享所有发展成果,在社会主义建设大潮中有充分的参与感、获得感和幸福感,让人民群众都过上美好幸福的生活,实现从"共富裕"到"共美好"的社会状态,这是中国共产党矢志不渝的奋斗目标,也是检验我党执政效能高下的根本标准。

4. 坚持"践行人民民主与接受人民监督"

马克思恩格斯曾指出,工人阶级通过革命一旦取得政权,原有的国家机器和管理方式就要退出历史舞台了,取而代之的应是真正民主的国家政权⑤,要让人民不仅是"应然层面"的国家的主人,要让其民主有序地参与政治生活,逐渐成为"实然层面"的真正意义上的主人翁,发挥"众人拾柴火焰高"的优势,充分挖掘人民群众的潜力,调动其参与国家建设和党的建设的激情和活力,为国家治理现代化和全面从严治党积极献计献策。要不断加强民主监督,

---

① 《马克思恩格斯选集》第 1 卷,人民出版社 2012 年版,第 158 页。

② 中共中央党史和文献研究院:《十九大以来重要文献选编》(上),中央文献出版社 2019 年版,第 8 页。

③ 《马克思恩格斯选集》第 1 卷,人民出版社 2012 年版,第 286 页。

④ 《马克思恩格斯选集》第 1 卷,人民出版社 2012 年版,第 287 页。

⑤ 中共中央党史和文献研究院:《十九大以来重要文献选编》(上),中央文献出版社 2019 年版,第 430 页。

监督政党依法执政,监督党员干部合法用权,党员干部在人民面前要摆正自己的身份,明白自己不是"人民的主人",而是"人民的公仆",自己是时代课题的"答卷人",而人民是检验其行为成果优劣的"阅卷人",要自觉接受人民的检阅,以人民答不答应、满不满意作为审核标准,在宪法法律、党章党规中将人民民主、民主监督制度具体化,提高其可行性和可操作性,让党的权力在人民的监督下运行。

(三)将社会主义核心价值观融入其中

"社会主义核心价值观是全社会共同认可的最持久、最深层的力量"①,2014年2月,习近平总书记在十八届中央政治局第十三次集体学习时强调,"把社会主义核心价值观的要求转化为具有刚性约束力的法律规定,用法律来推动核心价值观建设。"②2016年10月,中央通过的《关于进一步把社会主义核心价值观融入法治建设的指导意见》首次明确提出了"把社会主义核心价值观与法治建设两者相融、一体建设的思路与任务。"③2018年5月,中共中央印发的《社会主义核心价值观融入法治建设立法修法规划》强调"把社会主义核心价值观融入法律法规的立改废释全过程。"④可见,党中央将社会主义核心价值观融入法治建设的思路已经日渐清晰,因此,作为法治建设的一部分,社会主义核心价值观也要融入党内法规建设中,注重核心价值观对党内法规价值的指引。

1.强化意识形态安全

斯洛文尼亚哲学家斯拉沃热·齐泽克曾将意识形态分为自在、自为和自在自为三个阶段,⑤当前,作为我国意识形态核心的社会主义核心价值观目前

① 中共中央文献研究室:《十八大以来重要文献选编》(中),中央文献出版社2016年版,第2页。

② 中共中央文献研究室:《习近平关于全面深化改革论述摘编》,中央文献出版社2014年版,第90页。

③ 《关于进一步把社会主义核心价值观融入法治建设的指导意见》,《人民日报》2016年12月26日。

④ 《社会主义核心价值观融入法治建设立法修法规划》,《人民日报》2018年5月8日。

⑤ [斯洛文尼亚]斯拉沃热·齐泽克等:《图绘意识形态》,南京大学出版社2002年版,第12—13页。

尚处于自在到自为的迸发阶段，实践主体仅具备有关意识形态的基本观念和理念，尚未形成制度化的意识形态保障，在此阶段，容易受到其他社会思潮的影响，尤其是网络时代，强化意识形态安全更加不容忽视。第一，要坚定马克思主义立场。作为马克思主义政党，要维护意识形态安全，就要高举马克思主义的政治大旗，坚定无产阶级立场，坚守共产主义的伟大理想，坚持社会主义方向，敢于亮出政治之剑，自觉维护中央核心权威。第二，要不断锤炼党性修养。"党性是党员干部立身、立业、立言、立德的基石"①，就党内法规文化而言，党性是党内法规价值的核心部分，因此，全体党员尤其是党员干部，要在党规实践中通过持续地、不间断地党内法规理论学习和实践锻炼，来锤炼党性以强化意识形态安全意识，理智地与危害意识形态安全的行为划清界限，并敢于作积极斗争。第三，要以党内法规制度捍卫社会主义核心价值。社会主义核心价值要融入党内政治生活，首先在制度上有所体现，要以制度来保障其发挥实效，因此，要努力加强党内法规制度建设，以党规来规范党员的价值理念，将党规价值植入党员党规实践的一言一行，使他们成为捍卫党规价值和社会主义核心价值的先行军和排头兵。

2. 既要融入具体言辞中，更要融入抽象思维中

社会主义核心价值观作为一种价值理念，在融入党内法规建设的过程中，不能强硬穿插，简单介入，而是要有技巧有方法地对二者进行有机融合。第一，要融入具体言辞。社会主义核心价值观的 24 字表述，可以根据不同情境，整体地或局部地渗透入党内法规的具体条款中，如党章中关于发展社会主义先进文化中，强调要"加强社会主义核心价值体系建设……培育和践行社会主义核心价值观"②等，这就是一种整体性言辞融入，将社会主义核心价值观作为一个整体写入党章；再如，《党政领导干部选拔任用工作条例》中关于领导干部任用条件的规定中，既有"带头践行社会主义核心价值观"这种整体性描述，还有诸如"有强烈的革命事业心和政治责任感""勤政为民、以身作则""善于团结同志，包括团结同自己有不同意见的同志一道工作"等，这实际就是"爱岗、敬业、诚信、友善"的具体化规定。这种在具体条款的言辞中进行融

---

① 习近平：《在纪念朱德同志诞辰 130 周年座谈会上的讲话》，人民出版社 2016 年版，第 8 页。
② 《十九大党章修正案学习问答》，党建读物出版社 2017 年版，第 7 页。

入的方式可以通过党内立法的方式进行,相对比较直观、容易理解,但是也不够深入或有时难免过于机械化操作。第二,融入抽象思维。社会主义核心价值观更深层次的融入应是抽象思维或理念的渗透,如党内法规建设的追求目标之一为"富强、民主、文明、和谐、美丽",这种规定或许不在某个具体条款中,但是渗透在条款的精神中,如民主思想渗透在所有党内法规的原则或理念中,再如"自由、平等、公正、法治"也是在党内法规制定、实施或监督中都要遵循的价值理念和理性思维,这种融入是"润物细无声"的,却也是最难具体把握的,也很难准确衡量其融入程度和效果。

(四)不断加强政德建设

2018年3月,习近平总书记在参加十三届全国人大一次会议重庆代表团审议时指出,领导干部要讲政德。立政德,就要明大德、守公德、严私德。① 政德建设的内容包含着党规价值的内涵,这里提到的"政德"主要是针对领导干部,但是本文认为"政德"思想对于包括领导干部在内的全体党员都有启发和教育意义,因此,加强政德建设有助于强化党规价值建设,要将政德建设的内容积极融入党规价值中,指导党员的党规实践。

1. 通过明大德加强党性

不管是领导干部从政为官,还是普通党员在岗从业,都要心中明大德,也就是要注重精神上"补钙",坚持马克思主义的崇高信仰,不断锤炼坚强的党性,要铸牢共产主义的理想信念,在大是大非面前头脑清醒,在诱惑考验面前不摇不摆,要时刻谨记党性原则和入党誓言,做到心中有党、对党忠诚,任何时候都以党的集体利益为重,以党的要求为先,要自觉坚守政治纪律和政治规矩,要坚决拥护党的纲领、遵守党的章程、严守党的规矩、执行党的路线,始终听党话、跟党走,在党章和其他党内法规中也要始终贯彻这一要求并通过字里行间彰显出来。

2. 通过守公德强化人民性

此处的守公德是普遍意义上的社会公德的具体化,主要特指党员在党内

---

① 《习近平参加十三届全国人大一次会议重庆代表团审议时的讲话》,《重庆日报》2018年3月11日。

法规实践过程中具备公德观和宗旨意识,在行为中始终将人民利益放在首要考虑。这就要求全体党员都要明晰自己作为党员的特殊身份,这既是荣耀,更是责任,身为党员不是以谋取私利为先,而是始终将人民放在心头,尤其是领导干部,用权为政更要守好公德心,也就是一切行为都要落实到为人民服务上,要始终围绕"为了谁"的问题行动,真正做到有责任、有担当,"撸起袖子加油干""干在实处,走在前列",始终把人民对美好生活的向往作为砥砺前行的奋斗目标,不仅心中恪守立党为公、执政为民的理念,行动上更要自觉践行并努力实现承诺。

3. 通过严私德塑造良好家风

私德主要是对自我道德操守的管束和所作所为的克制,是践行党内法规价值的具体约束,打铁务必自身硬,党员干部要不断涵养内心,加强党的"心学"修炼,提高自我品行和修养,时刻自省、自律、自我提醒、自我监督,学会慎独、慎微。还要言传身教地努力塑造自己良好的家风,管好身边人,谨防"枕边风",清白做人、干净做事、坦荡为官,这不仅是对自我的警戒,更是对自我的保护。这不仅是对私人的限制,更是对公权力的严厉把控,最终目的还是为了合理用好公权,将有限的生命奉献给党和人民的事业,将党性和人民性更好融合于每个党员干部的具体行为中。

二、党内法规的法治性质

党内法规姓"法",而且是姓"中国特色社会主义法",其具有规则性、约束性、普遍性、公开性、程序性等特征,无论从形式上还是实质上都具备了"法"的基本特征;其作为中国特色社会主义法治体系的重要组成部分,已成为建设法治国家、法治政府不可或缺的规则重器;作为越来越受重视的"软法",中央大刀阔斧的改革和完善使之越来越彰显"法"的一面,成为越来越"硬"的"软法"①;其旨在规范党内行为,合理配置党内权义责,党的十八大以来党内的各项制度日益走上规范化、程式化的轨道,彰显出我党自我约束、自我规制、自我革命的决心和勇气,有利于法治型政党的建设。本文要凸显党内法规的法治

---

① 宋功德:《党规之治》,法律出版社 2015 年版,第 64 页。

性质,就要不断强化党内法规的科学性、规范性、程序性和秩序性。

(一)强化党内法规的科学性

党内法规的科学性主要体现在其内容设定的科学与否,主要看内容是否能够实现既定目标,是否能发挥其应有的功能,本文认为要强化党内法规的科学性主要从如下几个方面着手进行。

1. 充分反映三大客观规律

党内法规制度的设计既要遵循人类社会发展的普遍规律,又要遵循中国特色社会主义建设的规律和中国共产党执政的规律这两个具体规律,从全人类这个宏观主体,具体到社会主义中国这个中观主体,再具体到中国共产党这个微观主体,这三大规律是步步递进的关系,是当前我国党内法规建设不得悖离而要严格遵循的规律集合体。

第一,要充分反映人类社会发展的规律。根据历史唯物主义的观点,人类社会终将走向共产主义,而实现共产主义恰是我党的远大理想,在党章和其他党内法规中要充分体现把实现共产主义作为我党的终极奋斗目标,而且党内法规要将每一步的发展成果及时巩固下来,还要根据形势的发展需要,及时修改党章或制定实现新的党内法规,以为更远大目标的实现提供制度保障。第二,要充分反映中国特色社会主义建设的规律。实现"两个一百年"的中国梦和中华民族的伟大复兴是中国特色社会主义事业的伟大目标,因此,要将实现该伟大目标融入党章及其他所有党规中。在内容设定上,不仅要用党规条文将这个伟大目标固定下来,而且还要与实现伟大目标的步骤和阶段保持一致,专门制定具体的党规计划和党规条文来与之呼应。第三,要充分反映中国共产党执政的规律。中国共产党是中国唯一的执政党,其奋斗目标绝不是谋取政党私利,而是要为中国最广大人民群众谋幸福,党内法规作为政党的自律性规矩,要充分反映中国共产党的人民性,正视党内存在的有悖"人民性"的错误思潮或行为,及时通过党内法规从制度上矫正这种错误或偏差,以确保中国共产党执政的合法合规、合情合理,树立其在人民心目中的崇高威信和情感依赖。

2. 严格限制公权力

中国共产党作为唯一执政党,从形式上看,没有与之形成竞争和实质制约关系的政党,长期无压力执政容易导致权力独揽、唯我独尊的思维倾向,进而出现执政危机。党的关键领导人身居高位,拥有较大的权力,如果不加监督,也容易出现公权私揽,堕入权力腐败的深渊,对外祸国殃民、对内引火烧身。党员作为社会中的精英分子,有些往往在所在单位有一定的社会地位或一定的公权力,会有一种莫名的优越感,如果没有相应的规矩制约,容易自我膨胀,成为基层腐化的始作俑者。因此,党内法规的文本内容要重点规定加强民主、限制权力。

本文认为可以通过完善民主集中制、民主选举、民主参政议政、民主监督等制度性规定来限制权力滥用;还要建立先进的权力运行机制,从权力的获得到权力的使用,从权力的整合到权力的分解,从权力的赋予到权力的剥夺,从权力的自我运行到权力的外在监督,都需要党内法规以条文的形式确立起来,使权力内在运行的每一步都有规可依,也使外在对权力的监督也有规可依,形成对权力制约的内外合力,使作为"众多力"①的公权力能够充分发挥其积极有效的管理、治理功能,而控制其扩张的本性。

3. 注重权责义统一

在党内法规建设中不必过度徘徊于选择"义务本位"还是"权利本位",而是要努力打造"权责义统一观",主体要拥有相应的职权,就要履行与之相对等的义务,否则,就要承担相对应的党规责任甚至惩罚。党内法规之所以是理性的、科学的,在于其对于权利或权力的赋予是党内法规确定的,对于义务或责任的规定也是党内法规明文确定的,而不是依领导人的意志人为地赋予。如在党章中就有专门的党员权利一章,规定党员的八项权利,这里的八项权利是与八项义务相对存在的;再如党章中还有党的全国代表大会的六大职权、党的地方代表大会的四大职权等。但有时在表述中,"职权"与"职责"混用,如在《中国共产党巡视工作条例》中,规定了巡视工作领导小组的七项职责,这里的"职权"或"职责"既是权力也是义务,违反则会直接引发责任条款的启动。

第一,要平衡权利与权力的关系。在党内,"权利"主要指的是"党员权利",党章党规中规定的"党员权利"主要针对所有普通党员,这属于普适性权

---

① ［法］米歇尔·福柯:《福柯集》,上海远东出版社 1998 年版,第 346 页。

利;"权力"主要指的是"职权",党章党规中规定的职权主要针对的是党员干部,尤其是关键少数,权力主要由少数者使用。权利是权力的来源,权力是党员权利的让渡和授予,在党章及其他党内法规中应加大对普通党员权利的保障,畅通实现权利的渠道,确保党员权利的顺利行使,使普通党员有强烈的参与感,可以形成对"权力"的对抗和制约;同时在党规实践中也要强化权力的权威,形成凝心聚力的领导核心,对权利的失范进行限制,还可以通过惩治侵犯党员权利的行为来保障权利的正常行使。因此,权利与权力并不是针锋相对的关系,而是相互依赖、彼此制约的关系。

第二,要加强责任条款的设置。权责义统一并不是"平均主义"、毫无重点的统一,而是根据权义责三者的重要性和现状有所重点地突出。本文认为三者中的重中之重是要加强责任条款,因为责任是"兜底"条款。因此,要设置与行为模式相对应的更详细的责任保障,更加明晰具体的责任主体,要设置更强硬的惩戒追责条款,设置具体的惩戒形式和程序,要以责任和惩戒追责倒逼义务的方式保质保量地履行,通过补短板的动作真正实现权责义的统一。

(二)强化党内法规的规范性

党内法规的规范性主要是指形式规范,只有党内法规的形式具有一定的"仪式感",才能更好地彰显其权威性和威慑力,才能发挥其"硬约束"的一面。要强化党内法规的规范性形式就要做到概念要明确、条款要清晰、行为规范逻辑要严谨、文本要素要齐全。

1.概念要明确

一部部党内法规是由一个个概念通过一定的逻辑关系联结而成,一个个概念是整个法规网上的一个个明确的"点",而作为"硬约束"的党内法规,每个概念"点"的存在必须是"一个萝卜一个坑",一个概念"点"要具体代指一个含义,而不能是多个含义。此概念和彼概念之间不能界限不清、彼此重叠,而是要尽力追求"点"与"点"之间的清晰辨别度,使每个概念的存在都不可取代。

第一,要正确区分核心概念和非核心概念。"概念是构造理论的砖石,它是研究范围内同一类现象的概括性表述。"[①]在党内法规的条款中,有成千上

---

① 　袁方、王汉生:《社会研究方法教程》,北京大学出版社1997年版,第73页。

万的概念,本文根据其重要程度,分为核心概念和非核心概念。核心概念就是反映事物本质属性的概念,如党的全国代表大会、巡视、纪律处分、问责、基层等表示机构名称、行为类别或层级等的概念,这些概念都属于核心概念,是条款与条款之间、法规与法规之间进行区分的关键词,因此,党内法规对于核心概念的创造或使用必须字斟句酌、审慎对待,做到概念分辨度和清晰度高、区别性和标志性强。非核心概念就是并不直接反应事物本质属性,而是起一定补充作用的概念,如职责、内容、范围、方法步骤等辅助性普遍性概念,这类概念往往不具有很大区别度,往往在诸多法规条款中都会使用,因此,对这类概念的要求较核心概念相对偏低,只要做到合理使用即可。

第二,要合理平衡政治性概念和法理性概念。党内法规不同于国家法律,其带有极强的政治性和意识形态性,因此,党规条款对于概念的使用上,也往往会夹杂着大量的政治性概念,如民族自尊、自信和自强,零容忍态度惩治腐败,挺身而出、英勇斗争、不怕牺牲,"红红脸、出出汗"等。这类概念的存在让整个党规洋溢着激情,饱含着情理,可以形象地表达党中央的期待、愿望、态度、立场等,也体现着中国特色社会主义政党文化的鲜明特征,这种政治性概念有着其保留存在的合理性。而法理性概念往往更倾向于精确、理性、冷峻、不容商议,这种概念可以最大限度地彰显党规的威严度和专业性,这种"法言法语"也使党内法规根本区别于其他党内文件。而且相较于党内其他文件而言,党内法规的标志性定位并不是宣言性、政策性,而应是其规范性、法理性,只有这个定位明确,"法"的功能得以充分发挥,才能体现其"硬约束"的本质。因此,在概念的使用上,党章或准则等较高级别的上位党规可以辅以一定量的政治性概念,或者政治性原则主要集中地规定于这些上位性党规中,但仍应以"法言法语"为主要部分;而对于条例、规则等具体性的下位党规,则应在政治性原则的指导下言简意赅、开门见山,通篇贯以"法言法语",这样更便于查阅,也更高效权威,更能起到规制权力、威慑违规违法的功能。

第三,要正确把握概念的稳定性和变动性。在党内法规条款中,有些概念是基本保持稳定的,形成一个稳定的概念群,如党的组织的称呼、选举制度、干部制度、组织制度、党的纪律等大量概念搭建起党内法规的稳固框架,只有这样,才能保证党内法规的历史延续,使党的制度和党的传统能够得以继承,成为党内法规体系中的"主心骨"。但是概念"点"的存在并不是一成不变的,其也随着情势变迁而发生变化和发展,一个概念可能在特定时代背景下是必须的,但是在另一个时代背景下却已经时过境迁,如中国社会的性质判断,贫农、雇农、城市贫民等概念,编委、地委等名称,"双规""双开"等,因此,这类旧概念要适时变动、及时清理,而后积极进行新概念的创造,适应新的党建需要。目前党内法规的条款已经相对成熟、比较现代化,因此,在此后的党内法规建设中,应以概念的稳定性为主,绝大多数概念要保持相对固定,少数概念应适当进行变动以适应形势变化。

2. 条款要清晰

党内法规的条款是由一个个概念"点"连接成的"线",这些"线"简洁明了,可直接彰显不同党内法规的核心要义,因此,党内法规的文本表述首要之选应是条款形式,另外辅以段落形式。首先,要清晰条款的层次。据本文第一章所述,此处的条款是指广义的条款,包括编、章、节、条、款、项、目等结构单位层次,而要使党内法规更加规范,必须根据内容多少、篇幅长短,合理选择使用不同的结构单位,以达到清晰表述的目的。其次,要加强时效性的规定。任何行为或责任都应该具备一定的时效,只有有相应的时效规定,该条款才是真正有效可行的,否则,无限期拖延将会导致证据缺失,甚至不了了之,浪费执规成本,透支执规权威,而且在某种程度上而言,"迟到的正义非正义",没有及时的责任规制和权利救济,党内法规所维护的正义将大打折扣。因此,强化条款的清晰性,不仅是在表述上对条款结构的强调,而且还要使时效和期限清晰明确、可操作、可监控,以此提高执规的效率和公正性。

3. 行为规范要严谨

党内法规的行为规范是由条款"线"组合而成的,是主体进行适用的直接援引,其为一个个相对独立的存在,从中可以直接得知主体可为或不可为事项,该为或不该为事项,不该为而为或该为而不为的后果等,因此,一个行为规范的逻辑是否严谨,将直接决定着行为的质量。第一,"假设"要全面。"假设"也就是"前提",是规定在何种条件下,何时何人何事可以适用该条款,为了广泛涵盖尽可能多的情况,因此,"假设"的设定要尽量全面,将可能发生的情形尽可能穷尽罗列,以为后续设定"行为模式"提供前提。第二,"行为模式"要严谨。"行为模式"是整个行为规范的核心,其规定了为或不为的多种样态,是主体进行行为的主要依据,因此,"行为模式"的设定务必要前后一致、逻辑严密,以更好地指引主体的行为。第三,"违规后果"要严厉。"违规后果"是行为规范的落脚点,只有设定有效的违规后果,才能"逆向"引导主体为该为、不为不该为,因此,违规后果尤其是否定性后果的设定要严厉,使主体对否定性后果有所畏惧,为了避免被惩罚而积极行为。

4. 文本要素要齐全

党内法规的文本是由一个个行为规范为主体、具有标题和印发通知的文件。第一,标题要言简意赅。标题是党内法规之间进行区分的第一要素,要简洁明了,不能模糊或不具有区分度,以便于从标题可以快捷查询到所需条款内容。第二,文本内容要详尽。文本内容是一部党内法规的主体部分,因此,文本内容要详细描述,将该党规的主旨思想、权义责等都要做具体规定,使主体能够清晰地知晓自己的权义责,以更好地遵规、执规、守规。第三,印发通知要及时。要使一部党内法规形式上更加规范,印发通知也是必不可少的,它是对该党内法规的简单介绍和公开发布,通常情况下,一部党内法规制定出来以后,符合公开条件的要及时公开,为社会所公知,这样才能提高立规效率。

(三)强化党内法规的程序性

党规理念的一个非常重要的特征就是其程序性,借鉴英国的自然正义和美国的正当程序理论,程序不仅是实现正义的保障性举措,同时,程序本身也是正义的一部分,程序是使实体规范从墙上、纸上走向实践的操作,使实体规范变"活"变立体。

1. 党规程序要严密

党内法规主体依规行事,包括依据程序性法规行事,则程序性法规自身要严密,这个严密性体现在要量足、要质优。首先,程序性法规要量足。目前党内法规体系的状况是实体性法规居多、程序性法规畸少,然而,在法规实践中,不管是制定法规、执行法规还是监督法规的实施,都需要依据合理可行的程序进行,当前程序性法规却呈现出供不应求的现状。因此,要强化党内法规的程序性就要制定涵盖全面、足够充分的程序性法规,可以尝试从制定程序、执行程序和监督程序三个方面分别制定相应的程序性法规,也可以制定一部专门的程序性法规,包括党内法规行为的全部过程,总之,程序性法规要有足够的量的积累。其次,程序性法规要质优。程序性法规不仅要量足,更重要的是要强化其质量,如果程序不够严密、质量不够优良,则遵循该程序所做行为也将纰漏百出,因此,党规制定、执行和监督方面的程序性法规都要优化其质量。目前来看,党规制定程序相对严密、成熟,而党规执行和监督程序则相对散乱、匮乏,并没有专门的条例对此进行详细规定,因此,下一步建设的重点应从党规执行和监督程序的优化和细化着力。

2. 党规程序要民主

党内法规中的程序包含有民主之义,程序是实现民主的流程或轨道,同时,它也需要民主价值的保障才能制定好的程序并顺利付诸实施。首先,要强化纵向民主。党内法规本身的制定、执行、监督等具体程序都应遵循民主集中制原则,应最大范围的发扬民主。如党内法规的草案应切实在全党范围内征求意见,增加基层党组织和普通党员的民主参与度;再如党内法规的审批,应统一以较大范围的会议的形式审议批准,而不是留给某些组织或领导人过多的自由裁量权,因过大的弹性空间容易引发"自由意志"的变味,异化为消极"人治",进而堕落为权力寻租和腐败的工具。其次,要强化横向民主。党内法规内部所规定的选举、干部选拔任用、罢免、协商、讨论、决策、监督等横向程序也需要弘扬民主精神,如在选举过程中,如若不发扬实际民主,则选举程序将成为华而不实的走秀,则容易出现选举的干部或难服众或本身就是带病提拔等问题;再如监督程序,若充分发挥自下而上民主的力量,则自上而下的巡视、监察等工作难度将会有所减轻、信息会更加全面、监督力度会更加体现民心民意。因此,不管是纵向程序还是横向程序都要积极将民主精神贯穿其中,尤其是参与式民主、协商性民主的运用,强化民主沟通与商议洽谈。但是,也要辩证认识"民主"与"集中"的关系,避免出现"多数人的暴政"导致程序空转。

3. 党规程序要公开

党内法规主体享有知情权、参与权和监督权,因此,党内法规从程序上应该公开,如果党规公开透明,则会在党内起到警醒、感染与教化作用,主体也会充分知晓党规所规定的具体事项,进而才会自觉遵守和执行之。而且,通过全程公开,主体会更加清晰党规的制定、运作和监督过程,会增强党规的亲和力和凝聚力,使主体更加尊崇并主动捍卫之。党内法规的公开化,会促使党内事务的运作置于阳光下,更便于对权力的监督和控制,因此,要不断强化程序的公开性。首先,要完善党内法规的公布机制。党内法规审批后,应及时对外公布,党内法规应以公开为原则,保密为例外。除少数涉及安全、警卫、机要等方面的党内法规外,其他党规应最大范围地被知晓,摒弃"捂盖子""暗箱"思维,形成阳光透明思维,充分利用现代化媒体,使党内法规被社会所周知并传颂。还要在程序上明确规定党规发布的主体,以免引发扯皮、推墙现象,逐渐形成完善的公布机制,以促使党员增强自律意识,积极接受多方面的监督。其次,要完善党内法规的汇编机制。对党内法规进行及时汇编,是一项庞杂而意义重大的工作,是要对公开发布的党内法规按照领域、类别、效力等级、时间顺序等进行分类、排列、整理和编制,使冗杂的党内法规排序更合理、查询更便捷,而当前党内法规的汇编机制还比较滞后,因此,在今后的建设中,不妨借鉴法律汇编、编纂的经验,完善党内法规的汇编机制。

(四)强化党内法规的秩序性

任何事物都需要依靠某种秩序进行排列,无论是静态的或动态的、内在的或外在的,都力求达成一种和谐的状态。正如哈耶克所言,"在社会生活中,明显存在着一种秩序、一贯性和恒长性。否则任何人都不可能从事其事业,甚或不可能满足其最为基本的需求。"①党内法规作为规范党内关系的有效方式,不管从内在或外在都要努力彰显其秩序感。

1. 注重党内法规外在的秩序性

党内法规外在的秩序性主要是形式上的有次序,表现为纵向层级分明、横向排列有序,要强化这种外在的秩序性,可从如下两个方面着手:首先,要树立党章的至上权威。党章作为调整党内关系的最高法,是其他一切党内法规的"母法"和"万法之法",其从最宏观的角度调节一切党内关系,拥有至高无上的地位。在党内法规体系中,不管是纵向的位阶还是横向的板块,都要以党章为核心和最高遵循。在主体方面,不管是党内最高权力机关抑或基层组织,不

---

① [德]弗里德利希·冯·哈耶克:《自由秩序原理》(上),邓正来译,三联书店2003年版,第199页。

管是党内最高领导人抑或普通党员,都要自觉维护党章的最高权威。只有这样才能充分发挥党章的"头雁"效应,即党内的方向指引、意识形态引领、宏观指导和规制权力的最高形式的作用。其次,要优化党内法规纵横向关系。在党内法规体系中,在捍卫党章"头雁"地位的同时,还要不断优化整个雁群的排列组合,即包括党章在内的党内法规的纵横向关系。纵向方面,以党章为首的准则、条例、规则、规定、办法、细则等要各司其职,既不僭越层级,又要避免规范真空,也就是根据规范事项的重要程度来决定由哪个层级的党内法规来规定,宏观的事项由党章或位阶较高的准则、条例来规定,具体的、部门性的、地方性的事项由其他位阶较低的党内法规来规定,因此,要对它们的规范界限作出明确可行的规定,并厘清上位阶对下位阶党规的指导和监督作用,形成上下有序的层级关系。横向方面,以党章为核心的四大板块之间要根据事项的性质和类别进行明确区分,四个领域要均衡发展,可以根据"就急"原则率先颁布亟须法规,但是,其他方面也要逐渐完善,而且要注意彼此之间的条款协调,避免重复或叠层。

2. 注重党内法规内在的秩序性

党内法规内在的秩序性主要是力求从精神层面营造一种秩序感、安全感、稳定感、和谐感。要强化这种内在的秩序性,就要彰显党内法规的公正性,保证党规主体在党内和谐共处。党内法规要调整的党内关系呈现出多元利益冲突、互动与整合并存的复杂状态,解决利益冲突或协调利益的方式有多种,如命令、服从、和解等,但是,通过这些方式解决有时会造成利益的"二次失衡",上级党组织或领导干部可以利用手中权力下命令进行管理,但是绝不允许不择手段、毫无界限,下级党组织或普通党员应该服从上级安排,但绝不是权力崇拜或姑息滥权,否则利用强权或依附达成的利益状态也是非正常的、不合理的,相反会造成更深层次的秩序破坏或利益冲突。因此,应选择理智的、公认的、中立的路径解决利益冲突,依党内法规解决冲突应是主体普遍认可的路径,通过确定的、理性的条文来平衡上下级利益、组织与个人的利益、个人与个人的利益,使之达成动态的相对的平衡,营造一种和谐的党内秩序,使管理与被管理、行使权利与履行职责都能有序地运行。

综上,党内法规既姓"党"又姓"法",既具有政治性质,又具备法治性质,政治性质为其根本性质,法治性质为其功能性质,政治性质保证了党内法规坚定的政治方向和正确价值取向,法治性质保证了党内法规的规范性和程序性,二者共融于党内法规这个具有中国特色和中国共产党特色的概念中,在党内法规建设中,既要二者兼重又要平衡好二者的比例。

加强党内法规制度体系建设的重要保障

——解读党内"立法法"的修改完善

易有禄*

摘要:《中国共产党党内法规制定条例》作为全面规范党内法规制定的正式党内"立法法",明确了党内法规的制定权限,细化了党内法规的制定原则,完善了党内法规的制定程序制度,确立了党内法规的清理评估制度。其公开发布,对于提高党内法规制定质量,推进党内法规制度体系建设,提升党的建设的科学化水平具有重要意义,但本身亦存在不少需要进一步完善的地方。

关键词:党内法规;《中国共产党党内法规制定条例》;党内"立法法"

2013 年 5 月 27 日,中共中央公开发布了有党内"立法法"之称的《中国共产党党内法规制定条例》(以下简称《制定条例》)。普遍认为《制定条例》的公开发布,对于提高党内法规制定质量,推进党内法规制度体系建设,提升党的建设科学化水平具有重要意义。鉴于《制定条例》是在《中国共产党党内法规制定程序暂行条例》(以下简称《暂行条例》)的基础上修订而成的,本文主要从党内"立法法"修改完善的视角来探讨其对推进党内法规制度体系建设的意义,并对其自身的进一步完善提出我们的建议。

一、党内"立法法"的修订背景

治国必先治党,治党务必从严,从严必有法度。这是中国共产党执政 70 多年经验教训的总结。党的十一届三中全会指出:"根据党的历史的经验教

---

* 易有禄,男,江西财经大学法学院教授、博士生导师。

训,全会决定健全党的民主集中制,健全党规党法,严肃党纪。"为了加强党内法规建设,1990 年 7 月 31 日,中共中央发布了《中国共产党党内法规制定程序暂行条例》(以下简称《暂行条例》),同年 11 月 12 日,中共中央办公厅又印发了《关于党内法规备案工作有关问题的通知》(以下简称《备案通知》)。改革开放 40 多年来,中国共产党党内法规建设取得了重要进展,党内生活的主要领域基本实现了有规可依、有章可循。但不容忽视的是,中国共产党党内法规建设还存在一些突出问题和薄弱环节。这主要体现在以下三个方面:

第一,从党内法规的制定看,由于在党内法规制定的权限、原则、程序及规范化等方面缺乏比较完备的制度规范,有些甚至没有明确规定,以致于在党内法规的制定方面产生诸多问题。例如,由于党内法规制定权限不够明确,使得无权制定、越权制定、重复制定等"无序制定"现象时有发生,以至党内法规之间内容重复、甚至相互冲突,进而影响协调配套、完备有效的党内法规制度体系的形成。① 再如,由于党内法规制定程序有失严密,使得规划、起草、审批、发布等重要环节在一些党内法规的制定实践中难以得到全面体现,相应的程序规范也得不到有效执行。此外,党内法规制定的规范化要求不够具体和制定技术的不够成熟,也使得一些党内法规在名称使用、结构设计、条文表述等方面存在这样那样的问题。

第二,从党内法规的内容看,虽然党内法规的调整范围越来越广泛,内容亦越来越丰富,但党内法规的制度体系尚不完备,不同类型的党内法规规范明显失衡。例如,规范基层党组织和党员的规范较多,而规范领导机关和领导干部的规范相对较少;规范党的自身建设的规范较多,而规范党的执政方式与领导制度的规范不足;强调党员义务的规范较多,而保障党员权利的规范相对较少;强调集中的规范较多,而保障民主的规范不够。另外,在现行党内法规中,实体性规范居多而程序性规范偏少的"重实体轻程序"的现象尤为突出。当前,党内法规贯彻执行不尽如人意,一个很重要的原因就是实体性规范多,而保障实体性规范贯彻执行的程序性规范不够,导致党内法规制度体系整体失衡与运行不畅,难以发挥实效。②

---

① 操申斌:《党内法规制度执行不力的立法探源》,《理论探讨》2011 年第 2 期。

② 王俊:《新时期中国共产党完善党内法规制度的研究》,华东师范大学 2009 年硕士学位论文,第 30 页。

第三,从党内法规的实施看,一些党内法规制度贯彻执行不力已成为当前党内法规制度体系建设中存在的突出问题。这既有党内法规实施保障机制不完善的原因,也有党内法规本身的原因。① 而党内法规本身的原因,实际上也就是党内法规制定方面存在的问题,除前文已论及者外,还包括:党内法规制度体系建设缺乏总体规划,以致党内法规的制定滞后于时代发展和党的建设与工作实践的需要,缺乏必要的前瞻性;由于经验不足和制定技术落后等原因,使得党内法规制定质量不高,针对性与可操作性不强。例如,有些党内法规的规定过于理想化,混淆了法规和道德的界限,把道德规范变为法规要求,以至难以有效施行;有些党内法规的规定过于笼统,以致在适用和遵守时难以准确把握;有些党内法规的结构不完整,只有行为模式要素,没有后果要素,以致无法处罚违反规范的行为。②

正是从党的建设与工作实践的实际要求出发,针对党内法规制度体系建设中存在的突出问题和薄弱环节,中央办公厅会同中央纪委、中央组织部等部门,对 1990 年印发的《暂行条例》进行了修订,形成了《制定条例》,报请中央批准后公开发布。此外,为进一步加强改进党内法规及规范性文件备案工作,还在修订《备案通知》的基础上,形成了《中国共产党党内法规和规范性文件备案规定》(以下简称《备案规定》),与《制定条例》同时发布。

二、党内"立法法"的修订内容

通过文本的比对,不难发现,修订后的《制定条例》在法规名称、整体结构、条文数量、适用范围、规范内容等方面,均与《暂行条例》有很大不同。具体而言,在法规名称方面,删除了原条例名称中的"程序"和"暂行"二词,由此使得《制定条例》由原来的主要规范党内法规制定程序的暂行党内"立法法"成为全面规范党内法规制定的正式党内"立法法";在整体结构和条文数量方面,《制定条例》在《暂行条例》的 6 章 33 条的基础上经修订增加为 7 章 36 条,使其结构更为合理、内容更加充实;在适用范围方面,《暂行条例》对党的

① 潘泽林:《党内法规制度贯彻执行研究》,《中共南昌市委党校学报》2009 年第 2 期。
② 潘泽林:《贯彻落实科学发展观与加强党内法规制度建设》,《求实》2009 年第 10 期。

中央组织、中央纪律检查委员会和中央各部门制定党内法规的活动做了具体规定,但对省、自治区、直辖市党委制定党内法规的活动,只在附则中规定"依照本条例的基本精神进行",《制定条例》扩大了其适用范围,将省、自治区、直辖市党委制定党内法规的活动亦纳入其中。而在规范内容上,此次修订的"亮点"主要体现在以下三个方面:

(一)明确了党内法规的制定权限制度

如前文所述,由于《暂行条例》对党内法规制定权限的规定不够明确,使得无权制定、越权制定、重复制定等党内法规的"无序制定"现象时有发生。鉴于此,《制定条例》对党内法规的制定权限做了专门规定,明确下列事项只能由党的中央组织制定的中央党内法规规定:(1)党的性质和宗旨、路线和纲领、指导思想和奋斗目标;(2)党的各级组织的产生、组成和职权;(3)党员义务和权利方面的基本制度;(4)党的各方面工作的基本制度;(5)涉及党的重大问题的事项;(6)其他应当由中央党内法规规定的事项。这实际上是确立了党的中央组织制定党内法规的专属事项,从而有利于从根本上避免或者减少党内法规无序制定现象,确保党内法规制度体系的统一性和权威性。

此外,为有效解决党内法规的规范冲突问题,正确适用党内法规,《制定条例》还对党内法规的效力等级做了明确规定:(1)党章在党内法规中具有最高效力,其他任何党内法规都不得与之相抵触;(2)中央党内法规的效力高于中央纪律检查委员会、中央各部门和省、自治区、直辖市党委制定的党内法规的效力;(3)省、自治区、直辖市党委制定的党内法规不得同中央纪律检查委员会、中央各部门制定的党内法规相抵触;(4)中央纪律检查委员会、中央各部门和省、自治区、直辖市党委发布的党内法规同中央党内法规相抵触的,由中央责令改正或者予以撤销。

(二)完善了党内法规的制定程序制度

党内法规的制定程序是制定党内法规所必须遵循的步骤和方法。对此,《暂行条例》以专章规定了党内法规制定过程中的规划、起草、审定、发布等环节的基本程序。《制定条例》在此基础上做了进一步完善。

第一,完善了党内法规规划程序。《暂行条例》虽然也规定了党内法规制定规划编制与调整的基本程序,但总体上比较简单。《制定条例》明确要求通过科学编制党内法规制定工作五年规划和年度计划,突出重点、整体推进,逐步构建内容协调、程序严密、配套完备、有效管用的党内法规制度体系,并对中央党内法规制定工作五年规划与年度计划及各系统、各地区党内法规制定工作规划和计划的编制与调整程序作了更为具体的规定。

第二,完善了党内法规起草程序。关于党内法规草案的起草,《暂行条例》规定了起草主体、草案内容、条文结构、文字表述、起草协调、法规衔接、征求意见等。《制定条例》的发展主要在于强化了调查研究与征求意见两个环节的程序,即在强调起草党内法规应当深入调查研究的同时,明确规定起草党内法规应当注意听取党代会代表和有关专家学者的意见,对于同群众切身利益密切相关的党内法规草案,还应当充分听取群众意见。

第三,完善了党内法规审批程序。这主要表现在《制定条例》细化了党内法规前置审核程序。对于党内法规前置审核程序,《暂行条例》只规定:"需经中央审议批准的党内法规草案,由中央办公厅负责校核,并向中央提出校核报告",对于审核什么及发现问题如何处理却未作规定。《制定条例》则不仅明确了合法性、合规性等审核内容,并且规定对存在问题的党内法规草案,审核机构经批准可以向起草部门和单位提出修改意见;如起草部门和单位不采纳修改意见,审核机构可以向审批机关提出修改、缓办或者退回的建议。

第四,完善了党内法规发布程序。对于党内法规的发布,《暂行条例》规定:"党内法规采用中共中央文件、中共中央办公厅文件、中央纪委文件、中央各部门文件的形式发布。"至于是否公开发布,却未做统一要求,只规定"有的党内法规公开发布",导致多数党内法规制定后不公开发布,不利于党组织和党员的执行和遵守。鉴于此,《制定条例》将其修改为"党内法规经批准后一般应当公开发布",从而确立了"以公开发布为原则、不公开发布为例外"的发布制度。这将有利于推进党务公开,提高党内法规的知晓率和执行力。

(三)确立了党内法规的清理评估制度

对于备案、清理、评估等党内法规的"制定后"工作,《暂行条例》仅在附则中规定"各省、自治区、直辖市党委制定的党内法规,应在发布的同时报送中央备案",对党内法规的清理和评估则未做任何规定。为了维护党内法规制度体系的统一性与权威性,检验党内法规的实施效果,推动党内法规的及时完善,《制定条例》以专章对党内法规的备案、清理及评估做了规定。

一是细化了党内法规备案制度。根据《制定条例》的规定,中央纪律检查委员会、中央各部门和省、自治区、直辖市党委制定的党内法规应当自发布之日起30日内报送中央备案,备案工作由中央办公厅承办,具体备案办法由中央办公厅另行规定。由中央办公厅制定的《备案规定》作为《制定条例》的配套党内法规,对党内法规的备案作了更为详尽的规定。

二是增设了党内法规清理制度。《制定条例》第31条规定:"党内法规制定机关应当适时对党内法规进行清理,并根据清理情况及时对相关党内法规作出修改、废止等相应处理。"新中国成立后,特别是改革开放以来,我党制定了大量党内法规。但长期以来,党内法规的数量究竟有多少,哪些仍然有效,哪些已不再适用,哪些需要废止,哪些亟待修改,尚未进行全面清理。该制度的增设与实施,有利于及时解决党内法规存在的不适应、不协调、不衔接、不一致等问题,从而为协调配套、完备有效的党内法规制度体系的形成奠定基础。

三是增设了党内法规评估制度。党内法规颁行后的执行情况与实施效果如何,法规本身及其实施还存在哪些问题,可以在党内法规颁布实施后的一定期间内,通过评估进行监督、检验及发现。为此,《制定条例》在借鉴国家立法领域的立法后评估实践经验的基础上,增设了党内法规的"制定后"评估制度,规定:"党内法规制定机关、起草部门和单位可以根据职权对党内法规执行情况、实施效果开展评估"。此项制度的确立与实施,无疑将有利于督促党内法规的执行,检验党内法规的实效,推动党内法规的及时完善。

三、党内"立法法"的继续完善

《制定条例》的公开发布,使中国共产党有了第一部正式、公开的党内"立法法",对于提高党内法规制定质量,推进党内法规制度体系建设,提升党的建设的科学化水平具有重要意义。但这并不意味着党内"立法法"的修改完善可以止步于此了。就《制定条例》而言,其"完善"也是相对的,而不是绝对的。也就是说,其本身还存在不少需要进一步完善的方面。

第一,《制定条例》的名称中虽然已去掉"程序"二字,也增加了一些实体性内容,但从其规范内容看,仍然是以程序性规范为主,实体性规范偏少。具体而言,在包括附则在内的《制定条例》的七章中,"规划与计划""起草""审批与发布"三章基本上是规范党内法规制定程序的,少量的实体性规范主要散见于"总则""适用与解释""备案、清理与评估"三章之中。实体性规范与程序性规范比例的严重失衡,使得《制定条例》离从实体和程序全面规范党内法规制定的党内"立法法"还有很大的差距。因此,适当增加实体性规范的数量和比重是将来修改《制定条例》时应重点考虑的一个方面。

第二,《制定条例》虽然扩大了党内"立法法"的适用范围,将省、自治区、直辖市党委制定党内法规的活动纳入了其中,但仍然未涵盖所有党内法规的制定。对于军队党内法规的制定,《制定条例》和《暂行条例》的规定是一脉相承的,没有实质性的差异,即"中央军事委员会及其总政治部依照本条例的基本精神制定军队党内法规"。这就使得《制定条例》作为党内"立法法"的很多具体规定不能适用于军队党内法规的制定,实际上是使军队党内法规的制定游离于党内"立法法"之外。这既不利于维护党内法规制度体系的统一性和权威性,也不利于对军队党内法规的制定施加必要的监督。故此,继续扩大其适用范围,将军队党内法规的制定活动纳入其中予以规范,也是进一步完善党内"立法法"的一个方向。

第三,《制定条例》虽然对党内法规的制定权限做了专门规定,明确了哪些事项只能由党的中央组织制定的中央党内法规规定,但仍过于简单。《制定条例》对党内法规的制定权限的现有规定,实际上只是明确了党的中央组织的制定党内法规的专属事项,或者说只是明确了党的中央组织的立法权限。对于中央纪律检查委员会、中央各部门和省、自治区、直辖市党委制定党内法规的权限,《制定条例》仅以"职权范围内的有关事项"予以概括,表面上看是有所规定,从实际操作上看却等于没有规定。所以,如何从实际情况出发,结合中央纪律检查委员会、中央各部门和省、自治区、直辖市党委各自的职权范围,进一步明确各自制定党内法规的具体事项,对于党内"立法法"进一步完善而言是至关重要的。

第四,《制定条例》虽然完善了党内法规制定的多项具体制度,但这些制度本身有的还存在进一步完善的空间,有的甚至有明显的缺漏。例如,《制定条例》此次增设的党内法规清理制度和评估制度,只规定了党内法规制定机关应当适时对党内法规进行清理及党内法规制定机关、起草部门和单位可以根据职权对党内法规执行情况、实施效果开展评估,对于如何开展党内法规的清理和实施后评估则没有作出具体规定;再如,对于党内法规的效力等级和效力冲突,《制定条例》只规定了中央党内法规的效力高于中央纪律检查委员会、中央各部门和省、自治区、直辖市党委制定的党内法规的效力,省、自治区、直辖市党委制定的党内法规不得同中央纪律检查委员会、中央各部门制定的党内法规相抵触,中央纪律检查委员会、中央各部门和省、自治区、直辖市党委发布的党内法规同中央党内法规相抵触的,由中央责令改正或者予以撤销,对于省、自治区、直辖市党委制定的党内法规同中央纪律检查委员会、中央各部门制定的党内法规相抵触的,其效力如何及应当如何处理则未予明确。

党内法规体系的学理构建

孙大雄[*]

一、党内法规体系概念的界定

（一）党内法规体系的称谓

党内法规体系,也有称党内法规制度体系。但严格地说"党内法规体系"与"党内法规制度体系"是两个不同的称谓,前者比后者内涵更加确定、范围更为明确。我们从三个方面进行分析:

第一,从现代汉语对法规、制度和体系三个语词定义来看,使用党内法规体系比党内法规制度体系更符合现代汉语语词的语义内涵和语言逻辑。《现代汉语词典》对"法规"的解释是"法律、法令、条例、规则、章程等的总称"。[①]这里的法规是所有规则的总称,强调规范性和总括性。"制度"有两层意思,一是指"要求大家共同遵守的办事规程或行动准则。"二是"在一定历史条件下形成的政治、经济、文化等方面的体系"[②]。"制度"两层含义包含的范围比法规更宽泛,也更为宏观,法规只是制度的一部分。"体系"是指"若干有关事物或某些意识互相联系而构成的一个整体"。[③] 按照《现代汉语词典》对"法规""制度"和"体系"的解释,使用"党内法规体系"比"党内法规制度体系"更符合现代汉语的语义内涵。党内法规体系的内涵更为具体和明确,也更具规

---

[*] 孙大雄,男,华中师范大学法学院教授。

① 中国社会科学院语言研究所词典编辑室编:《现代汉语词典》(汉英双语),外语教学与研究出版社 2002 年增补本,第 526 页。

② 中国社会科学院语言研究所词典编辑室编:《现代汉语词典》(汉英双语),外语教学与研究出版社 2002 年增补本,第 2472 页。

③ 中国社会科学院语言研究所词典编辑室编:《现代汉语词典》(汉英双语),外语教学与研究出版社 2002 年增补本,第 1885 页。

范性;而党内法规制度体系,因为制度更为宽泛且制度本身包括体系的内涵,党内法规制度体系的称谓会无限扩大党内法规的范围和增加其内涵的不确定性,同时存在逻辑上的同义反复。

第二,从党内法规体系的提法在党的正式文件中首次出现来看,党内法规体系的提法最早在 2014 年 10 月中国共产党十八届四中全会审议通过的《中共中央关于全面推进依法治国若干重大问题的决定》(简称以下《决定》)。该《决定》明确提出:"建设中国特色社会主义法治体系,形成完备的法律规范体系、高效的法治实施体系、严密的法治监督体系、有力的法治保障体系,形成完善的党内法规体系。"①《决定》正式将"形成完善的党内法规体系"纳入建设中国特色社会主义法治体系范畴。

第三,从《党内法规制定条例》对党内法规的定义来看,使用党内法规体系称谓比党内法规制度体系更符合党内法规制定条例对党内法规的定义。新修订《中国共产党党内法规制定条例》(以下简称《党内法规制定条例》)第一条将原条例第一条的"建立健全党内法规制度体系"修改为"形成完善的党内法规体系",这一称谓的修改,与《中共中央关于全面推进依法治国若干重大问题的决定》称谓取得一致;新修订的条例对党内法规的定义作出了新的规定,将原条例第二条对党内法规概念的界定为"党内法规是党的中央组织以及中央纪律检查委员会、中央各部门和省、自治区、直辖市党委制定的规范党组织的工作、活动和党员行为的党内规章制度的总称。"修改为"党内法规是党的中央组织,中央纪律检查委员会以及党中央工作机关和省、自治区、直辖市党委制定的体现党的统一意志、规范党的领导和党的建设活动、依靠党的纪律保证实施的专门规章制度。"原条例规定将党内法规界定为"……党内规章制度的总称",现在界定为"……的专门规章制度"。按照形式逻辑学属加种差定义的定义方法,党内法规本身就包含制度的要素,制度是党内法规的属概念。那么,"党内法规制度体系"的提法就会在形式逻辑上出现"党内法规制度体系"是"党内规章制度制度体系"的同义反复甚至同语反复。"专门规章制度"中的"专门"大大限缩党内法规制度的外延范围,按照新修订的《党内法

---

① 《中共中央关于全面推进依法治国若干重大问题的决定》,《人民日报》2014 年 10 月 29 日。

规制定条例》第五条和第六条对党内法规的外延即名称和文本结构形式的规定:"党内法规的名称为党章、准则、条例、规定、办法、规则、细则。""党内法规一般使用条款形式表述,根据内容需要可以分为编、章、节、条、款、项、目。"这些规定进一步表明,党内法规体系从内容到形式都是特定的,主要是由党章、准则、条例、规定、办法、规则、细则等用编、章、节、条、款、项、目形式表述的党内规章制度构成的整体,而不用条款形式表述的非规范性文件不属于党内法规体系的范围。因此,无论是从汉语语言习惯来看,还是从《党内法规制定条例》对党内法规概念、名称等规定来看,党内法规体系的称谓更为科学和严谨。

第四,从党内法规体系规范化建设的角度看,党内法规体系建设是社会主义法治体系建设的重要组成部分,党内法规体系建设是社会主义法治理念在党的领导和党的建设方面的贯彻,是中国共产党依法执政的内在要求,"依法执政,既要求党依据宪法法律治国理政,也要求党依据党内法规管党治党"①。新修订《党内法规制定条例》第十五条在规定党内法规在"规划与计划"时明确使用"党内法规体系"的表述,而不是原条例第八条"党内法规制度体系"的表述。第十五条的规定是:"制定党内法规应当统筹进行,科学编制党内法规制定工作五年规划和年度计划,突出重点、整体推进,构建内容科学、程序严密、配套完备、运行有效的党内法规体系。"作为"党内立法法"的《中国共产党党内法规制定条例》明确规定了党内法规的制定主体、制定权限、党内法规的名称和效力层次等内容,如果将规范化程度不高的党内非规范性文件"纳入党内法规体系,既有悖于"党内立法法"(《党内法规制定条例》)对党内法规的范围规定,党内法规制度体系因制度本身内涵的不确定性和外延范围的广泛性,不利于党内法规体系的规范化建设和其制定目标的如期完成。

(二)党内法规体系的内涵

这里所称的党内法规体系,是指中国共产党制定的现行的以党章为根本,以准则、条例等中央党内法规为主干,由各领域各层级党内法规组成的有机统

---

① 《中共中央关于全面推进依法治国若干重大问题的决定》,《人民日报》2014 年 10 月 29 日。

一整体。党内法规体系的内涵包括以下三个方面：

党内法规体系是中国共产党现行全部党内法规构成的整体。即它只能是《党内法规制定条例》规定的，有权制定党内法规的主体制定的，包括党章、准则、条例、规定、办法、规则、细则等现行所有党内法规，国家、其他政党或其他社会组织制定的法规或规范性文件和非规范性文件，都不属于党内法规体系的内容。它是现行正在有效实施的党内法规，已经被废止和清理失效的党内法规，不属于党内法规体系的内容；尚未制定和发布生效的党内法规规划和党内法规草案，也不属于党内法规体系。

第二，党内法规体系是由不同党内法规部门或领域分类组合形成的有机整体。党内法规体系作为"体系"，它是由不同党内法规部门或领域按照一定标准进行分类组合而形成的有机整体，它不是不同党内法规的简单相加，而是按照一定标准科学分类形成的系统化、体系化的党内法规的有机整体。党内法规的内容应当涵盖党的领导和党的自身建设各个领域和各个方面。

第三，党内法规体系是由不同层级、不同效力的党内法规构成的有机统一整体。党章是根本党内法规，准则和条例是主干，党内法规，规定、办法、规则、细则是具体党内法规。党章效力最高，是其他党内法规的制定依据和基本遵循，其他党内法规不得与党章的规定相抵触；下位党内法规不得与上位党内法规相抵触；同一层级的党内法规相互之间不得抵触和冲突。新旧党内法规之间彼此之间要协调，如发生抵触和冲突，要及时修改、清理或废止旧的党内法规。

（三）党内法规体系的外延

外延是指一个概念所确指的对象的范围。按照《党内法规制定条例》的规定，党内法规体系的外延范围包括党章、准则、条例、规定、办法、规则、细则。[①]但不用编、章、节、条、款、项、目形式表述的决议、决定、意见、通知等党内规范

---

① 《党内法规制定条例》第四条规定："党章是对党的性质和宗旨、路线和纲领、指导思想和奋斗目标、组织原则和组织机构、党员义务和权利以及党的纪律等作出的根本规定。准则是对全党政治生活、组织生活和全体党员行为作出的基本规定。条例是对党的某一领域重要关系或者某一方面重要工作作出的全面规定。而规定、办法、规则、细则对党的某一方面重要工作或者事项作出的具体规定。中央纪委、中央各部门和省、自治区、直辖市党委制定的党内法规，称为规定、办法、规则、细则。"

性文件等不属于党内法规体系的范围。

我们还可以根据党内法规体系所涵盖的内容范围确定其外延,从党内法规建设的目的和现有党内法规的内容以及党内法规建设目标等方面来看,党内法规体系所涵盖的内容,除党章全面规定党的根本制度和根本内容外,党内法规体系的其他部分可概括为两个大的方面,一是规范党的领导和执政的党内法规,二是规范党的自身建设的党内法规。① 规范党的领导和执政的党内法规,主要是规范党与国家关系、党与社会关系;规范党的自身建设的党内法规,主要是规范党的政治建设、思想建设、组织建设、作风建设、纪律建设。② 这是对党内法规外延的新的概括,这一问题我们将在党内法规体系的内容部分进行深入分析。

二、党内法规体系的构建原则和依据

(一)党内法规体系的构建原则

为形成科学完善的党内法规体系,建设和健全党内法规体系应当遵循以下三个原则:

第一,遵循党的建设基本规律的原则。党的建设是党自身稳定、繁荣与发展的关键,是党永恒的主题。党的十七届四中全会提出了"提高党的建设科学化水平"的任务,关于其内涵、方式等问题,学者进行了深入的研究。学者们一致认为,党的建设的规律是党的建设科学化的内涵之一,遵循党的建设的规律是提高党的建设的科学化水平的主要途径。③ 而党内法规是党的工作和党的建设的经验总结,是党的建设规律的文本化形式。因此,以党内法规推进党的建设,是遵循党的建设的规律的必然要求,是提高党的建设的科学化水平的必由之路。

---

① 中共中央印发《中央党内法规制定工作第二个五年规划(2018—2022年)》,资料来源:http://www.xinhuanet.com/2018-02/23/c_1122443711.htm,最后访问日期:2019年10月18日。

② 习近平:《决胜全面建成小康社会　夺取新时代中国特色社会主义伟大胜利》,人民出版社2017年版。

③ 丁俊萍、李向勇:《党的十七届四中全会以来党的建设科学化研究述评》,《马克思主义研究》2010年第11期。

党的建设与党内法规体系是内容和形式的关系,两者相互依存、相互作用,党的建设要在党内法规体系内,才能发挥出应有的作用。党内法规体系是党的建设系统化运行的载体,因此,通过完善党内法规体系推进党的建设,实际就是通过党内法规体系化建设推进党的建设,以提高党的建设的科学化和规范化水平。

因此,党内法规体系的建立和健全,应当以正确定位党内法规、党内法规体系与党的建设三者之间的关系为原则。党内法规体系的构建,不能违背提高党的建设科学化水平的使命,不能阻滞党内法规的系统化运行。

第二,遵循党内法规建设规律的原则。党内法规本质是法,是社会法、软法,是因为党内法规具备法、社会法和软法的共性特征。但党内法规更显而易见的是其特有的性质,这些特有的性质决定了它不同于其他类型的法。比如,党内法规的制定、执行、遵守等都迥异于其他类型的法,在内容上强调政治和义务,强调党员对党组织的服从、下级党组织对上级党组织的服从、地方党组织对党中央的服从等等。而且,党内法规有着特有的产生和发展的历史进程,因此,其体系的构建应当在遵循一般法体系构建的理论的同时,考虑自身的特性,遵循自身的产生和发展规律。这样,才能使党内法规体系成为系统,能够系统化的运行,发挥应有的作用。

第三,促进社会主义法治体系建设的原则。党内法规体系作为社会主义法治体系的子系统之一,应当有利于促进社会主义法治体系的建立和完善。因此,党内法规体系在价值层面,应当体现社会主义法治精神,以党内法治促进社会主义法治。在制度层面上,一方面党内法规体系应当科学合理,避免党内法规制度上的抵触和摩擦;另一方面要注意与国家法律的衔接与协调,尤其是具体制度的衔接与协调。

第四,符合法学一般原理。党内法规是实质意义上的法,属于社会法和软法,因此对党内法规体系的研究和构建,应借鉴和运用法学的理论和方法。我国法律体系的构建体现了法学的理性设计,党的十八届四中全会提出的社会主义法治体系的构建亦是如此,这是我国法治建设的宝贵经验。[1] 科学的党

---

[1] 钱大军、薛爱昌:《繁华与无序:法律体系建构的中国模式之检讨》,《法律科学》2016年第1期。

内法规体系不会在短时间内自然而然地形成,需要法学理论予以设计。一方面,法学理论对党内法规体系的设计,能够在较短时间内构建科学的党内法规体系,使得党内法规的作用能够有效发挥,以解决现实的问题;另一方面,法学的理论和方法在党内法规建设中的实际运用,能够推动党内法规体系的发展和完善。法学的理性设计和实际运用的共同作用,是党内法规体系建立和健全的科学路径。

(二)党内法规体系的构建标准和依据

如何构建党内法规体系,即如何划分党内法规体系的部门,可以有不同标准和依据。

从党内法规的现有研究和实践来看,党内法规体系主要包括纵向和横向两个方面,纵向是指党内法规的形式体系,横向是指党内法规的内容体系,即党内法规部门体系。学界对党内法规体系的纵向划分歧较少,横向内容划分则是莫衷一是。这里主要对学术界关于党内法规体系纵向和横向的划分的一些较为主流的观点,分别进行简要评介。

学界对党内法规体系的纵向划分,主要是依据《党内法规制定条例》中的相关规定,从党内法规的制定主体、制定权限、效力位阶等方面进行的划分。一般认为党内法规体系从纵向上由中央党内法规、部门党内法规、地方党内法规等三类组成,包括党章、准则、条例、规定、办法、规则、细则等七种形式,其中党章居于第一层次,是根本党内法规;准则、条例属于第二层次,是基本党内法规;规定、办法、规则、细则属于第三层次,是具体党内法规。

对于党内法规的内容体系,即党内法规的部门体系。学界所持标准和依据不同,其构建的党内法规内容体系各有不同。几种较有代表性和较为主流的主张有:借鉴国家法律体系构建党内法规的部门体系、以党章文本结构构建党内法规的部门体系、按照党的建设内容构建党内法规的部门体系、融合党的领导和党的建设构建党内法规的部门体系。

借鉴国家法律体系构建党内法规的部门体系,这种体系没有考虑到党内法规的特殊性,完全比照国家法律体系构建党内法规部门的体系,存在明显缺陷:第一,忽视了党内法规部门同国家法律部门在性质上的差别。第二,忽视了党内法规和国家法律运行机制的不同。第三,不能囊括党内法规的全部内容。将相当一部分重要的党内法规排除在体系之外，无法形成自洽周延的党内法规体系。

以党章文本结构构建党内法规部门的体系，这种体系主要是党的工作部门（实务部门）编写《中国共产党党内法规选编》（四卷本）中所采用，按照党章的章节构建党内法规部门体系。这种体系是将党内法规分为党章、党员、党的组织制度、党的中央组织、党的地方组织、党的基层组织、党的干部、党的纪律、党的纪律检查机关和其他部分。① 也有学者在党章章节分类的基础上加以综合，将党内法规分为"党章部门、组织法规部门、纪律法规部门、党员和党的干部法规部门、其他法规部门"②五部分。这两种分类的依据和思路大体一致，可以看做是同一模式。这种体系的弊端也很明显，具体体现在以下三点：第一，党章章节并不是党内法规分类的科学依据。第二，"其他法规部门"的设置不科学。第三，党章章节划分党内法规体系不能体现党内法规体系的层次性。会导致某一部类党内法规无限扩展和臃肿，有悖体系自身的合理性，给党内法规的建设、运行和研究造成混乱。

以党的建设内容构建党内法规部门的体系，这种以党的建设内容构建的党内法规部门体系，主要是结合了党的建设的主要方面和《中国共产党党内法规选编》的分类标准，将党内法规分为综合性党内法规、思想建设、组织人事建设、作风建设、反腐倡廉、民主集中制建设和军事方面的党内法规七大部门。③ 或者分为党章、思想建设、组织建设、队伍建设、作风建设、反腐倡廉建设、工作程序七大部门。④ 这种体系存在两点明显不足：第一，不能涵盖党内法规的全部内容。党的建设方面的党内法规固然重要，但党的建设既没有涵盖党内法规的全部，也没有涵盖党的活动的全部。第二，将民主集中制建设作为党内法规的一个部门，其设置不合理。党的民主集中制建设不适宜作为单独的党内法规部门。

融合党的领导和党的建设构建党内法规的部门体系，这种体系在综合考

① 中共中央办公厅法规室、中共中央纪委法规室、中共中央组织部办公厅：《中国共产党党内法规选编（四卷本）》，法律出版社 2019 年版。
② 李军：《中国共产党党内法规研究》，复旦大学博士论文 2010 年，第 81 页。
③ 付子堂：《法治体系内的党内法规探析》，《中共中央党校学报》2015 年第 3 期。
④ 王振民、施新洲：《中国共产党党内法规研究》，人民出版社 2016 年版，第 9—11 页。

察党内法规内容差别的基础上,结合第一个《五年规划纲要》以及《中国共产党党内法规选编》的初步分类,将党内法规体系分为八个部门,分别是党章及相关法规、党的领导和党的工作、思想建设、组织建设、作风建设、反腐倡廉建设、民主集中制建设、机关工作。① 这种分类体系可以概括为纲要模式的部门体系。这一部门体系以调整对象作为分类标准,且覆盖党的领导和党的自身建设两个方面。比较而言,纲要模式在现今各类分类标准中是最为科学、最为合理的。这一体系被 2016 年 6 月中共中央印发的《关于加强党内法规制度建设的意见》(以下简称《意见》)所吸收和发展,这是中国共产党历史上首个关于党内法规制度体系建设的专门文件,该文件提出了"1+4"的党内法规制度体系,"1"是党章,"4"是指党章之外的 4 个部分,包括党的领导法规、组织建设法规、自身建设法规、监督保障法规。2018 年 2 月,中共中央印发《中央党内法规制定工作第二个五年规划(2018—2022 年)》,沿用了"1+4"的党内法规体系。

　　"1+4"的体系有相当突出的优点:其一,这一体系更多地综合考量了党内法规内容不同的因素,比前几种体系更科学、更合理。该体系弥补了前三种体系的不足,前几种体系对党内法规分类的标准太过单一,导致其分类和体系构建顾此失彼,容易挂一漏万,不能涵盖党内法规的全部,影响体系的系统性和和谐性。这一体系在党内法规分类上充分考量了党的建设、党的领导、党的工作等诸多因素,使得分类较为科学,体系更为周延,能够涵盖党内法规各个方面,因而更科学、更合理。其二,这一体系具有一定的灵活性。前文论述的党内法规体系的开放性,即党内法规体系的可发展性。党内法规体系不可能是封闭的和一成不变的,现阶段的党内法规体系的构建要为今后党内法规的发展提供空间。这种体系充分考量了《五年规划纲要》,而《五年规划纲要》是中央党内法规制定工作的既定计划,既是对现阶段党内法规体系的初步构建和完善,也是对未来党内法规发展的阶段性目标。党内法规制定工作的规划和计划是《党内法规制定条例》规定的党内法规制定的"法定"程序和步骤,这就决定了党内法规体系的构建必须符合党内法规制定工作的规划和计划,以保

---

① 李忠:《党内法规建设研究》,中国社会科学出版社 2015 年版,第 18—19 页。李忠:《构建依规治党法规制度体系研究》,《西北大学学报(哲学社会科学版)》2017 年第 5 期。

证其灵活性。

"1+4"的党内法规部门体系,有其科学和合理的一面,但也有完善的空间。党内法规的分类,既要反映党的建设实际,覆盖党的领导和党的建设各个领域各个方面,又要保持党内法规各部门之间大致均衡。按照这样的标准衡量,2013年中央党内法规制定工作五年规划纲要以调整对象作为划分标准是比较科学的。对"1+4"的标准,就有学者明确指出了其存在的不足:一是法规部门之间存在部分交叉。如党的自身建设法规部门包括了党的五大建设(思想、作风、组织、反腐倡廉、制度建设)法规,组织建设法规显然与自身建设中的组织建设法规会发生归类的重复;监督保障法规中出现反腐倡廉建设法规的内容,二者内容也会存在一定重复。二是"1+4"的分类方法,每一类法规涉及的范围庞大,数量众多,不太利于学习与研究。三是不能科学反映党的十九大对党的建设布局的提出新要求。党的十九大将党的建设布局的新概括是,"以政治建设为统领,统筹推进政治建设、思想建设、组织建设、作风建设、纪律建设,把制度建设贯彻其中,深入开展反腐倡廉斗争。"这里提出了"政治建设"和"纪律建设"两个新内容和新要求,"1+4"的划分方法体现不出这种新变化。①

由此看来,"1+4"的党内法规体系仍然没有解决体系中内容交叉重复和结构不均衡的问题,如党的组织法规与党的自身建设法规中的"组织建设"法规如何区分,是否存在包含关系?还有纪律建设是否属于监督保障法规,还是自身建设法规中是否需要增加新的党内法规类型?还有《党内法规制定条例》应该划分到哪一部分,《党员权利保障条例》归入哪一部分更为合适?党的机关工作和公文处理等法规等都划归监督保障法规是否合适?这一分类方法也存在体系结构各部分不均衡的问题,如何保证各部分党内法规结构上的大致均衡?很显然,自身建设几乎包括党的领导之外的所有党内法规,按照十九大报告的精神,要把制度建设贯彻于党的自身建设的要求,政治建设、思想建设、组织建设、作风建设、纪律建设中都需要党内法规作为制度依据,而如此众多的党内法规内容单独作为一个部分,势必会造成党的自身建设法规与其

①　李忠:《党内法规制度体系建设中的几个问题》,资料来源:http://www.iolaw.org.cn/ showScholar.asp？id＝22,最后访问日期:2019年10月18日。

他部门法规结构上的严重失衡。

党内法规数量庞大，内容广泛，构建科学的党内法规内容体系，应当围绕党的领导和党的建设的实际需要，全面考量党内法规内容的各种分类方式，科学设计党内法规部门体系。

三、党内法规体系的构成

虽然党内法规体系与国家法律体系有很大差别，但不可否认党内法规体系的提出和建构，毫无疑问是受到了中国特色社会主义法律体系的影响。因此，在党内法规体系建构过程中，以国家法律体系作为参照，梳理和阐释相关原则和关系，已经成为学术界较为普遍的共识。

以国家法律体系为参照，中国共产党党内法规体系也可以从三个层次上建构：即纵向层面不同效力等级的党内法规；横向层面上不同门类的党内法规；横向和纵向上的有机联结和配套并形成统一的整体。

《中国共产党党内法规制定条例》并没有对党内法规横向层面的建构作出规定。而在学理和中央文件上，一般从对象的角度对不同门类的党内法规进行划分，《中共中央关于加强党内法规制度建设的意见》将党内法规内容体系归并为"1+4"的体系，即党章之下分为党的组织法规、党的领导法规、党的自身建设法规、党的监督保障法规四大领域。中央办公厅法规局编《中央党内法规和规范性文件汇编（1949年10月—2016年12月）》、2018年2月颁布的《中央党内法规制定工作第二个五年规划（2018—2022年）》也采用了"1+4"的党内法规结构体系。这种划分方式总体上是从对象的角度参照党的建设总体布局进行的建构。有学者认为，这种体系结构在现今各种分类标准中是最为科学、最为合理的，它有两个优点：一是以调整对象作为分类标准，这是划分党规部门的首要标准；二是覆盖党的领导和党的自身建设两个方面，符合党内法规自身的特点和内在规律，反映党的建设的实际状况。①

由于党的建设总体布局也在不断地发展变化之中，就如党的十七大形成

---

① 李忠：《构建依规治党法规制度体系研究》，《西北大学学报（哲学社会科学版）》2017年第5期。

"一条主线、五大建设"的总体布局,而党的十九大发展到"一条主线、六大建设",由此会带来党内法规体系的调整,而且对党的建设总体布局的内涵与规律也有新的发展,这些都会对党内法规体系的科学性产生影响。①

我们认为,按照"到建党 100 周年时全面建成内容科学、程序严密、配套完备、运行有效的党内法规制度体系"的总目标,结合党的十九大关于党的建设"一条主线、六大建设"的总体布局,参照国家法律体系的建构方法,中国共产党党内法规体系可以这样构建,即纵向以党章为统帅,以准则、条例为主干,以规定、办法、规则、细则等党内法规为重要组成部分;横向由党章相关法规、党的领导法规、党的组织建设法规、思想建设法规、作风建设法规、纪律建设法规等六大板块法规部门组成。其中党的政治生活、党员权利保障、党内法规制定、党的机关运行等法规可以归并到党章相关法规部门;党内监督问责、反腐倡廉建设等法规统一则归并到纪律建设法规。

这一体系有几大优点:一是坚持以调整对象作为党内法规部门的基本分类标准,这是划分党内法规部门的首要标准;二是覆盖党的领导和党的自身建设两个方面,符合党内法规建设为党的领导和党的建设服务的发展规律;三是党内法规部类划分更加科学、结构更为合理;四是既尊重了现有党内法规既有规范结构又能为未来党内法规发展预留空间。具体理由在相应部分做进一步阐述。

概而言之,我们可以将中国共产党党内法规体系概括为,党内法规体系是以党章为统帅,以准则、条例为主干,以规定、办法、规则、细则为重要组成部分,由党章相关法规、党的领导法规、党的政治建设法规、党的组织建设法规、思想建设法规、作风建设法规、纪律建设法规等多个法规部门组成的有机统一整体。

(一)党内法规体系的纵向构成

前文论述了党内法规体系的概念、特征、作用、确立原则等内容,并评述了学术界几种较为主流的党内法规体系模式的观点,为构建科学合理的党内法规体系提供了基础。党内法规体系的内容包括纵向和横向两个方面,纵向方

---

① 韩强:《关于党内法规体系建设的几个问题》,《井冈山干部学院学报》2018 年第 2 期。

面是党内法规的形式体系,横向方面是党内法规的内容体系。我们认为党内法规的形式体系研究的内容包括党内法规名称、制定主体、制定权限和效力位阶方面等。根据《党内法规制定条例》的规定,党内法规的形式体系包括党章,准则、条例、规定、办法、规则、细则四个层次。

党章是党的根本章程,是最重要、效力最高的党内法规,是所有党员和党组织最高的行为规范。准则、条例、规定、办法、规则、细则的制定,都必须符合党章的精神和要求,不得与党章的内容相抵触。

准则,按照《党内法规制定条例》的规定,准则是对全党政治生活、组织生活和全体党员行为做出的基本规定。准则属于中央党内法规,只能由党的中央组织制定。准则的效力仅次于党章的党内法规,具有效力位阶高、政治性和原则性强的特点。

条例,按照《党内法规制定条例》的规定,条例是对党的某一领域重要关系或者某一方面重要工作做出全面规定。条例属于中央党内法规,只能由党的中央组织制定。条例在党内法规体系中处于承上启下的位置。一方面它是党章、准则原则性规定的具体化;另一方面,条例属于中央党内法规,位阶高,是其下位党内法规的授权法。条例对某一领域的重要关系或某一方面的重要工作做出全面规定,是对党章和准则原则的具体实施,相比较而言具有很强的操作性。但是条例不可能做出事无巨细、面面俱到的全面规定,很多具体的内容需要下位党内法规在具体的实施中具体化。因此,条例在党内法规体系中就处于承上启下的重要位置。

规定、办法、规则、细则对党的某一方面重要工作的要求和程序等作出具体规定。在党内法规体系中,位阶最低,但也是数量最大、内容最复杂的党内法规,是对条例的进一步细化。它的制定、实施和监督涉及面最广,关乎党内法规的实际效用。

按照《党内法规制定条例》的规定,中央纪律检查委员会、中央各部门和省、自治区、直辖市党委制定的党内法规,称为规定、办法、规则、细则,是除了中央党内法规以外的党内法规的名称。《党内法规制定条例》第六条规定了六项只能由中央党内法规规定的内容,也就是规定、办法、规则、细则不能规定的。

从党内法规的形式体系来看,无论是在数量上还是在涉及面上,准则、条例和规定、办法、规则、细则是党内法规的主体。因此,条例和规定、办法、规则、细则的制定、执行和监督是党内法规建设的重要方面。

(二)党内法规体系的横向构成

党内法规的内容体系是党内法规体系的横向方面,即党内法规的部门法体系,是党内法规体系的核心内容。按照 2016 年 6 月中共中央印发的《关于加强党内法规制度建设的意见》和 2018 年 2 月中共中央印发的《中央党内法规制定工作第二个五年规划(2018—2022 年)》中"1+4"的党内法规制度体系部门,即党章下面分 4 个部分:党的领导法规、党的组织法规、自身建设法规、监督保障法规。中共中央办公厅法规局编、法律出版社出版的《中央党内法规和规范性文件汇编(1949 年 10—2016 年 12 月)》也采用了"1+4"的体系,即党章、党的组织法规制度、党的领导法规制度、党的自身建设法规制度、党的监督保障法规制度。

贯彻党的十九大关于"全面推进党的政治建设、思想建设、组织建设、作风建设、纪律建设,把制度建设贯穿其中"的精神。我们可以在"1+4"体系的基础上,从学理上对其中的有些内容做适当调整,主要思路是:(1)保留"党章""党的领导法规"作为单独的党内法规部门;(2)将"党的组织法规"调整为"党章相关法规",将"监督保障法规"中的党员权利保障、机关运行保障、制度建设保障等内容调整到党章相关法;(3)将"党的监督保障法规制度"调整为纪律建设法规,保留该部分监督、考核、奖惩法规的内容,同时将党的自身建设法规中的反腐倡廉建设法规的内容调整到该部分;(4)将"自身建设法规"按党的十九大部署分解为思想建设法规、组织建设法规、作风建设法规、纪律建设法规等法规部门。

按照这一思路党内法规部门体系就可以划分为由党章、党章相关法规、党的领导法规、思想建设法规、组织建设法规、作风建设法规、纪律建设法规等七个党内法规部门所构成的体系。

这样调整的优点是:一是党章单独作为一个部门,保证了党章在党内法规部门中的统帅地位和最高地位,其他部门党内法规都必须以党章为制定依据,其内容均不得与党章抵触和冲突。二是将"党的领导法规"作为单独法规部门,这是学界共识,也是党内法规规划和党内法规建设意见的一贯主张。三是将"党的组织法规"和"监督保障法规"中的部分内容调整到党章相关法,这既可以避免组织法规与自身建设法规中党的组织建设内容的重复和交叉以及同类性质法规分散在不同部门的缺陷,也符合该部分内容党章性质的属性。国家法中宪法相关法也是做的这种分类;三是"自身建设法规"包含的内容广、规模大,将"自身建设法规"分解为独立的法规部门即思想建设法规、组织建设法规、作风建设法规、纪律建设法规,可以保证党内法规部门体系之间的平衡,这既有利于党内法规的制定和实施,又有利于党内法规的学习和研究。这一体系整合了学界关于党内法规部门体系的共识成果,遵循了中共中央印发的《关于加强党内法规制度建设的意见》的基本思路,也贯彻了党的十九大关于党内法规建设的最新精神。关于法规部门整合的具体理由在下面相关法规部门中做进一步阐述。

1. 党章

党章作为保证全党政治思想的一致和组织行动的统一而制定的具有约束力的章程,是全体党员和各级党组织的最高行为规范,具有最高效力。党章的效力和地位可以用最高性来概括,党章的最高性体现在党章政治上的最高性和规范上的最高性。党章是最根本的党内法规,是制定其他党内法规的基础和依据,在党内具有最高权威性和最大约束力,所有其他部门的党内法规都不得与党章相抵触。

2. 党章相关法规

党章相关法规是仅次于党章、居于其他党规部门之上法规部门。将党章相关法规作为独立的党内法规部门,其主要理由是:一是党章相关法规的性质特殊。党章相关法规的内容涉及党的性质、指导思想、理论、路线、方针、政策等大政方针方面的问题,既是对党章中党的政治性规定的重申和解读,又是对党章政治原则和理论的规范化、条文化,是党章的一系列政治理论和原则与可操作的党内法规之间的桥梁。正是这种特殊性,使得党章相关法规在内容上,与党章的关联性最大,显著区别于其他党内法规部门。同时,这种特殊性决定了党章相关法规只能由中央党内法规做出规定,其效力位阶高,综合性强。因此,应当与党章划归同一党内法规部门。二是突出党章相关法规在党内法规体系中的地位和作用。党的代表大会制度、党内选举制度、党内法规制定制度、党旗党徽等方面的内容,居于其他党规部门之上,将其纳入党章相关法与其重要性相称。三是党章相关法规作为独立党规部门,可以将那些细化党章规定、难以归入其他党规部门的重要党内法规纳入其中。

根据党章的有关规定,党代表大会制度、党组织的产生和职责、党内选举制度、党员权利保障制度、党内法规制定制度、机关运行保障制度、党旗党徽等党内法规,是依规治党法规制度体系的骨架和主干。这方面已制定的党内法规主要有《中国共产党全国代表大会和地方各级代表大会代表任期制暂行条例》《中国共产党地方组织选举工作条例》《中国共产党基层组织选举工作暂行条例》。

党员权利及其保障是党章的重要内容,也是党章相关法规部门建设的重要内容。以落实党员知情权、参与权、选举权、监督权为重点,细化保障措施,明确保障程序,对进一步提高党员对党内事务的参与度,强化对侵犯党员权利行为的责任追究,有利于更好发挥党员在党内生活中的主体作用。有关党员和党员发展工作的法规,包括《中国共产党发展党员工作细则》《中国共产党党员权利保障条例》等。二个党内法规制定工作五年规划,都列入了修改完善《中国共产党党员权利保障条例》的任务。

将党内法规制定工作的党内法规划入党章及相关法规部门,这是因为党内法规制定工作的法规关系到党的组织和活动的各个方面。党内法规是党的制度的最主要和最重要的部分,是党员、党的各级组织的行为规范,也是党内权利与义务分配的重要方式。随着党越来越重视党内法规在党的建设和从严治党等各方面的作用,党内法规的制定和完善将成为党的重要任务,而这涉及党内法规的制定主体、程序、权限等核心问题,重要性不言而喻。且以我国部门法体系的划分来看,立法法被划分到宪法部门。可见,无论是对党还是国家而言,"立法权"都是重要的权力,应当与最高规范划到同一部门。这方面的党内法规包括《中国共产党党内法规制定条例》《党政机关公文处理工作条例》《机关档案工作条例》等。

党旗党徽的内容是党章的重要组成部分,党旗党徽是党的象征和标志,尊重和爱护党旗党徽是党组织和党员的责任和义务。目前关于党旗党徽的党内法规主要有《中国共产党党旗党徽制作和使用的若干规定》。

按照《中央党内法规制定工作第二个五年规划(2018—2022年)》的部署,今后五年需要完善党的组织法规,包括重点制定中国共产党中央委员会工作条例、中国共产党纪律检查委员会工作条例、国有企业党组织工作条例、中国共产党支部工作条例等党内法规;修订中国共产党全国代表大会和地方各级代表大会代表任期制暂行条例、中国共产党地方组织选举工作条例、中国共产党基层组织选举工作暂行条例、中国共产党农村基层组织工作条例、中国共产党党和国家机关基层组织工作条例、中国共产党普通高等学校基层组织工作条例、中国共产党党组工作条例(试行)等党内法规、中国共产党党员权利保障条例、中国共产党党内法规制定条例、修订完善信息、督查、机要密码工作等方面的法规制度。其中党和国家机关基层组织工作条例、支部工作条例、党组工作条例已制定印发。

3. 党的领导法规

党的领导是指,党通过政治领导、组织领导和思想领导的方式,全面领导我国社会主义建设事业的方方面面。党的领导在社会主义建设中,发挥核心领导力和关键动力的作用,这是我国重要的历史经验之一,在宪法序言、党章和其他重要的党内规范性文件中已有体现。但是综合来看,关于党的领导的党内法规,总体而言数量偏少,覆盖面偏小,不成体系。党的领导具有全面性,覆盖我国社会主义现代化建设的方方面面,而社会主义现代化建设的内容是随着建设事业的进步不断丰富的,这就要求党的领导方面的党内法规能够在覆盖党的领导的同时,要适应现代化建设内涵的变化。党在各个领域、各项事业领导的工作差异较大,因此具体的党的领导方面的党内法规也就必须具有针对性,这样才能够保证其科学性和可操作性。在保证党的领导方面的法规全覆盖的同时,还应当加强党的领导方面的法规这一部门自身体系化的建设,以保障党的领导方面的党内法规有效发挥作用。

党的领导法规部门是指调整党在发挥总揽全局、协调各方的领导核心作用时,与人大、政府、政协、司法机关、人民团体、企业事业单位、军队等形成的领导与被领导关系,规定党的领导体制机制、领导方式,规范党组工作、纪律检查工作、组织工作、宣传工作、政法工作、统一战线工作、军队工作、群众工作等方面的法规。已制定党的领导方面的党内法规主要有《关于加强党领导立法工作的意见》《中国共产党党组工作条例(试行)》《中国共产党统一战线工作条例(试行)》《党政机关信访工作暂行条例(草)》《中国人民解放军政治工作条例》等。

落实党的十九大提出的坚持党对一切工作的领导,确保党始终总揽全局、协调各方总要求。《中央党内法规制定工作第二个五年规划(2018—2022年)》对完善党的领导法规作出新的部署。未来五年要重点制定中国共产党重大事项请示报告条例,党中央领导全面深化改革工作、经济工作、法治工作等方面的规定,中国共产党农村工作条例、宣传工作条例、组织工作条例、政法工作条例、机构编制工作条例、群团工作条例、外事工作条例、人才工作条例等党内法规;修订中国共产党统一战线工作条例(试行)、中国人民解放军政治工作条例等党内法规。其中,《中国共产党重大事项请示报告条例》《中国共产党农村工作条例》《中国共产党宣传工作条例》《中国共产党政法工作条例》《中国共产党机构编制工作条例》已经制定印发。

4. 政治建设法规

党的政治建设是党的根本性建设,决定党的建设方向和效果。党的十九大明确提出党的政治建设这个重大命题,强调党的政治建设是党的根本性建设,要把党的政治建设摆在首位,以党的政治建设为统领全面推进党的各项建设,带动党的建设质量全面提高。2019年1月25日,中共中央政治局召开会议,审议《中共中央关于加强党的政治建设的意见》,该意见明确规定,保证全党服从中央,维护党中央权威和集中统一领导,是党的政治建设的首要任务,是最根本的政治纪律和政治规矩。该意见明确提出了建立党的政治建设规范体系的要求,指出"加强党的政治建设,要把建章立制贯穿全过程各方面,建立健全长效机制,形成系统完备、有效管用的政治规范体系,真正实现党的政治建设有章可循、有据可依"。因此,按照党的十九大报告精神和《中共中央关于加强党的政治建设的意见》的要求,我们有理由将党的政治建设的党内法规作为党内法规的独立部门,以此推动党的政治建设法规部门的制定、修改和完善。根据《中共中央关于加强党的政治建设的意见》的要求,当前党的政治建设的主要内容是,全党坚决维护习近平总书记党中央的核心、全党的核心地位,坚决维护党中央权威和集中统一领导;坚定政治信仰,严明党的政治纪律和政治规矩;加强和规范新形势下党内政治生活;正风肃纪、反腐除恶,为党和国家事业发展提供了坚强政治保证。目前已经出台的党的政治建设的党内法规主要有:1980年2月29日中国共产党第十一届中央委员会第五次全体会议通过的《关于党内政治生活的若干准则》、2016年10月27日中国共产党第十八届中央委员会第六次全体会议通过的《关于新形势下党内政治生活的若干准则》、2019 年 1 月 25 日中共中央政治局审议通过的《中共中央关于加强党的政治建设的意见》《中国共产党重大事项请示报告条例》以及《中国共产党章程》和《中国共产党纪律处分条例》有关政治纪律和组织纪律规定的内容。

我们下一阶段党的政治建设法规的制定、修改和完善,在推动上述党的政治建设法规执行的基础上,重点制定和完善关于政治信仰、政治领导、政治能力、政治生态等方面党的政治建设法规。

5. 组织建设法规

组织建设法规是指用以规范党的组织建设方面的工作和活动,主要包括规范党的组织制度、组织机构、党员队伍、干部队伍等方面的法规。

将党的组织原则、各级党组织的构成、党员干部、职权以及党的组织和机关工作方面的法规划为同一部门原因在于以下两方面:

第一,党的各级组织组成和发挥作用的过程决定了这四方面的法规是一体的。以一定的原则和方式将党员组织起来,就构成了党的组织,党员干部的选拔、培训、任用、考核、问责,是这一过程的重要内容。下级党组织服从上级党组织,地方各级党组织服从党中央,这样全党上下就组织和团结在了党中央周围。党的组织建设是党的建设的重要内容,是党自身繁荣发展的保证。党的组织建设遵循民主集中制原则;民主选举是党的各级组织最基本、最重要的组成方式;各级党组织完成其规定的职责、任务,是通过党组织的机关完成的。这样党组织就在中央的指挥下统一活动。因此,这四方面的党内法规是有着天然的紧密联系的。

第二,党的组织建设的内涵本身就包含这四个方面的党内法规。党的组织建设,是将民主集中制原则更好、更全面地贯彻到党的组织和活动的方方面面,具体而言就是党的各级组织在选举中落实好民主选举,在各级党组织和机关工作中,执行好少数服从多数、下级服从上级、地方服从中央。这四个方面是党的组织建设的内涵,也是党的组织建设的工作方向。

党的组织建设法规部门是相对齐全和成熟的党内法规部门。目前已制定该部门党内法规(有些条例经过几次修改)主要有,《党政领导干部选拔任用工作条例》《党政领导干部职务任期暂行规定》《推进领导干部能上能下若干规定(试行)》等。

按照《中央党内法规制定工作第二个五年规划（2018—2022 年）》的部署,今后五年需要修订党政领导干部选拔任用工作条例、中央企业领导人员管理暂行规定等党内法规。

6.思想建设法规

党的思想建设是以党的理论武装全党,保持党员的党性、先进性和纯洁性,同时加强党员的道德建设,使党员和党员干部成为德才兼备的社会主义建设者,能积极影响和带动群众的先锋模范。思想建设是党的建设的重要内容,党的思想建设的内容,党章、准则和部分条例中都有涉及,但是总体而言,还欠缺专门的思想建设方面的党内法规,对党的思想建设的整体和各个方面进行规范。这一缺失使得党的思想建设的体系性、统一性和规范性缺乏保障,数量众多的党内规范性文件虽然涉及面广,但存在效力不强、规范性不足,以及在操作上难以统一等诸多问题。因此,关于党的思想建设方面的党内法规的制定,是党的思想建设工作的重中之重,也是完善党内法规体系的重要方面。

思想建设法规部门范围,《中央党内法规制定工作五年规划纲要（2013—2017 年）》概括为三个方面,即党员干部理论学习制度、党员党性教育和分析制度、党员干部道德建设制度。《中央党内法规制定工作第二个五年规划（2018—2022 年）》只提到制定党员教育管理工作条例,没有提及其他内容。中共中央办公厅法规局编法律出版社出版《中央党内法规和规范性文件汇编（1949 年 10 月—2016 年 12 月）》,则将思想建设法规主要限定在干部理论学习方面,如学习邓小平理论、"三个代表"重要思想、科学发展观,以及"学党章党规,学系列讲话,做合格党员"等宣传教育方面;而将党员教育培训、党校工作、干部教育培训纳入组织建设法规。这是按照党的宣传部门和组织部门的不同工作职责进行的法规部门分类,这种归类其好处是按工作职责划分法规部门便于开展工作,但缺点是打破了按调整对象划分党内法规部门的标准,将思想建设中的党员干部理论学习制度、党员党性教育和分析制度、党员干部道德建设制度分割在不同法规部门,打破了同类法规部门内在的体系结构。

从学理上讲,思想建设法规部门的内部体系应当包括党员干部理论学习制度、党员党性教育和分析制度、党员干部道德建设制度。主要法规包括党员和党员领导干部理论学习的法规,目前尚未制定主干党内法规,大多是通知或决定等非规范性文件,如《中共中央关于全党学习〈邓小平文选〉的通知》《中共中央关于学习〈江泽民文选〉的通知》《中共中央关于学习〈胡锦涛文选〉的决定》《关于在全体党员中开展"学党章党规,学系列讲话,做合格党员"学习教育方案》等;党员干部的教育培训方面已经制定主干党内法规,包括《中国共产党党校工作条例》《干部教育培训工作条例》《中央组织部关于加强和改进基层干部教育培训工作的意见》《关于在干部教育培训中进一步加强学员管理的规定》等;但党员党性教育、党员和党员干部道德教育的法规主干党内法规尚未制定。按照《中央党内法规制定工作第二个五年规划(2018—2022年)》的内容,包括《中国共产党宣传工作条例》《中国共产党党员教育管理工作条例》等党内思想建设法规。

7. 作风建设法规

党的作风建设是指在党员和党员干部在生活、工作中传承和发扬党的优良传统和优秀的思想作风、工作作风、生活作风等,克服形式主义、官僚主义、享乐主义和奢靡之风等不良作风,以保持党的良好形象,维护好党和人民的血肉联系。党一向重视作风建设,党的作风建设也是党的建设的重要方面,但是关于党的作风建设的党内法规数量却相当有限,且涉及面也相当有限。目前,这一法规部门主要有关于党员和党员干部联系群众的法规,如《十八届中央政治局关于改进工作作风、密切联系群众的八项规定》等;厉行节约反对浪费的法规,如《党政机关厉行节约反对浪费条例》《党政机关国内公务接待管理规定》等;领导干部待遇方面的法规;党风惩戒方面的法规,如《湖北省解决党政机关"门难进、脸难看、事难办"问题的若干规定》。下一阶段需要制定或修改完善的关于党政领导干部住房、办公用房、用车、工作人员配备、医疗、休假休息、交通、安全警卫方面的规定。

8. 纪律建设法规

《中国共产党章程》明确规定:"党的纪律是党的各级组织和全体党员必须遵守的行为规则,是维护党的团结统一、完成党的任务的保证。"党的纪律简称"党纪",有广义和狭义之分,广义的党纪是指中国共产党的纪律,是按照民主集中制的原则,根据党的性质、纲领和贯彻党的路线方针政策的需要而确立的党内监督、纪检、纪律处分和问责等方面党内法规的总称。狭义的党纪主要是指《中国共产党纪律处分条例》规定的党的纪律,党的纪律主要指政治纪律、组织纪律、廉洁纪律、群众纪律、工作纪律和生活纪律。

　　我们认为根据党章规定和党的建设总体部署,党的纪律法规包括党内监督法规、党的纪律检查法规、党的纪律处分法规、党内问责法规等方面的内容。这一部类党内法规包括党内监督法规,如《中国共产党党内监督条例》《关于党员领导干部报告个人有关事项的规定》《关于党员领导干部述职述廉的暂行规定》等;党的纪律检查形式及机关、权限设置法规,如《中国共产党巡视工作条例》等;党的纪律处分和问责法规,如《中国共产党纪律处分条例》《中国共产党问责条例》等;党的纪律检查程序法规,如《党的纪律检查机关案件审理工作条例》《中国共产党纪律检查机关案件检查工作条例》《中国共产党纪律检查机关控告申诉工作条例》等。

　　按照《中央党内法规制定工作第二个五年规划(2018—2022年)》的部署,党的监督保障法规包括:党政领导干部考核工作条例、纪律检查机关监督执纪工作规则、党内关怀帮扶办法、组织处理办法等党内法规;中国共产党纪律处分条例、中国共产党问责条例等党内法规。

党内法规科学立法研究[*]

卫 霞^{**}

摘要：从党内法规的发展历史来看，体系化与规范化是基本发展趋势，党内法规的发展需要利用现有的国家立法的技术。中央层面的党内法规的程序性内容、价值目标和基本范畴等已经体现出了法律所表现的基本特征，而地方层面的党内规范性文件不仅需要细化党内法规的程序设计，还需要以法的理念推动地方党委作为"立规主体"的科学化实践探索。

关键词：党内法规；历史发展；立法技术；审查备案

从知网检索来看，主题为"党内法规"的论文有 5357 篇（1986 年至 2019 年），2013 年开始党内法规的建设进入了繁荣阶段（228 篇），2017 年达到高峰（1020 篇）。此外，关于党内法规的著作近年也颇丰，获批的各级课题也不少。

国内关于党内法规的研究主要集中在以下几个方面：一是关于党内法规的词源与内涵。二是党内法规是不是法的争论。有不少学者认为党内法规不是"法"，理由是"法"是一个国家范畴，把国家的"法"直接用于党内不合适，也有学者论证了党内法规提法的合理性，并认为党内法规属于法的范畴。还有学者提出党法是软法。三是党内法规史研究。四是党内法规实施问题研究。五是党内法规立法的研究，有关学者主要探讨了如何改进党内法规的立法、完善省级先行先试的党内立法、党内立法与国家立法的协调以及立法审查备案制度的探讨等方面。六是党内法规功能研究方面主要集中在党内法制、依法治党以及预防和惩治腐败等方面。

国外关于党内法规的研究，有专门研究苏联法律及党政制度的美国学者

---

* 基金项目：中共甘肃省委党校创新工程科研支撑项目"党内法规科学立法研究"的阶段性成果。

** 卫霞，女，中共甘肃省委党校党内法规研究中心副教授，法学博士。

哈译德,在 20 世纪 60 年代曾经将我党的"一大"党纲和"二大"党章进行纵向比较,又与相应时期的苏联共产党党章进行了横向比较。1984 年 9 月,一批西方学者在德国基尔举行了一次关于执政的共产党及法律地位的国际学术会议。后来他们合作撰写了《共产主义世界党章汇集》。

一、党内法规的立法阶段

(一)第一阶段:民主集中制下的党内法规

"党内法规"是 1938 年由毛泽东同志首次在党内提出的。毛泽东同志在党的六届六中全会上指出,"还须制定一种较为详细的党内法规,以统一各级领导机关的行动"。在这次会议上,刘少奇同志就起草关于中央委员会工作规则与纪律、各级党部工作与纪律、各级党委暂行组织机构 3 个决定作了《党规党法的报告》。1945 年 5 月,刘少奇同志在中共七大上作关于修改党章的报告时指出:"党章、党的法规,不仅是要规定党的基本原则,而且要根据这些原则规定党的组织之实际行动的方法,规定党的组织形式与党的内部生活的规则。"1962 年 2 月,邓小平同志在扩大的中央工作会议上指出:"我们还有一个传统,就是有一套健全的党的生活制度……这些都是毛泽东同志一贯提倡的,是我们的党规党法"。①

可见,党内法规的产生以及被重视主要是服务于"民主集中制",即强调的"四个服从"——个人服从组织、少数服从多数,下级服从上级,全党服从中央。刘少奇所做的《党规党法的报告》主要是工作规则与纪律。邓小平将党规党法与"党的生活制度"相联系,进一步说明这一时期对于党内法规的认识主要在于它的"对内作用"。这一阶段并没有提及党内法规与一般法律之间的关系的原因还在与对于法律的轻视,或者说,法律制度的欠缺致使党内法规与国家法律的关系问题尚没有浮出水面。

(二)第二阶段:与国法关系下的党内法规

1978 年 12 月召开的中央工作会议上,邓小平同志不仅再次使用了"党规

---

① 李林:《论"党内法规"的概念》,《法治现代化研究》2017 年第 6 期。

党法"的概念,而且对党规党法与国法的关系做了言简意赅的阐释,明确提出:"国要有国法,党要有党规党法。党章是最根本的党规党法。没有党规党法,国法就很难保障。"

1990年7月,中共中央首次以党内法规的形式——《中国共产党党内法规制定程序暂行条例》规定"党内法规是党的中央组织、中央各部门、中央军委总政治部和各省、自治区、直辖市党委制定的用以规范党组织的工作、活动和党员的行为的党内各类规章制度的总称",并对党内法规的名称、适用范围、制定主体、制定程序等做了规定。1992年10月,党的十四大修改通过新党章,第一次以党内根本大法的形式正式确认了"党内法规"这一概念,明确规定各级纪委负有维护党章和其他党内法规的重要职责。2001年7月,江泽民同志在《庆祝中国共产党成立八十周年大会上的讲话》中指出:"各级党组织和每个党员都要严格按照党的章程和党内法规行事,严格遵守党的纪律"。2006年1月,胡锦涛同志在十六届中央纪委六次全会上提出:"要适应新形势新任务的要求,加强以党章为核心的党内法规制度体系建设",这是党的领导人首次提出党内法规制度体系建设目标任务,具有重大战略指导意义。

"文革"结束后,法制不健全的危害性与危险性暴露无遗,以邓小平同志为核心的党中央开始重视法律的作用,于是党法与国法的关系开始浮出水面。邓小平同志从"国有国法,党有党规"说明党法与国法的不同,"没有党规党法,国法就很难保障"说明二者之间的联系,表明中国共产党居于领导地位,其自身建设对于国家法制具有决定性的作用。1990年制定的《中国共产党党内法规制定程序暂行条例》以及1992年党章的修改,标志着"党内法规"用语的规范化。这一时期非常重视基于自身建设的党内法规的发展,胡锦涛同志第一次提出关于党内法规"体系建设"值得注意,表明党内法规达到一定的数量后面临着类似于不同层级立法的问题:如何相互衔接、如何处理冲突、如何规范程序。

(三)第三阶段:依法治国下的党内法规

2013年5月27日发布了《中国共产党党内法规制定条例》。2014年10月,党的十八届四中全会第一次在中央全会文件中提出"形成完善的党内法规体系"的战略任务。同月,习近平总书记在《加快建设社会主义法治国家》的重要讲话中,进一步明确提出:"要完善党内法规制定体制机制,注重党内法规同国家法律的衔接和协调,构建以党章为根本、若干配套党内法规为支撑的党内法规制度体系,提高党内法规执行力。"①2016 年 12 月,习近平总书记就"加强党内法规制度建设"强调党的十八大以来,党中央高度重视党内法规制度建设,推动这项工作取得重要进展和成效。加强党内法规制度建设是全面从严治党的长远之策、根本之策。我们党要履行好执政兴国的重大历史使命、赢得具有许多新的历史特点的伟大斗争胜利、实现党和国家的长治久安,必须坚持依法治国与制度治党、依规治党统筹推进、一体建设。要按照十八大和十八届三中、四中、五中、六中全会部署,认真贯彻落实《中共中央关于加强党内法规制度建设的意见》,以改革创新精神加快补齐党建方面的法规制度短板,力争到建党 100 周年时形成比较完善的党内法规制度体系,为提高党的执政能力和领导水平、推进国家治理体系和治理能力现代化、实现中华民族伟大复兴的中国梦提供有力的制度保障。党的十八大以来,中央党内法规制定工作推进力度之大、质量之高前所未有。5 年多来共制定修订 140 多部法规,约占 220 多部现行有效中央党内法规的 60%。

2017 年 6 月,中共中央印发《关于加强党内法规制度建设的意见》:"探索赋予副省级城市和省会城市党委在基层党建、作风建设等方面的党内法规制定权。"2019 年 9 月印发了修订后的《中国共产党党内法规制定条例》《中国共产党党内法规和规范性文件备案审查规定》和新制定的《中国共产党党内法规执行责任制规定(试行)》。

党的十八大以后,党内法规进入快速完善的阶段。"工作推进力度之大、质量之高前所未有",从上面所列的数字就可以看到。其原因在于以下几个方面:一是全面推进依法治国战略的确定,国家治理要减少红头文件与个人意志,进行规范化的发展,地方立法权的扩大的目的也在于此。二是将党内法规纳入到依法治国的范畴中,重新诠释了中国特色社会主义法治的内涵与外延,党内法规在理论和实践上进入了成熟时期。三是从严治党理念的加强,党的

---

① 《习近平谈治国理政》第二卷,外文出版社 2017 年版,第 119 页。

组织建设、纪律建设等需要强化和规范。这一阶段带来了大量的理论问题需要探讨,比如:党内法规纳入到依法治国体系后,如何重新定义社会主义法治的问题? 党内法规与国家法律之间的关系是外部问题还是内部问题? 纳入"法"的体系后,党内法规的制定程序及立法技术如何规范? 除此之外,党内法规与国家法律之间的关系问题仍然存在很多理论的盲区,需要探讨。这里所说的探讨,不仅仅是对于中央文件和讲话的简单诠释,而是在理论层面上系统构建。

总而言之,党内法规伴随着中国共产党的成立而出现,伴随中国共产党的发展而发展,伴随党的壮大与完善而逐渐体系化,党内法规是党的事业的重要保障。

二、党内法规在立法技术上与国家法律的趋同性

中国共产党在我国政治生活中处于领导地位,对党自身行为和关系的调整往往通过党对国家和社会的政治、思想和组织方面的领导而进入国家层面,从而成为一种被全社会所接受和认同的执政行为。因此,在中国对于中国共产党党内法规的科学立法研究就成为一个现实的学术问题。

党内法规是党的中央组织,中央纪律检查委员会以及党中央工作机关和省、自治区、直辖市党委制定的体现党的统一意志、规范党的领导和党的建设活动、依靠党的纪律保证实施的专门规章制度。①《中国共产党党内法规制定条例》明确了党内法规的制定范围。《中国共产党党内法规制定条例》明确了党内法规的制定主体与权限,包括了党的中央组织制定中央党内法规的事项;中央纪律检查委员会以及党中央工作机关就其职权范围内有关事项制定党内法规的事项;省、自治区、直辖市党委就其职权范围内有关事项制定党内法规。

名称与效力位阶的一致性与国家法趋同。《中国共产党党内法规制定条例》规定党内法规的名称为党章、准则、条例、规定、办法、规则、细则。《中华人民共和国立法法》规定法律名称为宪法、法律、法规、规章。

---

① 《中国共产党章程》第三条。

　　立改废释也与立法法相关规定一致。① 例如,下位法与上位不相抵触。②
例如,有关党内法规的制定程序明确规定了党内法规的规划与计划;党内法规
的起草;党内法规的审批与发布。这一系列的程序都借鉴了国家法律的制定
程序。从理论和实践发展看,因党内法规建设的历史较短,学术研究亟待深
入。治国必先治党、治党务必从严,有效地发挥党内法规的指引作用,形成一
种规制权力的规范,为了与修订后的《中国共产党党内法规制定条例》立法程
序的科学性和规范性相匹配,应该加大党内法规实体法的文本科学性和法理
内涵的研究。

(一)党内法规文本科学性

　　党内法规法条应该如同国家法律一样有其明确的内涵和严格的外延。很
少有学者深入讨论党内法规本身的结构、功能、性质、特征、内涵以及其所调整
的有关党内关系,往往不能深入地理解党内法规所规范的党内各种主体的行
为和关系。这导致部分党内法规的研究停留在了说教的层面上,对党的实务
活动指引不够。

　　中国共产党通过党内的立法程序将这些指导中国革命、建设的经验上升
为党的法规。这些党内法规在党内具有约束力和规范性。尽管党内法规建设
也取得了不小的成绩,但是与国家法律体系建设相比,党内法规建设相对滞
后,甚至在很多方面,已经影响到国家法治建设的全面推进。党内法规立法缺

---

　　① 《中国共产党党内法规制定条例》第三十四条:"党内法规需要进一步明确条款具体含
义或者适用问题的,应当进行解释。中央党内法规由党中央或者授权有关部委解释,中央纪律
检查委员会以及党中央工作机关和省、自治区、直辖市党委制定的党内法规由制定机关解释。
党内法规的解释同党内法规具有同等效力。"第三十五条:"中央纪律检查委员会以及党中央工
作机关和省、自治区、直辖市党委制定的党内法规应当自发布之日起 30 日内报党中央备案。中
央办公厅按照有关规定负责具体审查工作。"

　　② 《中国共产党党内法规制定条例》第三十二条:"中央纪律检查委员会以及党中央工作
机关和省、自治区、直辖市党委制定的党内法规有下列情形之一的,党中央予以责令改正或者撤
销:(一)同党章、党的理论和路线方针政策相抵触;(二)同宪法、法律和行政法规相抵触;(三)
同上位党内法规和规范性文件相抵触;(四)其他应当责令改正或者撤销的情形。不同部委制定
的党内法规对同一事项作出的规定相冲突的,提请党中央处理。"第三十三条:"同一制定机关制
定的党内法规,一般规定与特别规定不一致的,适用特别规定;旧的规定与新的规定不一致的,
适用新的规定。"

乏总体的规划和与之相配套的立法技术。

党内法规文本用语的科学性有待提升。党内法规不仅仅表现为四个服从,而是体现了制定程序的法治化,权利对权力的制约化。这是党内法规规范性的明显标志。党内法规的规范性决定了它的效率性。党内法规是抽象的、概括的,通过规范的安排和指引,即规范性调整,它就能对一切同类主体和同类行为发挥作用。用语的科学性有助于提升党内法规的公信力和党内法规的执行力。

(二)党内法规是以权利义务为核心内容的

党内法规规范中的行为模式是以授权、禁止和命令的形式规定了权利和义务;党内法规规范中的法规后果就是对权利和义务的再分配。党内法规对人们行为的调整主要是通过权利和义务的设定和运行来实现的,因而党内法规的内容主要表现为权利和义务。党内法规上的权利义务具有确定性和可预测性的特点,它明确告诉党内主体该怎么样行为,不该怎么样行为以及必须怎么样行为。

法律是司法以及行政行为的权威性依据和指导,同时使人们得以对上述行为建立预期。法规或者条文之所以被称为规范,就在于它授予人们一定的权利,告知怎样的主张和行为是正当的、合法的,受到国家的肯定、支持和保护,或者给人们设定某种义务,指示人们怎样的行为是应该的、必须的、不该的或者禁止的。是否授予权利、设定义务是检验一个法条是不是法律规范的标准。提高党内法规文本的科学化水平,这就需要明确各执行主体的权利义务。

党内法规是通过规定党内主体的权利和义务来分配资源,进而影响党内各个主体的动机和行为。对于权利和义务的规定是双向的。权利以其特有的利益导向和激励机制作用于人的行为,并且权利可以诱使利己动机转化为合法行为并产生有利于党内关系的后果。义务往往意味着责任后果,它能促使党内法规主体不去做党内法规禁止的行为。

(三)党内法规的救济

目前研究从政治学、历史学、组织学、社会学、党建角度开展。从法学角度对党内法规进行的研究少。有学者从法律关系、党内部门法体系(党章、思想政治法规、组织法规、纪律法规等)等角度进行探讨。党内法规的运行机制中的救济程序研究也只是刚刚开始。

如果违反党内法规的行为得不到惩罚,党内法规所体现的意志就得不到贯彻和保障,那么党内法规的规定在许多方面就变得没有任何意义。例如,党的纪检部门和其他有关的有权组织被授权采取强制措施时,程序的正当化不足。党内法规关于实体性问题的规定较多。又如,在党章中规定了党员权利的内容,在党员权利保障条例中又进一步对党员的权利内容作了细化,但是这两个法规都没有规定通过何种程序来保障党员权利的实现,操作性不足。

虽然十六大对党章中党内议事和决策程序的重大修订,表明我党对程序正义的关注。之后逐步增加了党内监督、党员处分、干部任免等程序性规范,但是程序方面的研究仍然有待加强。例如,党内法规执行主体在执行过程中对违反程序的主体多数为组织时追责机制难以落实。又如,权利救济是公民权利因党内法规执行而遭受损害时的最后一道屏障,但目前人大无权审查,行政机关无权干涉,并不具有司法适用性,这就导致党员的权利救济缺乏保障。

三、地方党委党内法规的科学实践

据中共中央办公厅法规局统计,截至 2017 年年底,全党约有 2400 部党内法规,其中中央党内法规 170 多部、部委党内法规 200 多部、地方党内法规 2000 余部。数字显示地方党内立法占的比重很大,地方党内规范性文件比重更大。地方党内法规建设应基于地方职责定位,研究地方短板,始终围绕党委的职能和角色、为解决党的问题而进行制度建设。例如,2015 年中央全面深化改革领导小组第十四次会议审议通过了《环境保护督察方案(试行)》《生态环境监测网络建设方案》《关于开展领导干部自然资源资产离任审计的试点方案》《党政领导干部生态环境损害责任追究办法(试行)》等文件,"高规格"聚焦环保问题,创造性地提出"党政同责"。

事例一:地方党委作为"立规主体",依其权限积极实践探索。

在祁连山环境事件以后,张掖市修订发布《张掖市党风廉政建设考核办法(试行)》《张掖市党风廉政建设考核细则》,把学习贯彻《中国共产党问责条例》《甘肃省党政领导干部问责实施办法(试行)》的情况纳入落实主体责任检查考核的主要内容,纪检监察机关与组织部、督查考核局建立考核结果共享机制,严格执行考核结果与班子总体评价挂钩、市纪委制定出台《关于在祁连山生态环境保护修复中加强问责工作的通知》《关于在生态环境保护与修复工作中做好失职失责问题线索移交的通知》,有关部门单位及相关责任人按照市委、市政府《中央环境保护督察反馈问题张掖市整改"1+7"行动方案》和《张掖黑河湿地国家级自然保护区生态环保问题深化整改实施方案》落实环境保护。

但是通过文本分析发现这几部党内规范性文件存在以下问题:

(1)问责主体的责任缺位。

对黑河湿地国家级自然保护区内生态环境问题的问责《条例》和《办法》的第四条都明确规定:"党的问责工作是由党组织按照职责权限"依规实施,开展党内问责工作的主体是各级党组织,纪委及党的工作部门对党的领导干部有通报、诫勉的决定权,有提出组织调整或者组织处理的建议权。由此可见,有管理权限的各级党组织和党的工作部门,如组织部、宣传部、统战部、政法委等党委工作部门都有权、有责任进行问责,纪委只是问责主体之一,但在实际工作中,一些党组织习惯上把问责工作全部交给纪委,各级党委(党组)、党的机关和党的工作部门则置身事外。

(2)问责范围无限扩大的问题。

《条例》第四条、《办法》第五条明确规定,"问责对象是各级党委(党组)、党的工作部门及其领导成员,各级纪委(纪检组)及其领导成员,重点是主要负责人"。这表明,《条例》《办法》主要针对各级党组织和党的领导干部,重点是党员领导干部这个"关键少数",一般不适用于普通党员。在调研中发现在具体工作中,一些单位把《条例》《办法》作为管理干部的手段,有违《条例》《办法》的精神实质。

(3)缺乏党内问责的配套机制。

其一,需要建立党内问责启动机制。问责问题线索发现、巡视巡察、审计监督、检查考核、干部考察、行政执法、司法监督和督查调研方面发现的问责问题线索移交渠道,对启动问责的程序作出规定,进一步明确哪些决定不需要报请,哪些需要纪委、党的工作部门共同实施。

其二,问责联动机制。党内问责主体包括党委、纪委和党的工作部门,落实问责决定监督"软化"。尽然从中央到地方制定了许多加强党风廉政建设的政策和法规,各单位内部也制订了不少有关廉洁从政的规定和制度,但表现为"四多四少":即应急性、临时性的规定多,注重长效治本的规定少:正面规范行为的规定多,违反规定的处置措施少:过于抽象、笼统、弹性大的规定多,具体可操作的规定少:建章立制的多,严格执行的少。致使制度监督的"硬度"不够。

其三,监督。现实生活中,无论是纪检部门对民主党派、人大、政协、新闻媒体对权力决策参与都不够深和不够广,甚至在某些情况下基本没有参与。由于监督的主体对一些重大决策,尤其是权力的运作缺乏了解,加上有的领导干部缺乏民主意识,使监督主体的不能充分享有知情权,想监督也无法监督。《中国共产党章程》《中国共产党党内监督条例》赋予的监督职能无法实现。

张掖市委制定出台了《张掖市党风廉政建设主体责任和监督责任追究办法》,市纪委制定出台了《张掖市纪检监察机关"一案双查"工作暂行办法》,对"一案双查"启动情形、适用对象、检查内容、程序方法做了详细规定。党内法规与一般法律符合一般法与特别法的关系。党员干部涉嫌违反党纪国法时,优先适用党内法规进行处理,党纪处理后,如果还涉嫌违反国家法律,再移送司法机关依法处理。

就张掖市事例来看,可能需要探索建立地方性党内法规制度实施评估机制,逐步推进党内法规实施后评估制度,以实施后评估制度的健全完善促进地方党内法规建设质量提升。

事例二:党内规范性文件审核备案制度的探索

2017年9月,甘肃省金昌市按照省委办公厅要求,将法规和文档职责分离,设立政策法规科,配备工作人员3名。该科室设立的目的是执行《中国共产党党内法规和规范性文件备案规定》,解决不报、迟报、漏报、一次性集中报备等问题,有效发挥备案审查作用,全面推进党内规范性文件备案制度向乡镇(街道、社区)党委延伸,确保各级党组党内法规工作方向正确。

金昌市根据《中国共产党党内法规制定条例》《中国共产党党内法规和规范性文件备案规定》,建立了党内规范性文件审核制度、备案制度和备案规程、党内法规联席会议制度、法律顾问制度等,促进了党内法规工作科学规范、严谨高效地开展。在文件审核工作中,重点把好政策法律关、格式体例关、语言文字关,确保党内规范性文件符合党中央和省委精神、符合金昌实际、反映基层群众意愿,与国家法律法规不冲突,不断提升文件质量。开展先行先试的党内法规五年规划和年度计划工作,定期清理工作的研究。做到下位党内法规不得同上位党内法规相抵触,同位党内法规对同一事项的规定不相冲突。2018 年以来制定的 123 件市委党内规范性文件全部按要求向省委进行了报备,并通过了备案审查,合格率达 100%:备案审查县区党委、市纪委监委机关和市委各部门单位党组(党委)党内规范性文件 116 件,准予备案 113 件。及时开展清理工作军民融合发展等市委党内规范性文件专项清理工作 3 次,废止文件 36 件,失效文件 12 件。目前,正在开展市委党内规范性文件第二次集中清理工作,共有 368 件文件纳入清理范围,已完成各部门意见征集工作,下一步金昌市委法规室将逐件审核各部门清理意见,确保 9 月底前高质量完成第二次集中清理工作。

《金昌市党内规范性文件备案制度》要求,坚持"有件必备、有备必审、有错必纠"的原则,认真做好党内规范性文件上报备案工作。其中备案范围包括市委各部委和县、区委在履行职责过程中形成的,具有普遍约束力、可以反复适用的决议、决定、意见、通知等文件,包括贯彻执行中央和省、市委决策部署以及指导推动经济社会发展、涉及人民群众切身利益、加强和改进党的建设等方面的重要文件。《中共金昌市委办公室党内规范性文件备案工作规程(试行)》为贯彻落实这些文件在党内法规管理中规范制定、审核、备案、清理等关键环节和重点任务,精简发文数量、严格控制发文规格。规范前置审核制度,如涉及重要民生的问题出台前征求意见和组织专家论证会;要求起草部门同步起草该文件的制定说明。加强备案审查制度,对报送的文件,注重合法合规性审查与适当性审查兼顾注重文件中规定的措施切实可行务实管用。推进县区党委各部门和县区党委批准设立的党组(党委)、乡镇党委(党工委)制定的党内规范性文件想县区党委报送备案工作。调研中了解到目前党内规范性文件存在备案过泛的问题,需要出台细则进一步明确备案范围。

金昌市还尝试建立地方一级的党内立法机关与国家立法部门之的沟通协调机制。党内立法机关与人大、政府法制部门,建立定期交流沟通协调的工作机制,研究解决党内立法与国家立法工作中需要双方协作和配合解决的重要问题。金昌市委党内法规工作联席会议制度,旨在搭建一个统一、权威、高效的跨部门会商协作机制,统筹推进全市党内法规制度建设各项工作、提高党内规范性文件制定质量。联席会议每半年召开一次,召集人为市委秘书长,市委秘书长无法出席会议时可由市委副秘书长、市委办公室主任代为召集。

　　中国共产党是中国社会的领导核心,同时中国共产党又是一个以信仰为纽带的政治团体,具备了内在的推动力和信仰的两个法治基础。马克思和恩格斯把无产阶级政党的内在规定以法律的成熟理念和体系来规范无产阶级政党的行为,使无产阶级政党的行为规范化、制度化和科学化。毛泽东曾经说:"政党就是一种社会,是一种政治的社会。"法治是这个时代给予我们的命题。中国共产党在中国的领导地位决定了对党内法规的研究成为一种必然的选择。以依规治党与依法治国相结合、纪严于法、纪在法前、纪法衔接为处理党纪国法关系的基本原则,以民主化、科学化、规范化、法治化和系统化为全面推进党内法规体系建设的基本要求。

党内法规备案、实施后评估、清理联动机制研究[*]

王建芹　刘丰豪[**]

摘要：党内法规的备案、实施后评估与清理三项制度作为党内法规体系的重要组成部分，是保障党内法规质量的重要手段，并共同构成了党内法规制度体系的反馈机制。三项制度虽然分属不同的制度环节，但却是相互联系的有机整体，要实现制度资源的最有利配置及有效利用，需要结合三者各自的职能定位形成相互关联、有机协调的联动机制，共同为党内法规的质量保驾护航。本文通过对备案、实施后评估、清理制度职能定位的分析，从标准、范围、主体、程序等方面入手，以实践中业已存在或可能存在的问题为导向，分别探讨备案制度与实施后评估制度、实施后评估制度与清理制度之间的关联性与统一性，探索三者在合作联动的过程中更好地完善党内法规制度体系的实践路径。

关键词：党内法规；备案；实施后评估；清理；联动机制

《中国共产党党内法规制定条例》（以下简称《制定条例》）这部"党内立法法"的实施为党内法规规范体系确立了基础，其中就包括以备案制度、实施后评估制度、清理制度所组成的党内法规反馈机制。其在党内法规制度体系中的定位绝非单一的制度环节而应是相互联系的有机整体，因此需要在实际

　　* 基金项目：国家社科基金项目"中国共产党党内法规实施后评估制度研究"（17BDJ033）阶段性研究成果。
　　** 王建芹，女，中国政法大学法学院教授，党规研究中心副主任；刘丰豪，男，中国政法大学法学院硕士研究生，党内法规研究中心科研助理。

工作中建立统一的联动性反馈机制,结合各自的定位与特点,共同推动党内法规制度体系的健全与完善。

　　在具体工作实践中,党内法规反馈机制的联动效应尚未得到有效的重视。《制定条例》中仅规定了备案、实施后评估、清理制度各自相应的主导(权力)主体、部分启动标准及个别程序事项等。同时在相关的规范中,目前仅有《中国共产党党内法规和规范性文件备案规定》(以下简称《备案规定》)就备案工作规范进行了具体规定,有关实施后评估制度和清理制度的相关规范条例尚未出台,导致实践中各部门、各地区基本依照原则规定自主探索开展工作。本文以备案制度、实施后评估制度、清理制度三项反馈机制作为一个整体,探讨机制间的联动与相互协调关系,目的在于实现资源的最有效利用。

一、备案制度、实施后评估制度、清理制度
在党内法规联动机制中的定位

　　党的十九大将全面从严治党作为新时代党的建设总要求之核心内容,而从严治党、依规治党的基础在于“规”字,即党内法规制度体系的有效建构。它不仅包括法规的覆盖面即数量要求,更包括法规的科学化即质量要求。党的十八大以来,党内法规制度不断出台,以条例为主干的党内法规制度体系架构逐渐形成,最大限度满足了制度供给的数量性要求,但质量要求相对而言仍处于相对落后的状态。中共中央《关于加强党内法规制度建设的意见》特别强调了质量这一关键。[①] 而以备案制度、实施后评估制度、清理制度为主的反馈机制可视为保障制度供给质量的重要防线,其机制可通过不同主体依不同目的按不同方式对党内法规进行的审查,以确保党内法规规范的科学性和有效性。

　　以宏观角度观之,备案、评估、清理等反馈机制作为党内法规整体的质量保证防线,需要在入围范围上涵盖各个方面,在审查过程中涉及层层考量,这并非任何单一机制的完善即可实现,亦非各项机制的简单叠加,而是需要机制

---

① 王建芹、农云贵:《法治视野下的党内法规评估制度》,《党政研究》2018年第1期。

间的相互协助、互不妨碍,才能形成完整的反馈机制体系,以期实现资源的最有效利用。为此,首要的任务便是确立各项机制在制度体系中的定位,包括但不限于制度特点、制度目的等方面。

（一）党内法规的备案制度定位

备案、评估、清理三项制度定位各有侧重,但既同属反馈机制,其最终目标必然是统一的,故三者拥有相似的制度模型亦不足为奇。其相似的核心在于为确保制度质量,均要包含"审查"这一环节。因此,欲探究三者在党内法规制度体系中的准确定位,首先需关注于三者"审查"概念的相似与区别。一般说来,备案、评估、清理制度就其本身均可划分为主体、范围、标准与程序四种组合,其中事关"审查"实质这一实体性规范的应属于范围与标准,因为它们会直接与制度本身特征互相作用,二者一旦确定,则理论上当次的备案/评估/清理的结果便确定了。因此分析备案、评估、清理三项制度的定位首先应从其各自的范围与标准入手。

党内法规备案的相关规定见于《制定条例》第 35 条及《备案规定》,《制定条例》中仅原则性地规定了除中央党规外的中央纪委、中央部门、省级党委所有党内法规及规范性文件均需备案,而《备案规定》中"有件必备、有备必审"的原则也将备案所涉范围之广抽象出来。同时,中央纪委、中央部门可就本系统进行备案,省级党委也应下备一级的规定,更是包含了两方面职责:"一是对所属本级党委工作部门和市地级党组织制定的规范性文件进行备案审查;二是指导下级党组织建立相应的规范性文件备案审查体制。"[1]唯一例外的中央党规也有应纳入备案的意见。[2] 凡此种种均反映了备案制度的全覆盖性质,同时也从侧面反映出其对保障党内法规制度质量的基础性地位,而全覆盖也意味着备案制度属于必然被动触发,不由外力决定的性质。

备案的审查标准是所有党内法规及规范性文件均需达到的。虽然在

① 王胡林、巩立良、龚贤:《完善省级党委党内法规和规范性文件的审查备案路径研究》,《法制与社会》2018 年 3 月。
② 王建芹、农云贵:《科学构建党内法规制度体系的三条进路》,《中共天津市委党校学报》2017 年第 6 期。

2019版《备案规定》中,审查标准似乎有所扩大①,但绝对不予通过的基础性错误②依旧可总结为:不与党的主张、宪法法律、上位规范相抵触,不与同位规范对同一事项的规定相冲突,以及符合制定权限程序及没有明显不当。③ 可以看出,上述标准是构成一套有序等级制度的规范体系最基本的条件,不仅是党内法规,上至国家法律下至自治规定,只要是有序等级式规范,必然会遵守相似的内部不冲突与目的不冲突原则。它意味着备案标准是一种基础性标准。

党内法规及规范性文件的备案具备范围的全覆盖与标准的基础性特征,与其说是反馈机制的一部分,不如说更接近于对党内法规及规范性文件制定环节的一部分(监督机制)。同时《制定条例》中的"中央备案"制度,即由中央办公厅承担的备案权,也实现了依制定主体而非规范位阶的备案等级制度,同样也强化了"监督"的意义。故理应将之定位为"监督",即全面、被动而基础的反馈。

(二)党内法规的实施后评估制度定位

党内法规实施后评估在现有制度层面仅限于《制定条例》中的原则性规定,因此探析其范围、标准进而明确定位需要借助于相近的立法后评估实践为基础来讨论。宏观上看,评估范围所涉及的问题中如何对待越级评估的范围——即如何处理不同等级党内法规因属同一功能或目的而需要一并进行评估时,评估主导方可选择纳入评估的规范的范围——因便于横向比较,而能较好地反应评估的特点。在实践中,虽然党内法规评估中尚无先例,但相近的立法后评估中已有相关案例:如全国人大内司委对残疾人保障法、法工委对中小企业促进法评估时不同程度地将其下各级相应法规规章一同纳入评估范围。具体而言前者向下涉及了70余部国务院部门规章、31部省级规章及少部分

---

① 2019《备案规定》第十一条:审查机关……从下列方面进行审查:(一)政治性审查……;(二)合法合规性审查……;(三)合理性审查……;(四)规范性审查……

② 2019《备案规定》第十九条。

③ 即原《备案规定》第七条:中央办公厅……主要审查以下内容:(一)是否同党章和党的理论、路线、方针、政策相抵触;(二)是否同宪法和法律不一致;(三)是否同上位党内法规和规范性文件相抵触;(四)是否与其他同位党内法规和规范性文件相抵触;(五)规定的内容是否明显不当;(六)是否符合制定权限和程序。

规范性文件,后者则向下涉及各地方实施条例28部。可以看出,向下涉及的评估范围并非一定,前者明显比后者范围更深更广。笔者认为这主要与被评估项目本身的特点相关,即二者颁布时间、管理对象等均有较大差异。这表明越级评估范围根据被评估规范的不同具有相当的灵活性,主导评估一方在此亦有较大的自主性和主动权。党内法规与国家法律广义上有相似的功能与位阶分野,因此党内法规越级评估理应具有同样特点。同样的,自微观角度视之,每一次评估范围的选择反映了具体将何种规范纳入审视,在此不论是立法后评估还是党内法规评估(如四川省委办公厅《省委党内法规实施评估办法(试行)》)都建立了有主观介入余地的筛选性标准,例如意见性标准(内外部意见多寡)、利益性标准(关切或影响社会、经济、民生等重大利益)等,强调对规范实施风险的针对性识别,从而使有限的评估资源得以良好运用。

在标准方面,目前党内法规评估标准尚未有明确规定,各地只能依据相关原则性规定进行理解,如四川省委办公厅《省委党内法规实施评估办法(试行)》中提出了"政治性、合法性、合理性、协调性、操作性、实效性、规范性"八项标准,而立法评估中则有更加细致的区分,即:合法性、合理性、协调性、适宜性、执行性、可行性、实效性、实践性、实用性、效益性、目标绩效性、社会影响性、技术性、科学性、规范性、可理解性、认知性等。[1] 评估主体会根据不同的评估目的和效果取向,在个案中根据特定评估对象的特质,在众多标准中做出合理的判断与组合。[2] 这不仅意味着评估标准的多样性与个案化,还意味着相较于简单的形式、和谐的更高标准、更加精确的要求,且在单次评估中会根据评估主体与评估目的的需要而非被评估规范本身进行当次的评估标准选择。换言之,即使被评估规范在其他评估标准下表现不符合,只要没有被纳入本次评估主体或评估目的的预选标准,即可被认为通过。

党内法规制度的实施后评估具备范围上的针对性、灵活性以及标准上的个案化与高要求,因此在评估中离不开评估主体主动性的发挥,以实现有的放

---

① 袁曙宏主编:《立法后评估工作指南》,中国法制出版社2013年版,第49页。

② 王建芹、徐君婷、车蕊:《国家治理视域下党内法规实施后评估标准的构建》,《治理现代化研究》2018年第6期。

矢与实效先行。故理应将评估制度定位于"补足"，即主动、实效及更高标准的反馈。

（三）党内法规的清理制度定位

党内法规的清理同样在《制定条例》中仅有原则性表述，仅从规范上寻求其定位线索较为有限。事实上，在 2012 年对新中国成立以来党内法规进行的集中清理活动中，依据的是《中共中央办公厅关于开展党内法规和规范性文件清理工作的意见》（以下简称《清理意见》）之规定。《清理意见》对本次清理范围的表述概要为：新中国成立以来中央（办公厅）文件形式、中央纪委、部门制定的、省级党委制定的党内法规与规范性文件，以及有实无名，具有党规效力可反复适用的文件。① 可见，本次清理的范围甚至已经超过了受溯及力所限的备案制度的范围。一般而言，无论是法律法规还是党内法规，清理工作"通常分为集中清理、定期清理和专项清理三种"②，因此，"无论《意见》还是《条例》都只是特殊状态下进行的党内法规清理制度尝试"③，换言之，集中清理并非清理制度的常态模式，全面的清理范围亦非唯一选择。如专项清理的范围会限定在某一系统的规范，而相近的"包裹式清理"则用于处理因需要规范的关系相对复杂，从而使得党内法规之间具备某种关联性的党规群。④ 即不以当次既定入选标准，而凭党规间关系紧密程度将之纳入清理审查范围。可以看出，党内法规清理范围依据不同需要既可覆盖式的基础性清理亦可针对式的灵活性清理。

党内法规的清理标准在《清理意见》中可总结为：同党的主张、宪法法律、上位规范、同类规范相抵触的废止，调整对象消失、无需继续执行的失效，不协

---

① 《清理意见》列入这次清理范围的是：新中国成立以来，以中共中央文件、中共中央办公厅文件形式发布的党内法规和规范性文件；中央纪委、中央各部门制定的党内法规和规范性文件；各省、自治区、直辖市党委制定的党内法规和规范性文件。清理的规范性文件包括：党的中央组织及中央纪委、中央各部门和各省、自治区、直辖市党委制定的，虽未使用党内法规名称和体例格式，但包含法规性内容、具有党内法规效力、可以反复适用的文件。

② 朱力宇、叶传星：《立法学》，中国人民大学出版社 2015 年版，第 211 页。

③ 王振民、施新州：《中国共产党党内法规研究》，人民出版社 2016 年版，第 153 页。

④ 陈志英：《省级党内法规清理研究》，《中国矿业大学学报（社会科学版）》2017 年 1 月。

调不适应不衔接不一致的修改，其他继续有效。① 对比备案标准可以看出清理标准是与之相近的，即使是需要主观判断的"四不"，对比于评估的相对高要求也有一定差距。但就此尚不能得出清理标准的基础性，因为当次清理为集中清理而非常态化的清理，其目标在于对新中国成立以来过于庞杂的党内法规制度进行摸底，属于针对当次清理的目的而制定的标准。随着党内法规制度及监督机制的完善，清理标准必将更加规范。笔者认为，届时清理将不仅仅依靠最基本标准来给备案制度"打补丁"，还将增加依照清理需求有针对性地筛选具体制度规范的专项清理部分，清理标准亦将从保障党规体系的和谐调整为满足党的政策主张的需要，成为党的主张"具有制度刚性"②的重要保障。这在相近的法规规章清理中已有先例，如国办《关于开展生态保护法规规章规范性文件清理工作通知》中就以"习近平生态文明思想和十八大以来党中央国务院生态保护文件精神"作为根本标准；再如《开展涉及产权保护的规章规范性文件清理工作的通知》中，以"平等保护各种所有制经济产权和合法权益"作为根本标准等等。另外，2019 版《制定条例》也将其初步宏观地确定为"特定内容或特定范围"。可以看出，一方面党内法规制度的清理审查与评估一样具有一定的范围与标准的个案属性；另一方面，不论是目前的集中式清理抑或未来的定期或专项清理，基本都围绕着保证现行规范符合因时因地制宜或党的政策主张调整而变化的现实要求。理应将之定位于"修正"。

　　以上可视为党内法规清理制度的"审查"部分，根据一般定义，"党内法规清理是指有权的特定主体在其职权范围内，以一定方式对一定范围内的规范文本进行审查，并确定其是否继续适用或是否修改、补充或废止的专门性立法活动"③。换言之，审查只是清理活动的一部分，加之后续的执行程序才能构

---

　　① 《清理意见》：对列入清理范围……按如下标准处理：(1)主要内容同党章和党的理论、路线、方针、政策及上位党内法规和规范性文件相抵触，同宪法和法律不一致，或明显不适应现实需要，或已有新的规定的，宣布废止；(2)调整对象已消失，或不需要继续执行的，宣布失效；(3)内容存在不适应、不协调、不衔接、不一致情形的，予以修改；(4)不存在上述问题的，继续有效。

　　② 王伟国：《国家治理体系视角下党内法规研究的基础概念辨析》，《中国法学》2018 年第 2 期。

　　③ 王建芹、农云贵：《党内法规清理的反思与法治化重建》，《学术探索》2017 年 12 月。

成清理制度的整体,即党内法规制定主体(也是清理主体)可依据清理的审查结论直接对党内法规制度进行废止、失效、修改的立法性活动。需要注意到,与备案中主体的责令解释直至撤销权不同,一则备案时不予通过的举证责任在备案主体,而清理的举证责任则依具体规定不同可分配给双方;二则备案时撤销规范于应用之前,而清理时修改规范于实践之后,因此执行审查结果对既存关系造成的影响大有不同,它使得清理工作中对审查本身及其结果的执行更为审慎,执行本身也成为清理定位的重要依据,即"修正"是具有执行性的。

二、备案制度与实施后评估制度的合作与联动

(一)范围与标准层面

备案与评估的定位在某种程度上可谓互补,对于被审查的规范而言前者倾向于全面、被动而基础的反馈,使党内法规有了底线;后者倾向于实效、主动而高级的反馈,使党内法规有了追求。如前所述,这种"互补"定位在体现"审查"实质的范围与标准中最为明显。因此,备案与评估的合作与联动主要体现为通过范围与标准的相异使二者各司其职,功能上互相补充,共同提高党内法规及相关制度的制定水平。

备案与评估的范围差异非常明显,前者与规范的制定紧密相连,涵盖所有的党内法规及规范性文件,后者则根据情况变化确定启动条件,即在范围上备案完全包含评估。同时备案制度可以看作规范之制定程序的一个环节,即规范发布后30日内需完成备案,而评估制度在党内法规及相似的立法后评估中的入选时间少则1年,多则3—5年甚至更长。据此我们可以得出:被纳入评估范围的党内法规是在备案时没有问题而经过一段时期后发现规范"可能有问题"而进行的纠错或"不能有问题"而设立的保险。当然备案的"问题"与评估的"问题"可能是不同的,这是因为备案与评估审查标准不同。前者除去"明显不当"这一兜底条款外,备案审查的基本标准主要集中在"于法不合",其"不合"不论是规范内容还是制定主体,亦不论其"法"是党规还是国法;后者标准虽然繁复,亦可大致总结为"于理不合",其"不和"之"理"不论是达成规范目的的最优解还是规范执行效率的最佳化。因此在审查标准的基本框架

上,"与法不和"及"与理不和"大致构成了备案与评估审查标准相异的基本原则。

但事实上二者的界限在实践中难以如此清晰界定:一方面,备案标准在实践中突破合法性审查的界限,向完全合理性审查发展的可行性不足,一则现行"中央备案"制度将各部门、省级的党内法规及规范性文件备案工作交由中办负责(实际上是其法制机构),审查压力较大①,即使 2019 版《备案规定》党委党组也对本级审查承担主体责任,但上级审查仍旧不可或缺,导致上级"侧重于备案而轻于审查"②的情况恐难在短时间内改变;二则《备案规定》中基于备案的性质要求需在 30 日内完成,扩大备案标准势必导致审查时间不足;三则规范的"合理与否"需要经过实践检验才能发现,备案时难以实现有效审查。另一方面,评估标准中包括合法性审查却是必要的,不仅在理论上实施后评估标准中合法性通常是与合理性、执行性共同作为核心标准,③实践中现行的立法评估制度也几乎全部包含备案意义上的"合法性"标准。同时,部分实施后评估是清理工作的前提,进行"合法性"评估亦属于必要程序。因此,实施后评估标准包括全部或部分备案标准是必要的,而备案标准目前却无须扩张,这是由备案制度的"底线性"定位所决定的。

(二)主体层面

备案与实施后评估主体层面的联动,首先需要明确其所涉主体。《备案规定》将中央纪委、中央部门、省级党委制定的党内法规及规范性文件备案工作交由中央办公厅承办,省以下规范性文件则依下备一级原则交由各级党委承办。原《制定条例》中则将实施后评估权④赋予党内法规制定机关、起草部

---

① 笔者未能查到部门与地方党规的各年制定数,但可以从 2018 年制定中央党规 74 部大略推算,如果其中有一半需要部门或地方党规细化某些条款,其中又有一半真的及时纳入地方立规规划,上述规范又有全国半数省党委进行制定工作,经三次减半仍有大约 315 部党内法规需要备案,而实际上只多不少。

② 赵成斐:《党内法规"一元多维"备案审查模式及效能发挥》,《苏州大学学报(哲学社会科学版)》2018 年 5 月。

③ 王建芹、徐君婷、车蕊:《国家治理视域下党内法规实施后评估标准的构建》,《治理现代化研究》2018 年第 6 期。

④ 因原《制定条例》中主体依职权"对执行情况实施效果开展评估",笔者以为可以视为实施后评估。

门和单位,2019《制定条例》甚至并未明确评估主体。可以看出备案主体较为集中而评估主体则较为分散,亦可以对单一规范由多主体进行评估。如前所述,现行党内法规备案制度导致备案主体尤其是中央层面的任务依旧十分繁重,重备轻审难言解决。其解决方法一般有两条,即减少审查抑或增加主体,前者通常"坚持关口前移,注重源头把关"①,通过加强规范制定者同层面审查环节,控制发文数量、严格制定程序,辅以奖惩制度②等从而减轻备案主体工作强度,这也是2019《备案规定》在某种程度上认可的方法。然此做法不免有自立自审之嫌,如若成为主流,则备案的监督定位容易名存实亡。后者则有"建立党内党外二元联动审查机制,比较有代表性的提法是建立联席会议制度进行备案审查"③等方法,通过委托等形式扩大备案审查参与主体,将规范制定与备案审查分开的同时减轻备案权主体工作压力,增加备案审查专业程度,提高备案水平。相比而言,后者无论在理论上还是实践中都更具优势,且并不违反2019《备案规定》的精神。在实践中,备案参与主体的增加不仅可以增强专业化水平,同时还可以实现与实施后评估主体的合作与联动,对于评估主体来说,其补足的定位决定了对规范的合理性审查是其主要方面,因此需要更加贴近实践,不仅需要更多相关主体的参与,也需要分析研判更多信息,必然存在与备案主体间的业务互通需要,在资源、工作、处理等三方面的合作与联动将有助于双方在各自领域的深化创新。

1. 资源互通

此处的资源主要指人力资源与信息资源。由于备案与实施后评估都有多主体参与的倾向,二者审查分工细化后必然会有重叠领域,此时就需要资源互通。就中央层面而言,中央纪委及中央部门进行实施后评估时,可向相应备案参与方(如"联席会议"及类似制度)寻求信息协助,反之亦然。地方上则主要是备案(指省级以下下备一级)与评估共享相关专家资料库④等。再有,评估所需大量信息中求诸备案者不在少数,如前所述评估与备案的时间差距一般

---

① 章汉进:《强化"五个意识"提升党内规范性文件备案水平》,《秘书工作》2016年11月。
② 如《备案规定》第十二条。
③ 赵成斐:《党内法规"一元多维"备案审查模式及效能发挥》,《苏州大学学报(哲学社会科学版)》2018年5月。
④ 张弛:《四大联动机制凝聚法规工作合力》,《秘书工作》2017年4月。

都以年为单位,实施后评估所求之"合理"往往以当下为视角,很可能需要备案时诸如规范制定说明以及备案主体要求下的特殊说明①等反映规范制定者真实意图等的相关材料,如对待评估规范的建议文件及处理反馈等可能影响评估重点的信息。此外不论中央还是地方,评估主体应均可以公函等形式向同级乃至越级的备案主体寻求信息支持。

2. 工作互助

不同于人力资源的互通共用,备案与实施后评估主体亦可以采用委托或协助方式以组织为单位相互参与。备案与实施后评估的审查环节虽然各有定位,但其需要的知识基础是相近的,在双方都有多参与主体倾向的情况下,主体间的联动与合作可以充分利用双方既成系统的优势:在中央层面主要体现为备案对评估主体的利用,如可将备案审查依其规范的专业性、紧急度、重要性等进行分类,将地方部分不甚重要的党内法规的审查委托于对口中央部门评估常设机构,利用其评估工作的知识基础,在减轻中央办公厅法制机构压力的同时更加科学高效地实施备案审查(前提是中央与地方的利益差大于等于部门分工之间的利益差)。而在地方层面则主要体现为评估主体对备案主体的利用,如省以下规范性文件的评估主体与下一位阶或同阶的备案主体的审查工作有所交叉时,可以寻求同级备案主体的协助,使之在党委协调下以组织形式承担部分工作。

3. 处理互补

处理互补主要指备案与评估的主体在交流互通的基础上,各自对具体规范的审查投入及处理结果既要各司其职也会有所交叉。虽然前述备案与实施后评估的范围与标准有所重合,但具体到个案,实施后评估依据评估目标不同一定是有所侧重的。对同一规范而言,由于先后顺序的问题,备案与实施后评估的处理联动意味着备案结果对评估审查投入及处理结果的影响。换言之,在二者可能重复审查的相关合法性标准领域,当评估目标的重点不在合法与否时,通过主体间互联互通使得已被证实与评估前无修改的国法党规、党的主张无冲突的待评规范推定为合法,以减少重复审查所投入的资源;对不同规范而言,实施后评估与备案的结果亦可对其后相应规范备案与评估的标准等方

① 《备案规定》第六至八条。

面产生影响,如不同规范的备案与实施后评估由不同主体主导时,即使涉及同一个合法性领域,"法"具体内容的解释也几乎不会完全相同,尤其是在细化原则方面,这意味着在后者可对在先者进行借鉴与精进,最终使得这一方面的审查标准不断进步。再有,评估的合理性审查结果的变化同样也可能导致今后备案中"明显不当"的判断标准有所不同。

(三)程序层面

党内法规备案与实施后评估的程序虽不尽相同,但都具备筛选、审查、反馈这一相近的基础框架,因此双方可以在基本原则、具体程序与监督作用上互有联动。

1. 基本原则部分共通

对于党内法规实施后评估而言,其程序设计的基本原则主要包括"民主参与原则、公开性原则、合法性原则、科学性原则与参照性原则"①。而备案程序原则虽未言明于《备案规定》,但仍可从实际规定中推知一二。其一,评估的民主参与原则是因为其合理性审查需要贴合实际、追求规范与实施的更高效率与更优结果,这是其补足定位所决定的;而备案欲缓解"备多审少"的问题,必然需要扩大备案参与主体,提高备案审查效率与专业性。其二,评估的公开性原则是在广泛的"自定自评"模式下,通过程序公开尽可能减少暗箱操作的风险,而备案则由于其监督定位绝大多数情况下与制定主体分离。其三,合法性原则自不待言,二者在程序设计上均需符合法律体系及党规制度体系。其四,评估与备案在运用多种方法保障程序效率效果上都需体现科学性原则,即审查高效与结果准确是共同的追求。其五,参照性原则主要指党内法规备案与实施后评估对相对较为成熟的立法后备案与评估的借鉴,以缓解党内法规备案审查积极性不高、争议解决机制缺失等问题,②同时为党内法规实施后评估统一规范的制定提供程序路径。应当说,党内法规制度备案与实施后评估的现行程序虽然在民主性、公开性原则方面尚难统一,但至少在合法性、科学性、参照性原则上是共通的。

---

① 王建芹、肖寓方:《试论党内法规实施后评估的程序设计》,《桂海论丛》2018年第5期。
② 王胡林、巩立良、龚贤:《完善省级党委党内法规和规范性文件的审查备案路径研究》,《法制与社会》2018年3月。

2. 具体程序互相借鉴

党内法规备案与实施后评估在具体程序上需要借鉴相对成熟的立法后备案与评估程序,但不可忽视差异,如在主体资源层面立法后备案具体承办的全国人大常委会的专门委员会与国务院法制办都是正部级,进行备案审查资源较为丰富;而党内法规(的上级审查)名义上由中央委员会承担,实际承办仅是中办法规局,备案层级偏低,地方也有类似情况,[①]可用资源不同会影响程序的复杂程度。又如在审查环节中相较立法后备案与评估,党内法规合法性不仅包括国法也包括党法,合理性不仅考虑国情也考虑党情,多一重审查标准程序细节自然有所差异。而党内法规的备案与实施后评估互相借鉴,就程序规范而言主要是尚未制定统一规范的实施后评估对业已制定统一规范的备案进行程序参考,如说明要求权、规范性文件审查原则性程序等;就实践操作而言主要为互相学习对方实践中比较成功的程序设计,如将实施后评估各参与主体互相联系的做法,可借鉴湖北等一些地方付诸实践的备案审查联席会议制度;又如制定备案审查规划可借鉴实施后评估委托于专业机构(如福建省)的做法,以提高科学性等。

3. 发挥程序监督作用

限制权力比较通常的做法有两种:权力制衡与权力规则化。前者意味着将权力分散于多个主体,后者则意味着缩小主体本身的权力。二者各有优劣,缺一不可,在党内法规备案与实施后评估中同样如此。备案与实施后评估虽然各有定位,但审查判断权是相似的(如部分审查程序、标准、后果是相似的),在多数情况下,同一规范备案主体与评估主体是分离的,实行备案在它(大多是上级)评估在己的模式,可使二者各司其职同时互相制衡,此时程序主要是起规范流程辅助监督的作用。而随着备案与评估事实上的参与主体扩张、专业性增强,主导主体无法掌握全部事实权力,导致部分参与主体将部分备案权与实施后评估权集于一身的情况便可能出现,如中央层面各部门法规机构在专业内既参与中办的备案工作又参与实施后评估工作,又如地方层面一些备案审查过分前置化的做法[②],也会使得实质上

---

① 林群丰:《党内规范性文件审查问题及其解决思路》,《理论探索》2018 年第 1 期。
② 章汉进:《强化"五个意识"提升党内规范性文件备案水平》,《秘书工作》2016 年 11 月。

规范性文件的备案审查与评估权乃至制定权集于一身。此时需要在改善权力分配的同时将权力运行规则化,发挥程序的监督作用就成为重要手段。通过规则明确的程序缩减主体自由裁量权、进行主体内部不同部门的分工制衡,同时将程序违法(规)与罚则相联系,确保程序监督切实发挥作用。

三、实施后评估制度与清理制度的合作与联动

实施后评估制度与清理制度的关系比起备案制度与实施后评估制度间的"互补"关系,更近似于相同方向但不同层面间的关系,二者均是对业已经过实践检验的党内法规制度进行的审查,通过纠误正偏使其"更加符合实际"。如前述,虽然目前实施后评估制度倾向于对规范的补足与完善,而清理制度则倾向于稍低要求的修正,但二者在逐步常规化的过程中定位是愈发接近的,联动也是愈加紧密结合的。因为无论是实施后评估制度还是清理制度在其各自的常态化、规范化过程中都无法做到截然二分,制度上的相似自然会导致操作上的相似,尤其是评估之于清理而言。

(一)标准与范围层面

实施后评估与清理的审查标准就目前而言尚有一定距离。如前述,评估标准尽管较为繁复,然可总结为主要解决"于理不合"的问题,以更好契合规范目的、提高执行效率。清理的标准因实践尚少,目前只能以"四不"标准作为基本原则,即不适应、不协调、不衔接和不一致。① 但这仅仅是 2012 年集中清理的审查标准。笔者认为,评估与清理的审查标准最低限均为合法性标准,最高限在实施后评估中应无限趋近于合理性,在清理审查中则考虑的是将规范"修正"到何种程度的问题,对此现行实践尚未给出明确答案。鉴于实施后评估制度与清理制度的定位在逐步常规化的过程将愈益接近,尤其是具体的工作中,评估会成为清理的依据,使得清理标准向评估靠拢,而清理则为评估提供资源与执行力,使得评估标准也要考虑清理需要,因此可以视同二者在每一次具体规范的审查合作中其标准是相近的,起码是共同服务于同一目的的。

---

① 王建芹、农云贵:《党内法规清理的反思与法治化重建》,《学术探索》2017 年 12 月。

故可以认为,即使清理的标准囿于文本规定或实际需要,达不到评估标准的高度,也有大部分标准是与评估相契合的。

就实施后评估与清理的范围而言,理论上均不要求全面性,而取决于各自主体的选择。因为"事无巨细对某一规范的全部内容进行调查和评估,不仅过分消耗评估资源,还可能使评估流于形式"①,清理亦是同理。同样,因二者的定位处于相同方向,可以在具体的实践中紧密配合,即虽然根据具体情况独立选定范围,如四川省委办公厅《省委党内法规实施评估办法(试行)》中就提出将调整社会经济变化、意见多、影响面广、关注度高以及实施一年以上等作为常态化的实施后评估范围,在具体操作上依目的不同满足其一即可。又如,2012 年党内法规及规范性文件的大规模清理活动,由于其目的是对新中国成立以来党内法规制度情况的摸底,当然地依照全面的标准来确定范围。但实际上,因目的一致而相关的两次(或多次)评估与清理中,其范围选择是可以互为参考与根据的,即可以将纳入二者审查范围的规范以"部"(一部规范)为最小单位,审查后修正范围的规范以"条"(一条规范)为最小单位,那么因审查目的的一致或相近,其范围重合的部分对于时间在后的一方而言可以直接利用,无须重新筛选,②这也使得此种评估与清理更加接近一个整体。而对于"包裹式"的清理,实质是以规范间的相关性为标准的简易范围确定方法,也同样适用于实施后评估的范围筛选。

(二)主体层面

相比于备案制度,目前党内法规实施后评估与清理制度尚未制定如《备案条例》一般统一反复适用的规范,仅在《制定条例》中规定了各自的实施主体,即原条例规定实施后评估由"制定机关、起草部门与单位"负责,现条例主体不甚明确,而清理由制定机关负责。关于二者主体差异的解释主要依据制定权论,即"党内法规的清理属于特殊形式的党内法规的制定,因为清理的结果直接关系到相关文件的效力。从这个意义上讲,清理权应当包裹在制定权

---

① 刘三洋、朱孟超:《地方立法后评估的对象机制研究》,《镇江高专学报》2017 年 1 月。

② 如对因实践便利而划分的某种常见范围,可以贯彻于评估、清理、再评估、再清理的过程而无须作出根本调整,亦不会因少许差异便重新划定范围以致浪费资源。

中,清理主体即应为制定主体。"①但如前所述,由于二者定位的同向性,就审查而言二者范围标准等都是相似的,在二者具体工作需紧密联系的基础上大部分的评估与清理是对应的,这意味着二者在审查的工作难度与工作量上差别并非很大,评估如前所述需要多方参与,清理亦应等同。事实上实践中确有多参与主体的做法,如省委牵头,起草部门负责提出初步意见,再广泛征求意见等。笔者认为,其一既然清理属于制定权的一部分,这种民主保障少集中权力大的做法并不十分符合制定规范所要求的民主性原则。相对的实施后评估初看来似乎是评估主体具有最大权力,但实则一是有联席会议等制度设计;二是评估本身不能对规范产生确实的影响,主体多样使得可能出现相异甚至相反的评估结果,可择优取之。清理欲与评估联动,此为问题其一。其二则是在党内法规制定过程中对规范有基础影响的起草主体部门利益化比较严重②,这点同样延续到了清理之中。在没有上位规范的权力或程序保障时,实质能够影响清理的大多是对口起草部门的意见,在现行集中清理为主的状况下③,清理主体难有实际否决的能力。

要实现实施后评估与清理的主体间联动,需要在确立清理多主体参与原则后,使二者主体(们)深度合作。④ 主要可分为评估主体与清理主体合作以及同类主体间的合作:

1. 评估主体与清理主体合作

依《制定条例》,评估权力主体包括清理权力主体(即制定部门),而在确立清理的多主体参与原则后,不仅包括制定部门、实践部门等评估权力主体的参与,相关党组、专业机构、人民团体等评估参与主体也可纳入。如此在具体

---

① 陈志英:《省级党内法规清理研究》,《中国矿业大学学报(社会科学版)》2017年1月。
② 陈志英:《省级党内法规清理研究》,《中国矿业大学学报(社会科学版)》2017年1月。
③ 以2012年开始的清理为例,大多省份审查规范数都在1000件以上,即使定期、专项清理未来或可为主,只要不改变党内法规及规范性文件反复发文自然失效的弊端,清理权力主体压力依旧很大。
④ 实施后评估与清理在允许多主体参与时可大致分为两种模式:评估与清理并无计划上的联系,清理只是参考之前评估的部分或全部结论;评估与清理有计划上的联系,当次评估一开始就有为清理服务的目的。本节讨论的主要是后者,因其评估清理各对应主体基本是一致的(当然也不排除前者偶然的主体一致),而前者的主体间联动可部分参考前述备案与评估的主体间联动。

工作中相同相近目的的评估与清理参与主体实际上相当部分是重合的,目的相近,入选规范范围相近,则规范背后相关制定起草实施受影响的主体也是相近的,因此实际上评估与清理的各参与主体联动很大程度上就是各对口专业参与主体内部前后工作的联动。如当党规制定主体主导评估时,各评估参与主体需要将其评估意见转化为之后各自工作中的清理意见;当党规起草、实践部门与单位主导评估时,其本身需要将最后的评估结果转化为之后工作中的清理意见,提供给制定者(主体)。其重点在于各参与主体应充分利用自身优势尤其是信息优势,简化重复程序,提高效率,保障效果。

2. 同类主体间的合作

实施后评估与清理主体因目的相近而在工作中的相互重合与联动,不代表同类主体间的横向联动一定顺利。二者各自(各时间段内)的权力(主导)主体与参与主体之间,以及参与主体相互之间的合作亦是主体联动的重点。实践中清理一般由各级党委办公厅牵头,各部门开展,但"各部门间并未建立良好的分工配合关系,而只是就各自比较熟悉的版块开展审查,缺乏协同性"①,这也变相加剧了清理的部门利益化。制定机构主持评估也会出现类似情况,而起草、实践部门与单位主持评估时既无同级制衡又无上级部门节制,仅靠程序与"不真正义务"似乎也难以缓解部门利益倾向。

然可试想,如果实施后评估与清理的分工真的专业化到无关其他部门,那么其上级事实上也难以对结果进行干预,但实际上此种情况并不存在,各参与主体的工作必然有互相连接的部分,否则党内法规制度无法构成一个系统。这意味着每一项对口分工内部都是有主次的,不过为效率而言由"主"负责而已。因而为缓解实施后评估与清理审查中的部门利益倾向,除了常规的上级节制与奖惩外,明确规范涉及的大部分部门的评估与清理参与权,并从程序上予以保障,即使难以分享决定权,也要使其意见得到充分尊重、且拥有救济手段。

(三)程序层面

事实上对于实施后评估与清理而言,两套程序(手段)并不一定互相关

---

① 林群丰:《党内规范性文件审查问题及其解决思路》,《理论探索》2018年第1期。

联，然二者定位的同向性，使得二者职能可能存在重叠。而当评估与清理工作的具体目标一致或相近时，二者的审查工作一定有所重叠，或交叉或包含，且因为清理是具有执行性的"修正"，拥有制定权性质，清理审查后要么没有问题（符合目标），要么发现问题进入修正程序，前者无须就同一目标再度评估，后者评估客体已然变化；再者评估意味着审查并得出结论，清理则意味着需根据审查情况对规范进行修正。因此当评估与清理的目标相同相近时，程序上评估在前、清理在后，清理借鉴于评估。而二者联动的前提即所谓"目标相同相近"实际上包括两层，其一为欲解决的问题相同相近而待审查客体（规范）不同，则清理借鉴评估的经验，如解构问题的角度与对应问题的方法等；其二为待审查的客体（规范）也相同，则清理借鉴评估的结果，如综合数种评估结果直接转化为清理依据等。在相应的立法后评估与清理实践中，这种宏观程序的配合联动已有规范可循，如广东省①将立法后评估报告作为编制立法计划、修改废止法规的重要依据，也规定清理工作要落实立法评估制度；又如沧州市②将日落条款与评估结合，用评估作为规范性文件保留或修改的直接依据等。

　　相较宏观程序的逻辑确定，实施后评估与清理微观而具体的程序联动反而不似备案与实施后评估那样重要，因为在工作目标相同相近时，其互相借鉴部分的审查工作并无实质性区别，导致其程序设计也比较相近，其程序设计的基本原则与具体步骤可以互为参照。即使目前因为一些形式规定的原因造成的不同，如实施后评估已经相对较为开放而清理仍有"关门"的嫌疑，③只要目标相同相近，必然在操作中增加民主参与程序以更加符合目标。④ 当然形式规定同样需要完善，不仅因为其性质而被动地借鉴程序，也要主动地使二者有效审查程序更为接近，如此方能缩小同一目标下审查结果的差异，使得实施后评估的经验与结果能够真正为清理所用。

---

　　① 《广东省人大常委会立法评估工作规定试行》《广东省人大常委会关于全面清理地方性法规和进一步完善地方性法规案审议程序的决定》。
　　② 《沧州市规范性文件评估清理工作规定》。
　　③ 王建芹、农云贵：《党内法规清理的反思与法治化重建》，《学术探索》2017 年 12 月。
　　④ 在省级党内法规清理实践中于集中审核完毕后大多会广泛征求意见，包括实践部门与相关党员。（陈志英：《省级党内法规清理研究》，《中国矿业大学学报（社会科学版）》2017年 1 月）

四、综　述

由党内法规备案制度、实施后评估制度与清理制度组成的"反馈机制"目的在于确保党内法规及规范性文件能够上合国家法律、党内法规规范体系,下合党内治理工作实践,其常态化的制度安排对于实现党内法规及规范性文件的有效更替具有重要作用。它们作为互相联系的有机整体相互联动,有机配合,可以极大提高资源利用效率。在具体工作中,无论是备案制度与实施后评估制度,还是实施后评估制度与清理制度,都存在职责交叉的现象,或范围或标准、或主体或程序,这也为其联动与合作提供了可能。但联动并非简单的工作交集,而是要充分尊重各自的职能定位,其中备案与实施后评估之联动的关键在于把握监督与补足的定位差异,并在此前提下互相借鉴,如范围与标准的分立与重合、主体与程序的互通与参考;而实施后评估与清理之联动的关键则在于利用二者定位上的交叉与包含,使清理工作更加高效,评估工作更为准确。

事实上本文探讨的联动依然是理论上的,一则将之付诸实践仍有相当部分的细节需要完善,二则不论是构想抑或细节均未经实践充分检验。但此种规划依然是不可或缺的,即自上而下的设计可以减少实践中的试错成本,目的是最大限度地增强"反馈机制"的效率与效果。目前,尽快制定实施后评估制度与清理制度的统一规范,明确备案制度、实施后评估制度与清理制度系统间的关系与框架,在其指导下,党内法规反馈机制间的合作与联动设计与实践才能更有效开展。

重新认识党内法规解释的功能及其限度

王建芹　马　尚*

摘要：完善的党内法规体系是新时代全面推进中国特色社会主义法治国家建设过程中从严治党、依规治党最重要的制度保障,而党内法规制度体系建设必须以科学的解释机制来确保法规在实践中的权威性与适应性。重新认识和定位党内法规解释功能及其限度所针对的就是党内治理法治化维度下党内法规的权威性与适应性相平衡的问题。为此,需要改变传统上对党内法规解释功能的认识并予以重新定位,即党内法规的解释功能不在于对党内法规原义的阐述与说明,而在于通过新的表达形式的替代来推动实践活动的持续深入进行。在这一指导思想下,党内法规的解释需要在必要性和技术性两方面体现出更为科学的限度要求,即在提高党内法规适应性的同时,充分维护党内法规的权威性,树立党内法规至上性的法治理念。为此,需要在党内法规的制定、解释和修改环节构建更加科学的顶层设计与制度安排。

关键词：党内法规;解释;功能;限度;法治

党内法规的解释是党内法规立改废释中的重要环节,是科学构建党内法规制度体系的重要组成部分。其"上呈党内法规的制定,下启党内法规的执行",是联结抽象的党内法规与具体的党内政治生活实践的纽带和桥梁,有助于在复杂的社会环境下提高党内法规的适应性,为依规治党的顺利推进保驾护航。完善党内法规的解释机制、加大党内法规的解释力度,对于党内法规在党内治理中的顺畅运行和提高以党内法规管党治党的能力具有至关重要的作

---
* 王建芹,女,中国政法大学法学院教授,党规研究中心副主任;马尚,中国政法大学法学院硕士研究生、党内法规研究中心研究助理。

用。但是,万事万物莫不有度,党内法规的解释也不能例外,只有明确党内法规解释的功能及其限度,才能更好地清晰党内法规解释的功能定位,保证党内法规的准确适用,维护党内法规制度体系的统一性和权威性,推动依规治党向纵深发展。

党内法规的解释是党内法规效力的延伸和扩展,以提高党内法规的适应性,是对党内法规的有益补充。但是党内法规的解释必须要有限度,必须以党内法规本身作为根本依循,特别是对党内法规的过度解释必然会消解党内法规的确定性进而损害其权威性。因此,提出党内法规解释功能及其限度的命题就是要贯彻党内法规至上的法治理念,自觉维护党内法规的权威性。通过党内法规解释功能的正确发挥,防范党内法规解释的普遍化和恣意化对党内法治建设的损害。

一、党内法规解释功能理论的传统认识及实践困境

(一)对党内法规解释的功能理论上的传统认识

关于党内法规的解释问题,目前无论是在党建领域还是政治学、法学甚至党内法规研究等领域,实践中和理论上的关注与研究都极为有限。特别是对依规治党背景下党内法规解释的功能与限度以及两者之间的关系尚未有较为深入的探讨。总体上看,普遍的观点是将党内法规解释的功能定位于法规在适用过程中对其内在含义的进一步阐明。2012 年 5 月 26 日发布的《中国共产党党内法规制定条例》(以下简称《制定条例》)并未对此着墨,仅仅规定了解释的负责机关及解释的效力。2018 年 8 月 30 日,重新修订后的《制定条例》则具体指出党内法规解释承担的是对党内法规的含义与适用进一步明确的功能。而在《中国共产党巡视工作条例》第四十一条的法规释义中,党内法规的解释则被定义为"对党内法规的各项原则和规范的含义以及所使用的概念、术语等所做的阐述和说明"。① 对此,有学者提出这种"阐明"表达的是一种从抽象到具体的过程,是党内法规解释机关在党内法规实施过程中进

---

① 《〈中国共产党巡视工作条例〉释义:第七章附则第四十一条》,资料来源:http://www.ccdi.gov.cn/djfg/fgsy/201612/t20161212_114414.html,最后访问日期:2019 年 3 月 29 日。

一步界定范围、明确含义或处理尺度而对具体应用党内法规的问题所作出的阐明。①　至于所涉及的相关党内法规解释的限度问题，只存在一个笼统的认识，即"遵循党内法规原意"，并没有在理论上进行更为深入、细致的研究与探讨。

上述对党内法规解释的功能认识和理解背后实际上反映出两种理论背景：其一是理性主义视角下的法学解释理论；其二是以德国当代哲学家伽达默尔为代表的现代哲学解释理论。首先，在理性主义盛行的 19 世纪，人们所寄望的是通过一部完美无缺的法典来规制复杂的社会生活，即一种"自动售卖机"式的法治图景，解释的存在被视为是对这种完美图景的破坏，因此需要严格限制解释的适用空间。正如拿破仑所言："拿破仑民法典开始评注之日即为拿破仑民法典开始糟蹋之时。"②但是复杂的社会现实告诉我们，人的理性终究是有限的，即便再"完美无缺"的法律规制也无法因应所有的社会现象，因此对必要的法律进行解释依然不可或缺。但此时解释的功能只限于对文本含义进行更为理性化的阐明，以使文本自身的理性更趋完美。这种理性主义视角下对解释的认识，一方面割裂了解释与适用之间的联系，另一方面则错误地理解了解释的限度，从而将维护法规文本的权威性简单理解为最大限度减少解释活动的进行，使得文本面对复杂现实环境的适应性大打折扣。

同理性主义一样，以伽达默尔为代表的现代哲学解释理论也认为解释的功能是阐明含义。但与理性主义相反的是，现代哲学解释学认为解释是普遍的，因而力主扩张解释的适用空间，他们主张，"凡是文本的意义不能直接被理解的地方，我们就必须进行解释；凡是我们不想信任某个现象直接表现的东西的地方，我们就必须进行解释"。③　伽达默尔认为理解、解释和适用是合而为一的，理解同时就是解释和适用，因为一切的理解都是个人基于前见和偏见的自我理解。然而这种关于解释具有普遍性的认识，一方面会产生一种认识论上的无穷倒退④，另一方面虽然最大程度上提高了文本的适应性，但却是以

①　孙才华：《论党内法规解释的规范化》，《湖湘论坛》2017 年第 1 期。
②　张民安：《法国民法总论（上）》，清华大学出版社 2017 年版，第 105—106 页。
③　［德］伽达默尔：《真理与方法：哲学诠释学的基本特征（上卷）》，洪汉鼎译，译文出版社2004 年版，第 436 页。
④　如果理解文字或符号是一件需要解释的事情，那么对理解的解释本身也是一件需要解释的事情，解释仍需要被解释，如此反复下去，解释将陷入一种无穷倒退的困境。

消解文本自身的确定性为代价,导致文本的权威性受到冲击。

　　将上述两种解释学理论运用到党内法规解释工作中,并作为解释的基本功能,所存在的最大问题就是不能正确处理党内法规解释限度的问题,即无法同时兼顾文本权威性与适应性两方面的要求。这一问题的出现,在于传统上对于党内法规解释的认识和理解中,隐含的前提就是党内法规的含义不明确,或者至少不那么明确,因此才需要通过解释对党内法规的含义再次进行阐明。但其逻辑困境就在于,如果党内法规本身的含义是明确的,这种"阐明"式的解释就失去了存在的必要,且无法与法规释义进行有效地区别;反之,如果认为党内法规的含义是不明确的,需要通过解释对法规含义作出进一步的阐明,又必将导致党内法规的解释功能与制定功能及修改功能之间出现交叉和错位,进而导致对法规制定权威性的损害。

(二)中央党内法规解释授权的形式异化问题

　　解释的存在价值本质上不能偏离对法规原意的遵守,目的是维护法规的权威性,防止解释机关对法规进行过度的解释。但在实践中,由于传统上对党内法规解释的功能及界限在认识上的模糊,会导致党内法规解释权与党内法规制定权、修改权之间的界限不清,使得解释权在相当程度上具有了制定权、修改权的性质,无助于维护党内法规制定权的权威。例如,在中央党内法规的"授权解释"[①]问题上,上述理论困境即体现得十分明显。

　　修改前的《制定条例》第二十九条规定:"中央党内法规的解释工作由其规定的解释机关负责。"修改后的《制定条例》第三十四条则将其修改为:"中央党内法规由党中央或者授权有关部委解释",正式给予了中央党内法规"授权解释"的党内法规依据。据谭波教授对党内法规解释主体的基本样本分析,中央党内法规解释主体常见的有中共中央纪律检查委员会、中共中央办公厅、中共中央组织部以及中共中央统战部,甚至还包括了国务院的一些职能部门。[②] 该条同时规定:"党内法规的解释同党内法规具有同等效力。"由此所产

---

① 苏绍龙博士将中央党内法规的制定主体与解释主体相分离的情形称为中央党内法规的"授权解释"。(详见苏绍龙:《论党内法规的制定主体》,《四川师范大学学报(社会科学版)》2018年第5期)

② 谭波:《论党内法规解释权归属及其法治完善》,《江汉学术》2018年第4期。

生的问题就是上述中央党内法规解释主体事实上相当于拥有了中央党内法规的"二次制定权"。因为如果中央党内法规某些条款在适用过程中被认为含义不够明确，需要由解释主体通过解释的方式对此进行重新阐明，那么其效力无异于是党内法规的重新制定。由此所带来的问题是：中央党内法规解释主体拥有"二次制定权"的正当性是什么？换句话说，中央纪委、党的中央组成部门及国务院有关部门为何能够享有只有党中央才能拥有的中央党内法规制定权？这种法理上的"授权"在党章中的依据是什么？

正是因为这种"二次制定权"上的法理难题，导致中央党内法规的这种"授权解释"在实践中必然会出现一定的问题，但这种问题仅仅是形式上的，即中央纪委、中央组成部门和国务院部门仅仅成为形式意义上的解释主体而非实际意义上的"被授权主体"，解释主体在解释活动中事实上并没有被真正赋予独立性和自主性，也就是说，解释权事实上并没有被真正的"授予"出去。换句话说，虽然中央党内法规在其规定中将解释权授予给了中央纪委、中央组成部门及国务院部门，但实际上在具体的解释活动中法规的解释依然遵循着"谁制定谁解释"的基本原则。苏绍龙博士将这种现象称之为制定主体与解释主体的"相对分离"，具体来看，"根据中央规定，授权解释主体提出的中央党内法规解释草案须事先报请中央审批，故中央仍然是解释的实质决定者。同时，授权解释也不意味着中央组织自行解释权的放弃。基于其中央党内法规制定主体的地位，中央组织仍然可以自行解释，并且可以改变或撤销授权主体作出的解释"。① 因此，这种解释授权的形式异化虽然并没有真正导致中央党内法规制定主体解释权的丧失，但可能会导致中央党内法规授权解释的规定自我矛盾，进而导致法规制定的权威性受到损害，不符合党内治理法治化的基本精神。

（三）党内法规解释的功能传统认识背后的制度根源

黑格尔说过，存在即合理。这表明，任何一种认识的背后都存在着合理的现实逻辑基础，对党内法规解释功能的认识同样也不例外。我们知道，党内法规制度体系是立改废释等诸环节紧密联系的统一整体，尽管我们是通过解释

---

① 苏绍龙：《论党内法规的制定主体》，《四川师范大学学报（社会科学版）》2018 年第 5 期。

这一环节作为理论研究的切入点,但其反映出的问题则体现在党内法规制度体系从制定、解释到修改等各个方面,即如果我们将解释作为观察的起点,那么党内法规的制定环节就是其上游,修改环节则是其下游。一旦上游的制定环节出现问题,其后的解释及其修改环节必然受到影响和波及。

之所以传统上党内法规的解释功能被理解和定义为阐明含义,很大程度上表明党内法规在上游制定环节中法规的含义没有得到准确、有效的阐明。如宋功德教授所言,现阶段的党内法规本身确实存在着不好用、不好守、不好学的"三不问题",原因就是有的党内法规出台仓促、不接地气,缺乏针对性和操作性,解决不了实际问题。① 在此背景下,加大党内法规解释的力度,进一步阐明党内法规的含义,自然而然就成为党内法规解释功能的基本定位,进而导致党内法规的解释与制定在功能上的混淆与错位。相应地,党内法规解释的限度问题在实践中也无法准确界定内涵,实际操作中难以落实。

对党内法规解释功能认识上的误区和解释限度上的模糊,同样会影响到后续的修改环节。解释与修改之间具有一定的相似性,即二者的目的都是为提高党内法规在现实环境中的适应性。但是解释与修改又是针对不同情况分别适用的,区别的标准就是党内法规解释的限度问题。遵循法规原意是党内法规解释限度的核心标准,但随着对党内治理规律在认识上的不断深化,党内法规的内在基本精神和文字含义都可能发生重大变化,要适应这些改变势必会突破党内法规的原意,此时解释的功能即不再适用而必须诉诸于法规的修改。但在具体实践中,由于对解释功能在认识上的模糊导致解释限度的内涵和原则难以被准确把握,使得解释与修改两个功能不同的环节之间无法准确进行界定,难免出现功能上的错位。

二、重新认识党内法规解释的功能及其限度

(一)党内法规解释的功能是推动实践活动的继续进行

依规治党是依据党内法规管党治党,必须树立党内法规的权威性,在这一前提下,党内法规的解释不能以提高党内法规的适应性为代价损害党内法规

① 宋功德:《党规之治》,法律出版社 2015 年版,第 7 页。

的权威性。但是在传统的党内法规解释功能认识下,法规的权威性与适应性两方面的要求难以在法治的原则下同时得到兼顾,导致党内法规解释活动的顺利开展无论在理论上还是实践中都遇到了障碍。因此,有必要对传统的党内法规解释的功能与限度进行反思与重新定位。

在此我们有必要引入奥地利著名哲学家维特根斯坦后期的语言学理论进行分析。维特根斯坦认为,首先,日常语言在特定的语境下的含义必然是明确的,他反对那些关于日常语言不能准确地、逻辑地表明含义的传统认识。但是,语言的意义只有在使用时才能被把握,因此对于语言所表达的意义不能仅仅从抽象的句子结构特别是它的逻辑结构来考察,而应当从人们的实际运用中去考察。这一理论告诉我们的是,只有具体运用才能作为判断人们对于语言理解正确与否的标准。他曾以路标为例,指出路标本身尽管具有明确的含义,但抽象的路标只有在使用中才能逐渐转化为人们所理解的规则。① 这就告诉我们理解之于规则遵守的前提性以及判断理解正确与否的标准是具体的实践。至于对规则(文本或语言)的解释问题,维特根斯坦认为这是用一种新的表达来代替原有的表达②,而并非是对原表达的进一步阐明。它意味着,解释的存在只是在对规则的理解出现问题时,以另一种对规则的表达来阐明规则的本义。它也意味着,解释的存在只是在对规则的理解出现问题时,以另一种对规则的表达来推动实践活动的继续进行。

这其中最核心的区别就在于,如果将解释定义为对原表达的进一步阐明,所隐含着的前提就是原表达的含义不够清晰,需要进一步的解释或说明,但在实践中它已经超越了解释功能的限度而事实上承载的是制定或修改功能。但如果将解释定义为用一种新的表达形式替代原有的表达,表明的是对原规则精神实质即规则制定权威性的尊重,也意味着解释功能所承载的只能是规则的原本意义,而且这个原本意义一定是清晰的。当然,如果规则的原本意义已经无法适应时代发展的需要,这个时候需要的将是修改功能而非解释活动。

具体到文本意义上的党内法规而言,其本身必然是具有明确含义的,因此党内法规解释的功能并不在于阐明原义,而是在实践中对党内法规的理解出

---

① ［奥］维特根斯坦:《哲学研究》,韩林合译,商务印书馆 2013 年版,第 144 页。
② ［奥］维特根斯坦:《哲学研究》,韩林合译,商务印书馆 2013 年版,第 71—72 页。

现问题时,以另一种表达的形式来推动依规治党实践的继续进行。这种党内法规解释功能的重新定位,可以有效地平衡党内法规权威性与适应性两方面的要求,从而为党内法规解释限度命题的进一步深入研究奠定稳固的基础。

在此,我们也可以进一步分辨党内法规解释和法规释义之间的区别。首先,两者的目的不同。作为规范党内关系的行为准则,党内法规的语言应是精确的、简洁的与庄严的,因此不可避免会造成一定程度上的理解困难,通过法规释义可以更有效地解决这个问题。党内法规的解释则是因为当下对法规的理解阻碍了实践的发展,通过转换党内法规的表述形式来推动党内治理实践的继续进行。其次,两者的功能不同。党内法规的释义对于提高立规质量,辅助理解党内法规的含义具有重要作用。不同于法规释义,党内法规的解释则是在准确理解党内法规含义的基础上对条文表述形式的转换,而非辅助于党内法规含义的理解。再次,两者出现的时间与语言风格不同。党内法规的法规释义一般是在法规制定后同时或随即发布,语言通俗易懂。而党内法规的解释则只有在实践的继续进行出现问题时才会制定,语言风格上与党内法规类似,强调精确性、简洁性和庄严性。最后也是最核心的一点就是,党内法规释义属于制定环节,是党内法规制定环节的一个组成部分,而法规的解释属于解释环节,是党内法规制度体系中制定、解释、修改、废止四大环节中的一个组成部分。

(二)党内法规解释的限度体现在必要性与技术性两方面

在新的党内法规解释的功能定位指导下,结合维特根斯坦后期语言学理论中的解释学思想,笔者认为要从理解与解释之间的关系角度去准确把握党内法规解释限度的内在含义,具体体现为以下四个方面。第一,当对规则的理解可以推动实践活动进行的时候,解释活动不应当进行,此时我们应当做到的就是严格遵守规则。第二,当对规则的理解无法继续推动实践活动进行的时候,解释才应当发挥作用,其目的在于推动实践活动的继续进行。第三,解释并不具有明确规则含义的作用,只是对规则表述形式的一种转换,无关乎条文含义的明确与否。第四,解释应当以对规则含义的理解为基础进行,因为解释是对规则含义的另一种表述,所以解释也必须建立在对规则含义的准确把握之上。理解与解释的上述 4 个具体方面是相互联系的统一整体,只有对其进行全面的把握,才能对党内法规解释限度的命题进行深入的理解。

因此,在平衡党内法规权威性与适应性的总要求之下,党内法规解释的限度问题就具有了可操作性,具体针对的是两个方面的问题。其一,解释的必要性问题,即在何种情形下需要对党内法规进行解释。其二,技术性问题,即如何正确地对党内法规进行解释。首先,必要性问题和技术性问题是不同的,必要性问题意味着党内法规的解释并不是任何时候都可以随意启动的,只是在对党内法规的理解不能推动实践活动的进行时才能启动,这背后反映出的是一种反对解释普遍化的态度。其次,技术性问题是在党内法规解释程序已经启动的情况下,在对党内法规的条文表述进行转换的过程中,如何避免背离党内法规原意的情况发生。再者,必要性问题和技术性问题又是相互联系的,是一种前后衔接的关系,并均反对过度解释。

上述两个问题的根本落脚点都在于对党内法规的内在含义进行准确的理解和把握,这就需要关注党内法规含义的内在基本精神与外在语言表述两个方面的内容。任何一个党内法规条文背后总是承载着一定的制定目的和价值取向,这就表现为党内法规内在的基本精神,既体现着党内法规自身的精神品格,又指导着人们对党内法规条文含义的准确把握。但是基本精神不能直接被人们所认识,总是要通过一定的语言表述才能为人们所理解,因此党内法规条文的语言表述是其基本精神的外化。人们通过对外化的党内法规语言进行理解,才能把握党内法规条文的基本精神,这就是语言表述的作用。只强调基本精神而忽视语言表述,党内法规形式上的权威性便荡然无存。但只强调语言表述而忽视基本精神,党内法规的内在含义就不可能得到正确的理解。因此,准确理解党内法规的内在含义不能将党内法规内在的基本精神与外在的语言表述割裂开来,必须将两者统一于对党内法规理解过程中去。

在解释的必要性方面,由于党内法规解释功能的重新定位,其理论前提就是党内法规的含义是明确的,那么就意味着体现党内法规含义的内在基本精神与外在语言表述也应当是明确的。就基本精神而言,制定机关在制定党内法规时,对于每一个条文的制定目的是明确的,针对的问题和想要达到的效果也是确定的。而且相对于语言表述而言,基本精神受到语言习惯变迁的影响较小,因此能够在较长的一段时间内保持更高的确定性。就语言表述而言,作为其基本精神的外化,制定者往往会选择最为贴近基本精神的语言表述,同时这种"贴近"是在语言使用的通常意义上而言的,制定者不会以一种语言表述的非常规化理解的方式去对党内法规的基本精神进行阐释。因此在一定的时期内,党内法规外在的语言表述也必然是明确的,能够处理大部分的现实问题。因此,在党内法规的适用过程中,首要的是理解,其次才是解释,只有对党内法规的理解不成功,有碍实践的继续推进时才能诉诸于解释,这就是党内法规解释限度要求之下解释必要性方面的要求。

而在党内法规解释的技术性方面,仍然要从理解党内法规内在的基本精神和外在的语言表述两方面入手。一般而言,党内法规的制定者总会给予语言表述一定的抽象性,目的就是为了扩大文字含义的最大可能范围,提高语言表述应对语言习惯变迁的能力,同时也为党内法规的解释留下充足的操作空间。但是,即便此时的语言表述具有一定的抽象性,其文字含义的可能范围也是相对确定的。从横向来讲,党内法规的制定者赋予党内法规条文文字表述的当下含义不可能是漫无边际的,也不可能是没有范围限制的。在对文字表述进行最宽泛的理解后,文字含义的范围会达到最大的极限,这个极限就是文字含义的可能范围。从纵向来看,党内法规是面向未来适用的,未来的不确定性会导致文字的含义随着时代的不同而发生不可预知的变化。但是在特定的时代,基于恒定的条文基本精神,利用各种解释方法,文字含义的最大范围仍是可以确定的。

在党内法规解释技术性方面的实际操作中,解释必须要同时以党内法规内在的基本精神和外在的语言含义可能范围为限度。内在的基本精神是内在的限度,外在的语言表述是外在的限度,党内法规的解释必须同时满足这两方面限度的要求。不论是内在还是外在的限度,只要其中一个被超越,该解释即可视为过度解释,其可接受度将大打折扣,同时也违背了法治的原则和精神。但这里要注意的是,内在限度和外在限度在遵守方面存在着明显的不同。内在限度既是最高限度,也是最低限度,换句话说,条文内在的基本精神必须全部予以遵守,既不能超出,也不能遗漏,不管是超出还是遗漏,都是对内在限度的超越。外在限度一般来说只需要遵守最高限度,不超出语言含义的最大范围即可,并不需要对语言表述的所有可能含义予以考虑。而且,文字的所有可能含义并不都为解释所需要,也不都符合党内法规条文内在的基本精神。通常情况下,依据党内法规条文内在的基本精神,并结合彼时的实践环境,解释者往往仅撷取文字含义可能范围内的部分含义来对党内法规的条文作出当下最适宜的解释。

三、党内法规解释的功能与限度要求应体现
在党内法规制度建设的各项基本环节中

党内法规解释限度命题建立在解释功能的重新定位基础之上,不仅具有理论上的重要价值,更对指导实践中的党内法规制度建设具有重要意义。解释限度虽然是以解释功能的重新定位作为理论研究的切入点,但对应于党内法规制度建设上并不局限于单一的解释环节,而是对党内法规制度建设中的制定环节、解释环节和修改环节均提出必然的要求。反之,只有在党内法规的制定、解释和修改三个环节实现联动和有机协调,才能将党内法规解释的功能及其限度的要求落实在党内法规整体的制度建设过程中。

(一)提高党内法规的立规质量

作为党内法规解释活动开展的基础,党内法规的立规活动必须更加科学化、民主化和透明化,以提高党内法规的立规质量。高质量的立规活动可以更加有效地促进实践,并在最大程度上限缩解释活动开展的空间。在这个意义上,当解释工作在一个较长的时期内无须其功能发挥的时候,亦表明党内法规的立规质量得到了质的提高。

具体来说,提高立规的质量应当着力于从党内法规文本语言的表述上提高党内法规制定的科学化与规范化水平。一方面,党内法规解释的功能和限度要求党内法规文本语言具有较高的精确度;另一方面,党内法规又是面向未来适用的,语言上就需要具有一定的模糊性,以给解释留有一定的操作空间。因此,党内法规的立规语言应是在精确性与模糊性之间进行平衡。① 但是,由于党内法规具有政治性和规范性的双重属性,政治性要求语言含义的丰富性,即具备一定的语言灵活度而非精确度,因此导致党内法规制定中不少具有高度抽象性特征的党的政策和主张被写入党内法规,使得党内法规在语言表述

---

① 陈光:《论党内立规语言的模糊性及其平衡》,《中共中央党校学报》2018 年第 1 期。

中的模糊性更为明显。但是从规范性的要求来看,新时代依规治党是在法治的轨道上管党治党,党内法规的法属性要求法规的语言表述必须更加严谨,条文含义更加明确清晰。因此,在精确性与模糊性的平衡关系中,笔者认为有关党的政策主张的内容不应直接写入党内法规中,尽可能转化为含义更加清晰、语义更加明确,规范性特征更强的法规文本语言,以最大限度增强党内法规的执行性。

同时,党内法规的法规释义对于提高立规质量,辅助阐明党内法规含义也具有重要作用。作为党内法规制定机关对党内法规含义所作出的说明,党内法规释义既体现着党内法规内在的基本精神,又辅助着党内法规外在的语言表述。加强党内法规的释义可以辅助解释机关正确理解党内法规条文的含义,对党内法规的解释功能的实现和解释限度的落实具有重要的意义。尤其是对于中央党内法规而言,其制定主体与解释主体不一致,更需要制定机关公布相关的法规释义,指导解释机关对党内法规的内在含义与语言表述进行准确的理解和把握。例如,党的十八届六中全会通过新修订的《中国共产党党内监督条例》(以下简称《监督条例》)后,制定机关很快公布了《监督条例》问答,对《监督条例》的一些重要问题进行说明,回答了诸如修订的原因、修订的思路以及条文中一些关键点如何理解等问题,有助于广大党员和领导干部等及时对《监督条例》进行理解和把握,取得了较好的实践效果。

(二)细化党内法规解释的原则

传统认识下,党内法规解释的限度只有一个笼统的原则性规定,即"遵循党内法规原意",这对于指导解释限度的具体落实,维护党内法规的权威性是远远不够的。如前所述,党内法规的解释长期以来存在的功能错位问题导致法规解释的限度在实践中操作性不足,无法真正发挥维护党内法规权威性的作用。重新定位党内法规解释的功能有助于进一步明确党内法规解释限度的内涵,细化党内法规解释限度的基本原则。

首先,党内法规的解释活动要确立"理解优先解释原则"。所谓理解优先解释原则是指在党内法规的解释活动中,首要进行的是党内法规的理解,其次才是党内法规的解释。解释的目的是为了推动依规治党实践的深入进行,并以另一种表述方式对法规条文的含义进行阐释,那么这种重新阐释必须以对条文含义的准确理解为基础才有可能实现。同时，党内法规解释的限度无论是在必要性方面还是在技术性方面，都要求党内法规的解释活动必须准确理解并把握党内法规的原意，既包括党内法规内在的基本精神，也包括党内法规外在的语言表述。所以，在对党内法规解释的总原则"遵循党内法规原意"进行细化时，首先要确立的就是"理解优先解释原则"，在时间顺序上理解在先而解释在后，在相互关系上理解是解释的基础。

其次，在解释方法的选择上要确立"文义解释优先原则"，这是党内法规解释限度的应有之义。在解释活动中，不同的解释方法的运用会产生不同的效果，解释者为了达到不同的解释目的往往会根据情境的不同而使用不同的解释方法。理解是解释的基础，因此在对党内法规的解释方法进行选择时，应当坚持文义解释优先的原则，即首先运用文义解释的方法。文义解释是指从条文本身的文字表述入手去解释党内法规，按照文字含义范围的不同，一般将文义解释细分为字面解释、扩大解释和缩小解释三种。字面解释是完全根据文字的通常含义对党内法规的条文作出一般性的解释，扩大解释与缩小解释则是对文字的通常含义作出扩大或缩小的解释。通常情况下，党内法规是制定者经过反复研讨、论证和修改而制定出来的，所以解释者在对党内法规进行解释时要充分尊重制定者原本的文本字面语言，慎用扩大解释和缩小解释。

（三）完善解释的备案审查机制

党内法规解释功能的正常发挥以及解释限度的具体落实，都离不开备案审查机制的建立。通过对党内法规解释的备案审查，对党内法规解释活动实施有效的监督，可以防止过度解释对党内法规原意的曲解及对法规权威性的损害。目前，《制定条例》仅明确了中央纪律检查委员会、中央各部门（党中央工作机关）和省、自治区、直辖市党委制定的党内法规需要进行备案审查，《中国共产党党内法规和规范性文件备案规定》（以下简称《备案规定》）在修改前后都没有明确将党内法规解释文件纳入到备案审查的范围之内。考虑到党内法规的解释具有与党内法规同等效力，对规范党内关系影响重大，因此对党内法规的解释进行备案审查非常必要。在实际工作中，党内法规解释的备案审查工作应当坚持"有释必备，有备必审，有错必纠"的原则，实现党内法规解释备案审查全覆盖，不允许不受监督的党内法规解释文件的存在，同时对于超出限度的党内法规解释,必须予以坚决纠正。

具体的党内法规解释备案审查工作中应着重以下两点。第一,是明确备案审查的主体。一般而言,党内法规解释主体的上级党委即为党内法规解释的备案审查主体。目前,中央党内法规一般是授权给中央各有关部委进行解释,因此,可以将中央党内法规的备案审查工作交由中央办公厅负责。党内法规总体上遵循"谁制定谁解释"的原则,制定主体与解释主体合二为一,因此可以比照《制定条例》和《备案规定》确定党内法规解释的备案审查主体。第二,是明确备案审查的内容。党内法规解释备案审查的内容包括三个方面:其一,是否需要解释,这是党内法规解释限度下必要性的要求;其二,解释是否正确,这是党内法规解释限度下技术性的要求;其三是明确备案审查的程序。这里的备案审查程序主要是指对党内法规的解释进行备案审查所遵循的时限、步骤等,目的在于将备案审查工作规范化、法治化,尤其要关注对不符合限度要求的党内法规解释文件的撤销和纠正程序。

(四)建立健全党内法规的修改机制
1.建立解释与修改的衔接机制

解释与修改的衔接机制是指党内法规的解释与党内法规的修改之间相互协调的制度安排。对党内法规内在的基本精神而言,随着党对执政规律认识的深化,党内法规的基本精神亦可能不断进步与发展,从而突破原有的认识局限。一般来说,内在的基本精神出现了改变,党内法规外在的语言表述往往也要同时作出相应的调整,此时党内法规只能通过修改的方式来满足实践的需要。对于党内法规外在的语言表述而言,即便内在的基本精神是不变的,但是外在文字的含义却会随着时代的变迁发生变化,进而导致原有党内法规条文的文字含义最大范围发生变化,即使对文字含义作出最宽泛的理解也不能满足实践的需要,此时就需要通过修改的方式对语言表述作出改变。

建立解释与修改的衔接机制是党内法规解释限度的必然要求。在解释的功能已经不能负载实践发展的需要时,就需要借助于党内法规的修改制度。此时,不能单纯为了维护法规形式上的权威性而拒绝进行修改,继而导致党内法规的解释长期处于一种功能错位的状态。对党内法规的适时修改不仅不会对党内法规的权威性造成损害,反而更加有利于党内法规的理解与遵守。

2. 建立修改意见的审查与复议制度

法治的原则和精神要求党内法规必须保持一定程度的稳定性,不能轻易予以变动。党内法规的修改是对党内法规的实质性变动,因此其修改程序的启动也必须慎之又慎,这种情况下建立党内法规修改意见的审查制度就十分必要。一旦解释机关认为在解释限度内已经无法真正体现出党内法规的内在基本精神,有必要通过法规的修改才能正确指导实践,就应当依据程序向党内法规修改机关提交修改建议。但需要明确的是,修改建议的提交并不意味着修改程序的启动,原因在于党内法规的解释机关与修改机关之间往往属于职能上的分工协作而非上下级从属关系,因此党内法规的修改机关需要基于自己的专业能力对修改意见进行审查,自主得出是否需要启动修改程序的判断结果。

在实践中,不排除解释机关提交修改意见的行为并不是完全基于对党内法规认真负责的态度,亦可能是为了规避解释责任的承担而怠于行使解释权,从而将本该由解释机关负责的法规解释工作推给修改机关。为此,建立相应的修改意见审查制度及解释机关与修改机关意见不一致时的复议制度,从顶层设计上过滤掉不必要的修改意见,才能确保党内法规解释权的正确有效行使。

3. 探索对解释主体的授权模式

虽然党内法规的解释与修改之间的职能分工界限是明确的,但在实践中,这一界限并非绝对。与党内法规的修改相比,党内法规的解释具有更高的程序灵活性和较低的制度成本,因此基于修改成本及现实需要的急迫程度方面的考虑,对于一些轻微突破解释限度的法规,由修改机关进行修改不仅在程序上相对复杂而且时间上相对较长且成本较高,不利于快速应对实践发展的需要。这种情况下,可以探索由修改机关授权解释机关通过法规解释的方式实现对党内法规实质性修改的目的,以积极应对实践发展的需要。

在此需要明确的是,修改机关对解释机关的这种授权不是在任何情况下都可以适用的,更应当具有一定的限度。此类以解释之名行修改之实的方法仅仅是一种基于时间成本和制度成本考量下的权宜之计,并不是党内法规解释功能的正当状态,更非解释功能的常态,且应仅限于轻微突破法规解释限度的特定状况。否则,即便时间成本和制度成本再高,也不能以解释之名行修改之实。同时,授权的修改机关应当对解释机关的解释权进行再监督,以确保解释机关在授权的范围内对党内法规所进行实质性变动符合修改机关的授权意图,避免解释机关任意扩大授权范围而对党内法规进行不当的解释。

综上,在党内治理法治化的实践中,党内法规具有鲜明的法治化、规范化的特征。党内法规的解释功能及其限度是在法治的维度下提出的极具现实意义的命题,目的在于通过解释提高党内法规适应性的同时,充分维护党内法规的权威性,树立党内法规至上的法治理念。因此要正确把握理解与解释之间的关系,党内法规的解释要以对党内法规的理解为前提和基础,理解是第一位的,解释是第二位的。解释的功能不在于对党内法规含义的阐述与说明,而是在理解不能推动党内法规实践活动继续进行时,通过表述形式的转换来推动实践活动的继续进行。由此,党内法规的解释要求我们一方面关注到解释的必要性问题,明确只有在对党内法规的理解不成功,不能推动实践发展时才能诉诸于解释;另一方面则要关注解释的技术性问题,即解释不能超越党内法规内在基本精神与外在语言表述的范围界限。党内法规的解释功能对党内法规的制定、解释与修改三个环节均提出了新的要求,需要在党规制度体系建设顶层设计上予以全面考虑,促进党内治理活动健康有序地开展。

党内法规体系的马克思主义三重逻辑

刘思聪*

摘要：法学界目前已有初步共识，在党全面领导国家和社会的实际情况下，党内法规体系是我国法治建设中最为显著的"中国特色"。我国法治建设要走出一条不同于西方法治道路的中国法治道路，如何正确认识和把握党内法规体系尤为关键。

党内法规体系作为我国最为特殊的现实情况，对它的研究将是对西方主流研究范式中国家法中心主义法治思维的批判。从历史逻辑、实践逻辑再到理论逻辑，本文并非对主流理论法学的回避，而是尝试以马克思主义的视角，在主流法学关于党内法规体系总体缺乏解释力的阐释中实现扬弃。

关键词：党内法规体系；马克思主义；历史逻辑；实践逻辑；理论逻辑

一、党内法规体系的马克思主义历史逻辑

（一）唯物史观下的法秩序演变逻辑

撇开一切次要因素，纵观人类历史，可以发现自人类进入文明史以来的各类纷繁复杂的法治秩序，在唯物史观角度分析下是可以进行类型化的。

人类脱离了原始社会进入私有制的阶级社会后，在生产力水平低下、社会分工简单，物质仅能进行简单再生产的古典时代，宗教作为自然压迫和社会压迫的产物而诞生。宗教性质的唯心主义思想占据了当时人类社会思想的主流，成为了压倒性的价值评判标准——在西方，有各类亚伯拉罕一神教教法，

---

* 刘思聪，男，中国人民大学马克思主义学院马克思主义中国化研究专业硕士研究生。

在东方,亦有类似于天道天命的自然法。其共同特点就是其唯心主义教法或天道自然法的超验性、先验性特征,使得其在当时人类社会所存在的法治秩序中起主导作用,与世俗道德法、礼法、习惯法和律法共同构成了古典时代的多元法治秩序。虽然各个地区、文明、民族在其具体形式上有不同的表现,但是以唯物史观来分析,它们都是处于物质简单再生产、生产力水平低下、社会分工简单的私有制的封建社会,它们也都同样被唯心主义这朵不结果实的思想之花所支配。

将诸多共同点抽象出来,可以将轴心时代之后、工业时代之前的这段漫长历史中的人类法治秩序类型化为"古代古典法治秩序"。

随着生产力的进步,工业革命到来,资本快速扩张,社会出现分化,全球化起步,尊崇理性思维的民族主义现代化国家兴起。在马克思主义经典理论的视角下,以资本主义生产方式为基础的、资产阶级统治下的民族主义国家是历史的产物。而这类把民族主义作为遮盖阶级矛盾的政治遮羞布的国家,选择了具有高度抽象性和形式合理性的国家法作为超越其他多元法律的秩序构建工具,这种极度形式化、以非人格化的程序主义和理性主义为特征的法治构建方式把国家法的权威和地位抬到了至高无上的地位,试图以人为的方式构造以宪法为代表的国家法主导下的法治秩序,把影响资本主义自由发展的其他多元主义规范排除在外,以便为资本主义的发展尽可能地腾出发展空间——由此法律多元主义退到了历史幕后,国家法中心主义登上了人类法治秩序的舞台中心。马克思敏锐地捕捉到了其不合理之处,在《黑格尔法哲学批判》中进行了无情的揭示:"对家庭和市民社会的领域来说,国家一方面是'外在必然性',是一种权力,由于这种权力,'法规'和'利益'都'从属并依存'于国家……'外在必然性'的意思只能是这样:当家庭和社会的'法规'和'利益'同国家的'法律'和'利益'发生冲突时,家庭和社会的'法规'和'利益'必须服从国家的'法律'和'利益';它们是从属于国家的,它们的存在是以国家的存在为转移的……实际上,家庭和市民社会是国家的前提,它们才是真正的活动者……政治国家没有家庭的天然基础和市民社会的人为基础就不可能存在。"①

----

① 《马克思恩格斯全集》第 1 卷,人民出版社 1960 年版,第 247—251 页。

对这一近代以降,社会主义运动在世界范围内兴起之前的人类法治秩序,可以类型化为"近现代形式主义法治秩序"。

20世纪上半叶,进入到帝国主义时代的资本主义世界诞生了世界上第一个社会主义国家,这意味着,社会主义思潮在经历了漫长的发展后,社会主义实践和大众民主开始在世界范围内成为一种不可忽视的秩序构建运动。以俄国十月革命——美国罗斯福新政为标志,社会主义由理论思潮变为政治实践,自由资本主义转变为垄断资本主义,资本主义国家开始更多的关注社会公众治理和社会福利。

从唯物史观的人类整体角度来看,这种社会主义理论和实践对资本主义的双重批判、世界政治和经济的双重变化背后的物质基础因素是生产方式的巨大进步,即全球范围的世界市场已经形成、工业发达到金融产业开始在资本主义生产中占据愈发重要的地位、无产阶级及其同盟军受到的剥削已经达到了一个顶点:资本主义社会形态正试图通过社会主义性质的改革发挥出其灭亡前的能容纳的生产力,社会主义生产关系的物质存在条件在资本主义旧社会的胎胞里已经开始逐渐缓慢地变成熟——与之相应,作为上层建筑的法律或者说法治秩序也必然发生相应的变化,社会主义政治实践的理论基础是唯物辩证的马克思主义,那么,这必然意味着形而上的法治模式将步入后形而上时代。走下形而上价值神坛的国家法法治不再是一种至高无上的人造信仰,片面强调理性形式主义的国家法本身不再是唯一的追求对象,取而代之的追求对象是更加强调实用主义和实质意义的法律实用主义和工具主义——有利于现实社会问题的解决的后现代实质法治,这类法治模式批判了抽象的法治天国,要求在现实的实践中变革治理社会的法治形态,以更多人的实际受益为价值标准进行法治秩序改造,因为回应现实的社会需要其本质就是回应人民的需要,这是世界社会主义政治实践和资本主义经济进行社会主义性质改革在意识形态上的反映,即实践的第一性和主客观辩证法的一致性。在这种要求法律治理实质有效的时代,推动社会发展的主要力量是大规模的行政规章和日益庞大、处于不断变化中的公共政策。① 现代法治发展的一个重要趋势

---

① 强世功:《从行政法治国到政党法治国——党法和国法关系的法理学思考》,《中国法律评论》2016年第3期。

是强调良法善治,注重形式层面的良好特质的同时,更关注实质层面的现实关怀与价值内涵,将法律的实质合法性诉诸"法律背后的道义原则、道德权利以及民众的正义感等"。①

就此,十月革命—罗斯福新政以来的人类法治秩序,可以类型化为"后现代实质主义法治秩序"。

如果说近现代形式主义法治秩序是对古代古典法治秩序的否定,那么后现代实质法治就是对近现代形式主义的一元法治秩序的否定之否定,同时就是对"市民社会"即人民实质利益的回归,也就是人类历史曾有的多元法治秩序的回归。"古代古典法治秩序—近现代形式主义法治秩序—后现代实质主义法治秩序",这种秩序演变符合马克思主义认识论和实践论的"肯定—否定—否定之否定"的扬弃公式,后现代实质主义法治秩序是在三个层面上实现了这一扬弃:

首先,后现代实质主义法治秩序批判和抛弃了古代古典法治秩序中的唯心主义终极价值追求,代之以科学的唯物主义终极价值追求;其次,又批判和抛弃了近现代形式主义法治秩序中的"形而上"思想,代之以更加符合发展实际、追求实质效用的"辩证"思想;最后,扬弃了对古代古典法治秩序和近现代形式主义法治秩序只为统治阶级、剥削阶级服务的狭隘性,代之以关怀无产阶级、关怀全人类的人民性②。

概而言之,在世界观意义上,唯物主义取代了唯心主义;在方法论意义上,辩证法取代了形而上学;在服务对象的立场上,最广大的人民群众取代了少数的统治剥削阶级——马克思主义理论逻辑和人类法秩序演变实践逻辑得到了高度的统一。由此已经可以断定,后现代实质主义法治秩序才是真正代表人类历史发展方向、符合社会历史发展规律的法治秩序。

纵观三类法治秩序的演变,运用辩证唯物主义和历史唯物主义,就可以清楚地看见它们演变背后的客观历史规律。正如王沪宁在《政治的逻辑》一书中指出的,人类政治发展的方向必然是经过社会主义到达共产主义,政治国

---

① 高鸿钧等:《法治:理念与制度》,中国政法大学出版社 2002 年版,766 页。

② 关于人民性在社会主义法律中的重要性,参见迟方旭、张霞:《人民性是我国宪法的根本属性》,资料来源:http://www.cssn.cn/zx/bwyc/201903/t20190328_4854958.shtml,最后访问日期:2019 年 3 月 28 日。

家的消亡是历史必然——这也就意味着,对国家法中心主义的扬弃是历史发展的必然过程,实质的多元法治秩序才更加符合历史发展对最广大人民利益的关怀。根据上述分析,可以作出的历史逻辑演绎是,随着生产力不断发展而不断发展的后现代实质主义法治秩序,各类在实践中更为行之有效的公共政策、规章规范和不成文习惯将逐渐代替政治国家构建法秩序的职能,深入人类社会各个领域,以最实质有效的理想治理成为自由人联合体所掌控的并为每个人的自由发展而服务的、而不是反过来压制每个人的上层建筑——这是一种在马克思主义视角下从法治秩序角度论证国家消亡必然性的思路。

当前阶段,我国法治体系建设强调党内法规体系,体现的就是一种强调后现代实质法治秩序的多元法律观——如果以本文对党内法规体系的概念定义、分类认定和语境重构为准,党内法规体系就是所谓"公共政策"中极为重要的一部分,即法律多元主义中重要的"一元"。

所以,强调党内法规体系的建设,就是强调构建真正符合人类社会历史发展逻辑的法治秩序,这是将党内法规体系纳入法治体系建设的无可辩驳的法理上的正当性基础,这一正当性即唯物史观论证下的人类法治秩序演变的历史必然方向。

因而,在当前以中华民族伟大复兴为最低纲领的社会主义初级阶段强调党内法规体系,同实现共产主义远大理想的最高纲领是有内在的逻辑一贯性的,作为代表人类历史发展的先锋队的共产党的党内法规体系,将是以人类共产主义社会之实现为目的的法治秩序的核心要素和主要构建路径。

(二)法律多元主义与唯物史观法秩序的中国化考察

结合前节论述对古典中华法系进行考察,可以清楚地发现,古典时代中国的法治秩序属于典型的法律多元主义——以天道、天命为基础的自然法或者说高级法构成了一切法秩序的法理正当性基础,在此基础上诞生了礼与法两套规范体系即"外儒内法、礼法合一"的法治秩序。随着清末以来资本主义生产方式的入侵,近现代国家法中心主义在中国开启了大规模的殖民移植过程,法律多元主义的传统顷刻颠覆。自那时以来,直至改革开放后的法治建设进程中,片面强调学习西方近现代形式主义法治对中国法治造成了很多负面消极影响：表现之一是国家立法的治理在民间和社会的某些领域当中缺乏具体实在的治理效果，表现在诸多关于"法治本土资源"的讨论；表现之二是党内法规体系、道德习惯、社会习俗等规范没有得到应有的理论和实践地位，导致许多本应是对社会治理的批判被转化对政治体制的批判，这使得党的领导和依法治国之间出现了空前的紧张关系，一大批将西方近现代形式主义法治视为圭臬的法学学者对党内法规体系和其前提——党的领导展开了或明或暗的批判和责难。

正如凌斌在《中国法学时局图》一书中所表达的观点一样，中国法学界"理论法学英美化""部门法学欧陆化"，把西方法治和法学理论视为弥赛亚式的降临。① 批判党内法规体系的学者不能够用头脑中的法治理想国去生搬硬套中国的法治实践，来回避国家立法在民间和社会的某些领域当中治理效果的缺失这一现实问题——所谓实践决定认识，而不是要求实践去被动地削足适履式的适应认识，没有采用唯物辩证的认识方法论正是他们误入形式主义法学理论陷阱的哲学根源。

要彻底解决法学理论上的思想混乱，就必须认识到当前中国的法治体系建设，其实是对法律多元主义的再回归，是对国家法中心主义的否定之否定。法律多元主义就是对法作广义理解的法治观，富勒在其著作《法律的道德性》中对法治的定义是"使人们服从于规则治理的事业"，他使用规则一词取代狭义的法律概念，其实就是表达并确立了一种法律多元主义观念，这种法治观不仅强调国家立法的权威性，也强调其他主体制定的规范以及社会习俗、道德习惯的重要性，认为不同层次上的法律，正是针对不同的问题，从不同的角度来共同推进良好的社会治理。② 从这个层面的法治意义上讲，党内法规体系就是不可忽视的法律层次之一。

以党内法规体系为出发点，法律多元主义对国家法中心主义的责难的反驳从以下几个层面展开：

其一，以党内法规体系在应然意义上规范着将近9100多万党员身份的公民和数以万计的党组织，无论如何也不应当"选择性失明"。

---

① 凌斌：《中国法学时局图》，北京大学出版社2014年版，第1—37页。

② 强世功：《党章与宪法：多元一体法治共和国的建构》，《文化纵横》2015年第4期。

其二,党内法规体系规范的对象是共产党这一代表人类先进发展方向的先锋队组织,按照灌输理论的观点,在社会主义实践中,先锋队组织将通过各种教育方式逐步把全人类都提升到同一觉悟水平(即道德意识水平)直至全人类都成为实质意义上的共产党员,换言之,随着社会主义不断发展的历史必然趋势,规范先锋队组织的法律规范将会逐步扩大规范范围至每一个公民,党员义务本位将会逐渐代替公民权利本位,党内法规体系迟早会和国家法在内容意义上完全重合——这就是现阶段在实践中党的主张不断通过法定程序转化为国家法律的实践逻辑背后的理论逻辑。

其三,我国作为社会主义国家,国家性质和发展方向决定了法治建设必须关怀最广大的人民群众的利益,也就是说法治秩序建设不能再固守自然法意义上的权利,必须指向特定的社会公共利益治理目标而采取多元化的实质治理方式,在社会主义中国,国家法中心主义受到以党内法规体系为代表的法律多元主义的批判是历史发展的逻辑必然。

其四,近代以来的中国虽然有产生国家法中心主义的物质基础即资本主义生产方式的引入,但是中国在1956年后就进入了社会主义社会,按照社会主义国家的理论基础马克思主义,国家法中心主义这类形式主义产物就不可避免地会向包括形形色色的政党内部规范、行政规章、决定命令、公共政策、司法判例、社会习俗和社会合作组织的自我立法在内的法律多元主义转变——盖因社会主义的发展前途共产主义强调的是自由人联合体的法律自治,而非由政治国家强制力所保障的法律治理,在这之中,作为执政党、先锋队的共产党的内部法规体系将会起到最主要的作用。

其五,同马克思主义理论学者近些年探索马克思主义与中国传统文化之间共通文化基因所得出的研究结果一样,当代中国回归多元法治秩序即法律多元主义有着深厚的社会历史文化根基,自古以来就有辩证法生存土壤、关注社会现实问题、以大同社会为终极理想的中华哲学,通过马克思主义中国化在当代中国实现了对终极价值追求的扬弃,追求共产主义和人类解放由此成为了中国最先进分子的政党的"天命",近代以来大变局造成的中华法秩序断裂被重建了内在的文化连续性。这种终极价值成为了中国法治始终坚持中国牢牢扎根本土大地来建构完善自己的法治新秩序的"高级法",并在这个前提下充分吸收近现代形式主义法治的有益要素。

二、党内法规体系的马克思主义实践逻辑

（一）中国特色社会主义"党国互动"道路的历史实践

党的十八大提出，中国"既不走封闭僵化的老路、也不走改旗易帜的邪路"①，这实质上宣告了中国在包括法治建设等各方面探索出了一条超越传统西方资本主义式道路和苏联斯大林式道路的全新道路。具体到中国，就是博长处于西方"分离宪制"和苏联"融合宪制"又超越二者的"党国互动"道路。

要理解中国特色社会主义的"党国互动"道路中的党内法规体系，就必须从中国共产党领导中国革命、建设和改革的历史中寻找答案。

第一，中国共产党对苏联斯大林模式的学习和批判。

中共建党之初的指导思想是以马克思主义革命理论基础上的布尔什维克建党理论，即不仅要以党建国，更要以党治国。作为学习对象的苏联党国融合体制有两大实践特点：第一，在帝国主义包围条件下诞生，为对内迅速稳定社会秩序、对外防范敌对势力入侵，产生了强调高度集中统一的强力政治和强调道德与法律、国家与社会、国家与政党紧密结合的列宁主义、斯大林主义，换言之，执政党要承担起整合各类分散的社会规范的政治职能；第二，通过首都暴动直接接管旧有的国家机器实现了对全国局势的控制，通过这种一次性直接革命方式掌握政权的党从一开始就高度依赖国家机器，通过国家机器实现对社会的控制和压迫，法治没有任何独立发挥作用的空间。

虽然理论和实践出发点都是马克思主义的建党理论，但是中共在之后的革命、建设和改革中却实现了对苏俄体制的超越，具体来说，是经历两次有意识的背离后才实现了这一扬弃：

第一次是"农村中心革命"对"城市中心革命"的批判。与苏俄以中心城市革命暴动为路径直接接管国家不同，中共的农村中心革命实质是一种渐进式的革命路径，即不仅意味着以农村为武装革命的阵地，还意味着扎根社会，实现对广大基层社会的土地改革、妇女解放、移风易俗、思想改造、组织动

---

① 胡锦涛：《坚定不移沿着中国特色社会主义道路前进　为全面建成小康社会而奋斗》，《人民日报》2012 年 11 月 18 日。

员——简而言之,中共通过这种方式成为了广大基层社会的真正代表和领导者,中国革命也就成了扎根社会自下而上的动员式革命,而非苏俄布尔什维克利用现成国家机器自上而下的压迫式革命,这使得中共的领导方式从一开始就同国家机器保持了距离,形成了史称的"延安模式"。

如果说第一次批判是对革命方式的批判,那么第二次批判就是对治国治党方式的批判。新中国成立后由于缺乏治国理政的经验,作为执政党的中共全面学习苏联斯大林模式,这使得中国一度滑向了"党国融合"的模式,幸而苏共二十大让中共清醒过来,开始探索一条崭新的治国道路和治党方式——对治国道路的探索使中共保持了对国家机器和依附于国家机器的官僚集团的警惕,对治党方式的探索使中共在保持扎根基层社会的基础上探索实现对国家更加专业的技术型领导。从某种意义上来说,将社会基层动员发挥到极致的"文化大革命"是对苏联治国道路的批判(但是也必须认识到这一批判矫枉过正,彻底砸碎了国家机器以致于变成一场灾难深重的内乱),而全面从严治党、依规治党就是对苏联治党方式的批判。

第二,中国共产党对欧美资本主义模式有益经验的借鉴。

经历了"文化大革命"后,深刻总结党革命和建设时期的治国治党经验教训,中共主要面临三个问题:一是恢复国家机器和运转国家机器的管理秩序,二是使党适度地退出国家行政职能范畴以恢复延安时期同国家机器保持适度距离的领导方式,三是发挥宪法法律在协调党与国之间关系的有益作用。对第一个问题,"加强社会主义民主"成为了破解之道,通过各类社会主义制度安排确保党内外民主权利的实现,既在实体意义上限制了国家机器可能无限扩大以致于压迫社会的公权力,又在程序意义上控制了基层社会被不合理动员而陷入非理性疯狂状态的可能性。而第二个问题和第三个问题实质上是目的和手段的关系,对此,"健全社会主义法制"成为了解决对策:在重构中国特色社会主义的"党国互动"道路过程中,中共把目光转向西方,参考法治在调整党国之间关系、治国理政的有益因素,尤其是市场经济、权利保护、有限政府和法治国家等,从而致力于推动国家治理体系和治理能力的现代化。① 应当说,西方不曾有的党内法规体系发挥了不可替代的作用。

---

① 强世功:《党章与宪法:多元一体法治共和国的建构》,《文化纵横》2015 年第 4 期。

具体而言,用宪法、法律和党章的规范性或引导性要求治理国家(机器),即"依法治国""依法行政",又用党章、宪法和法律来实现对党及其领导方式的规范化驯服,即"依规治党""依法执政"和"从严治党"。最终,就体现为"法律规范体系、法治实施体系、法治监督体系、法治保障体系、党内法规体系"的协调建设与"依法治国、依法执政、依法行政"的共同推进。

由此看来,从改革开放开始,中国便走向了用宪法法律、党内法规的法治方式来协调党国关系,以实现党国之间良性互动之路。相较于欧美,其超越之处在于,党扎根于社会的目的不是为了选票和短视的政治团体利益,而是要求代表整体社会利益和长远诉求,同时无需为了获得执政地位而以国家机器及其附属的官僚集团的利益为导向,从这个意义上来说,中共比西方选举式政党更加独立于国家;相较于苏联,其超越之处在于,在党领导一切的条件下,党国没有彻底融合,而是通过宪法法律和党内法规在党国之间形成了足以进行良性互动的张力空间,本就扎根于社会的党无需借助国家机器强制力实现对社会的领导和渗透,党的生命力和权威亦不依赖于国家机器和官僚秩序,而是来源于其合乎人类历史发展客观规律的先进的政治道义、信仰追求和道德水平。

(二)党国互动道路下的党对全面依法治国的领导

首先,考察当代中国的法治要从法律多元主义即多元法律观出发。晚清以来的中国法治,始终存在着一种"传统中华法系与社会主义理念的法律多元主义"同"近现代西方法治的国家法中心主义"之间的张力,二者之间的张力推动着中国法治建设的前进。然而,随着中国法治建设的不断深入,对断裂的中华传统多元法治价值的追寻、对符合唯物史观下人类社会历史发展普遍规律的遵循、对社会主义理念的认同与对资本主义理念的反思,这三者的合力历史地、必然地指向了法律多元主义。当代中国,国家法律、政府规章、社会传统、道德习惯、民间习俗、政党政策共同构成了实质意义上的法律规范,之所以会产生类似于"寻找中国法治本土资源"的学术观点[1],其本质原因就是中国法治建设存在一种在国家法中心主义主导局面下对法律多元主义进行探索和转变的内生动力。因此,要理解党内法规体系有着重大作用的党对全面依法

---

[1]　苏力:《法治及其本土资源》,北京大学出版社2014年版。

治国的领导,就必须改变观念,从多元法律观出发去考察当代中国的法治体系建设。

其次,中国"党国互动"道路中,是政党而不是国家机器起着最主要的推动作用。正如前文所言,与西方先建国后有代表不同利益的党不同,中国是以党立国,"东方政党更趋向于利益整合型,有能力将分散的部分利益整合为民族整体的长远利益,并实现政策的转化与落实;与西方政党相比,东方政党更趋向于主动型政党,表现为借助广泛的阶级意识动员全民推动国家建构,主动塑造政治议题和发展方向,主导国家的现代化转型。"①中国的执政党不是单纯地依赖国家机器去推行和落实自己的各项政策和主张,而是自己有一套独立的政策推行落实组织机制,换言之,作为执政党的中共既可以通过党的系统来落实路线、方针和政策以实现公共治理,还可以通过对国家的全面领导即对国家机器的掌握,按不同机构的性质来分别贯彻执行其思路政策。这种模式下的国家公权力机构之间不存在竞争关系,它们只需要按照自身性质依法落实国家法律和党的政策——这就是不同于"三权分立"的"在党的集中统一领导下各司其职"。

在党对全面依法治国的领导语境下,执政党在"党国互动"道路中一方面有独立的具有引领作用的党内法规体系,另一个方面又保障着国家法律的创建和执行,若是不断完善"党国互动"道路,既可以保障党对国家的领导,使法治在社会主义的轨道上推进,还可以放手学习不同的法治传统的优点和益处,使中国的法治建设呈现多元动力。

总而言之,法律多元主义的法治理念与实践,彻底地结束了中国法治秩序的不确定状态,将党内法规体系有机融入到法治体系建设中。从这一点来看,中国法治模式将形成多元法律观的法治新秩序,也就是现行的基于"党国互动"的法治模式。②

三、党内法规体系的马克思主义理论逻辑

在法律多元主义和党对全面依法治国的领导视域下讨论法制的正当

---

① 王若磊:《依规治党与依法治国的关系》,《法学研究》2016年第38期。
② 孔令秋:《当代中国法治秩序的构建与现实策略》,《学术探索》2016年第3期。

性基础,意味着一切对社会公共治理和规范有着实质性作用的规范都应当被纳入进来——党内法规体系作为重要的实质性法律规范是重点讨论对象。

首先能够达成共识的是,公法领域的法律制度的两种功能,一是确认既存的秩序,即赋予现存秩序以法律意义上的正当性;二是推动构建新秩序,即通过法律设定秩序的应然状态,再通过具体的部门法上的实体法和程序法去逐步实现这一秩序。

显而易见,无论是英美法系的经验论还是欧陆法系的唯理论,其调整公共利益、面向社会公共治理的公法都更加强调对现存秩序的确认,前者是确认基于对可靠经验的确信而归纳的秩序,后者是确认基于对绝对理性的确信而演绎的秩序。换言之,它们相信存在一种自然法意义或实证意义上的具有先验性、超验性的永恒秩序,这种秩序在国际政治话语上体现为共同价值,其本身是不会发生变化的,法律的变化仅仅是为了不断靠近、符合这套秩序而做出的修正——经验论和唯理论只是不同的修正进路而已,其本质都是一种形而上的思维。

但是,对于以辩证唯物主义为世界观和以唯物辩证法为方法论的马克思主义法学观来说,法律更加强调对社会秩序的改变,法律不是保守的力量,而是推动社会进步的力量。① 这不同于国家法中心主义主导的西方法治——片面强调对秩序的确认功能而忽视了秩序构建功能。因此,需要强调的是,本文所称的革命法制之"革命",并不是阶级斗争语境下的意识形态政治话语,仅仅是指一种不断革新的、动态的、不断推动社会向前发展的、强调辩证的、力图构建法律文本所表达的应然价值状态的法制。

这种革命法制实践来源于马克思对以形式平等掩盖实质不平等的近现代西方法治的批判。其特点体现在两个层面上,一是在指明人类历史发展最终方向的基础上确定了法律制度所应当追求的价值方向,即法律以全人类为主、为全人类所用,服务于人类解放事业;二是要遵循实事求是、以具体时间地点条件为转移来制定、修改法律制度,强调人民群众实践的物质力量对法制的改变。前者回答了法制应该遵循什么样的价值,后者回答了怎样

---

① 孔令秋:《当代中国法治秩序的构建与现实策略》,《学术探索》2016 年第 3 期。

实现这样价值的法制,换句话说,前者提供了理论上的正当性,后者提供了实践上的正当性。

不存在一种先验地存在着的秩序,因为秩序是在实践中根据现实情况不断地被构建出来的,学者在其学术视野看到的任何较为稳定的"秩序"都只是秩序在无限构建中的相对静止状态。换言之,中国的法律制度,尤其是包括宪法在内的诸多调整公共利益、面向社会公共治理的公法(含调整规范这一领域的党内法规体系),其正当性应当从马克思主义革命法制的角度来理解——不需要去符合任何所谓客观存在的先验、超验的秩序,只需要在实践中以人类历史发展方向所指明的价值为遵循不断地构建秩序,这是一种动态的正当性合法性基础,不再过分地强调法制的秩序确认作用,而更加强调秩序构建作用,即遵循特定价值的实践其本身就是法制的正当性来源。正如马克思的法律批判能证明的一样,"法律获取的核心并非权利/权力关系的法学历史拟制,它毋宁受制于对这些权利/权力在其法律运行中的重新组合,并在它们的社会制度变化中不时进行调整、捆扎……社会主义国家一开始可能是由习惯规则来填补社会组织方式的空白……习惯规则就是照'历史的进行方向'或'社会的发展法则'来办理"。①

若用外在形式的名词来概括这种革命法制的正当性,历史传统、治理绩效和政治使命这三个词是合适的,尤其是政治使命,中国宪法序言以一种独特的方式对其进行了政治哲学上的论证。② 此种角度下,党内法规体系乃至整个法治体系毋宁说是政治使命的外在表现形式。

如此一来,在马克思主义革命法制视角下,中国法制所存在的表达和实践的关系,其实是秩序不断地构建的过程中存在的一组矛盾,前者表明实践所遵循的价值,后者表明遵循价值下的实践,正是二者之间的矛盾运动决定了秩序构建是一种动态的无限的运动,是这组矛盾提供了秩序构建的推动力。这种关系,不应当视作反常而加以批判,而应当像承认自然界和人类社会普遍存在矛盾一样,视作秩序构建过程中再正常不过的矛盾运动。

---

① 张文喜:《重新发现唯物史观中的法与正义》,《中国社会科学》2017年第6期。
② 强世功:《中国宪法中的不成文宪法——理解中国宪法的新视角》,《开放时代》2009年第12期。

四、结　语

眼下,主流法学理论拥有规范成熟的研究范式和完整自洽的逻辑体系,在此基础上我国法学院也已渐渐形成了学术训练传统,再加上西方在"冷战"背景下,又成功地建构出"自由"与"专制"的意识形态话语对垒①,极大地影响了哲学社会科学中对法学理论的中国化研究——一个典型的例子就是,西方创造的"普世价值"这一概念,"不论是作为思潮,抑或是实践,均与社会主义法治理论和实践不相兼容,乃至格格不入",因为西式的"普世价值"一旦在中国推行,其在主权归属、阶级垄断特权、忽视道德、不从实际出发等方面的错误思维将对中国法治建设形成致命冲击,构成对马克思主义指导思想的根本颠覆,致使"国家和社会生活法治化的有序推进将不再可能,法治国家在中国的实现必将遥遥无期"。②

党内法规体系是近年来反思中国法学话语和尝试创造原创性概念的代表性产物,在构建中国特色社会主义法学理论中有着特殊的地位,对以党内法规体系为代表的法学研究,"是法学乃至整个社会科学发展史上最艰巨、也是最伟大的课题之一"③。不得不承认,仅仅从一个或几个方面或角度对党内法规体系进行研究是不够的,对党内法规体系的研究必然呼唤对西方主流法学理论的系统性批判和对中国特色社会主义法治理论的全面性研究——从这个意义上讲,对党内法规体系的研究,就是中国特色社会主义法治理论的突破点。

---

① 强世功:《中国宪法中的不成文宪法——理解中国宪法的新视角》,《开放时代》2009年第12期。
② 迟方旭:《"普世价值"与社会主义法治不相兼容》,见《马克思主义法学散记》,中国社会科学出版社2017年版,第103—105页。
③ 王振民:《党内法规制度体系建设的基本理论问题》,《中国高校社会科学》2013年第5期。

新时代依规治党的法理、逻辑与路径

王建芹　农云贵[*]

摘要:依规治党是中国共产党管党治党的基本方式,也是新时代全面推进从严治党的必然选择。依规治党的法理基础在于法治建设的中国化,即在破除西方法治迷信的基础上,构建以党内法规为载体、以依规治党为重要内容的中国特色社会主义法治化道路。从依规治党的治理逻辑上看,其既是全面依法治国的题中应有之义,也是全面从严治党的必然要求,更是新时代党的建设伟大工程的重要内容。在新时代背景下,需从完善规范内容、优化制度体系、强化落实执行、培育观念文化等方面实现党内法规制度体系的完善、科学与高效。通过构建科学完备的党内法规制度体系,推动党内治理的法治化与现代化。

关键词:党的十九大;新时代;依规治党;党内法规

党的十九大报告指出:"经过长期的努力,中国特色社会主义已经进入了新时代",并强调:"全面推进党的政治建设、思想建设、组织建设、作风建设、纪律建设,把制度建设贯穿其中",着重突出了制度建设对于新时代党的建设伟大工程的重要地位。依纪依规全面从严治党,既是党运用党内法规制度体系管党治党历史经验的全面传承,也是新时代加强党的建设的根本实现路径。在新时代背景下,探讨依规治党的法理、逻辑与进路,对于优化管党治党、推进党的建设伟大工程都具有重要的现实意义。

---

　　* 王建芹,女,中国政法大学法学院教授,党规研究中心副主任;农云贵,中国政法大学法学院硕士研究生。

一、依规治党是法治建设中国化的核心体现

依规治党是中国共产党为规范党的行为、统一党的行动、保持先进性与纯洁性而进行的"自我革命",是一场深刻的治理变革。其标志着党内治理从依靠政策、运动及口号的粗放化治党方式,向制度化、法治化的现代政党治理模式的转变。依规治党不仅意味着党自身的治理理念和治理手段不断走向完善与成熟,也成为中国法治建设不可或缺的重要内容。

(一)破除西方法治迷信:法治建设中国化的逻辑起点

自晚清沈家本修律以降,对西方法律理论及法律文本的学习与移植一直是中国法治建设的重要方式。这种单向性与机械化的移植,是当时中国落后的社会制度,与西方新兴先进的法治文明相互碰撞的结果。对西方法律制度的引进,虽然使我国法制状况在制度表象上与法治文明拉近了距离,但却未真正建立法治应有的文明与秩序。改革开放以来,市场经济快速兴起,使得对适应市场经济发展的法制需求不断增加。随着改革开放的深入,我国与世界各国的接触和经贸往来愈趋频繁,也开始寻求在法律层面与世界相"接轨"①。作为现代市场经济的原生地,西方国家在市场经济的发展及法律规则方面无疑都走在世界前列。在此背景下,对西方法律制度的学习与移植,在改革开放以后再次成为我国法治建设的重要途径。

然而,在学习西方先进法律制度与文化的进程中,我们容易忽视西方法律制度在我国可能存在的"水土不服"问题,并在一定程度上已经形成对学习与引进西方法律制度的"路径依赖"。这种"路径依赖"所衍生出的思维惯性认为,西方的法律制度与法律文化对我国法律体系构建具有重要的借鉴意义,我国的法治建设也要走西方国家的法治化建设路径。然而,从我国的法治建设实践来看,在规范平等主体与规范市场经济发展等领域,相关法律建设无论在规范体系的构建,还是在具体实际应用上都取得了良好的成效;但在权力制约与监督方面,相应的法律构建与实践却起步较晚且效果有限。

---

① 苏力:《法治及其本土资源》,北京大学出版社 2015 年版,第 3 页。

这种西方法律制度与我国的法治环境一定程度上形成的张力使我们不得不反思，完全以西方法治建设为模板的中国法治化路径是否契合我国的客观现实。

实际上，法治文明作为近代以来西方政治文明发展的独有文化现象，其内生性决定了法治及其一系列相关制度价值在西方的滥觞、发育和成长属于历史的选择，这其中蕴含着他们对人与人、人与自然、人与社会、人与国家关系的理解，也包含着他们对诸如自由、民主、平等、法律、人权等价值理念的体认。由此来看，中国法治建设的历史条件与社会基础，与西方法治演进所依据的社会文化有着本质的不同。另外，相较于西方法治建设的普适性与历史性，当代中国法治建设及政治改革是一种后发型、自上而下推进的改革。东西方的这些差异就必然决定了中西方法治建设之路的迥异。党的十九大报告指出："强调坚定道路自信、理论自信、制度自信、文化自信"，中国的法治建设亦需要在中国特色社会主义理论、制度、文化的基础上进行构建。然而，需要强调的是，建构中国特色的法治文化和法治路径，不是裂变或蜕变一个与现存社会主义法治理念和基本法治理论完全对立的东西，而是遵守西方传统法律文化价值理论建构标准的同时，也要紧密结合中国特殊国情与法治文化语境的中国特色社会主义法治建设之路①。因此，可以说，破除对西方法治及其建设路径的过度依赖，成为法治建设中国化的逻辑起点。

（二）党内法规：中国法治建设的"本土资源"

中国的法治之路必须汲取、利用中国本土的资源，注重中国法律文化的传统和实际，深入挖掘本土、原生的规范来助力中国的法治建设。回溯近代以来中国法治建设的历程，我们会清楚地发现，塑造中国法治基石的不仅仅是法律，还包括党内法规在内的其他多元化、复合性的规范体系。作为执政党管党治党的基本规范，党内法规不仅对党的活动与行为产生实质约束力，也因党在国家中的领导地位而对国家发展及社会运行具有极强的影响力，成为中国法

① 曾哲：《评价基准与话语维度：对法治文化建设"本土化"的究问——以西部地区法治文化建设为研究对象》，《法学评论》2012年第4期。

治建设不容忽视的"本土资源"。

第一,党内法规是源自中国的本土规范。党内法规作为我们党加强自身建设的制度依据,具有丰富、多层次的内涵。其不仅是一个政治学概念,也是一个法学概念,更是一个历史学概念①。从政治学的角度来看,党内法规是中国共产党将马克思主义与党的建设紧密结合的产物,科学地反映了中国共产党对于马克思主义中国化的追求;从法学的视角来看,党内法规与一般政党的党内规范不同,具有极强的规范属性与"外溢效应";从历史的角度来看,党内法规与中国共产党的诞生及发展紧密相连,自 1921 年党的一大制定《中国共产党纲领》开始,近百年来一直伴随着党的建设与发展。从这三个角度可见,党内法规具有内生性与原发性,是中国共产党在马克思主义指导下创制的扎根中国本土、反映中国治理方式和治理思维的治党规范。

第二,党内法规具有"法"属性。与其他一般社会规范不同,党内法规无疑是一种"法"。在以往的法律教科书中,习惯从政治学的视角对法律进行定义。因此,法律仅仅理解为国家统治阶级的意志②,并强调与国家强制力之间的紧密联系。部分学者抱守这样的法理念,自然排除了党内法规的"法"属性。然而,将法与国家意志及强制力相捆绑的法理论,只能停留于国家强制主义管理模式盛行的时代,与现代化、多元化的公共治理模式格格不入。在公共治理视野下,法被认为是体现公共意志的、由国家制定或认可、依靠公共强制或自律机制保证实施的规范体系③,由此推知,党内法规当然是一种"法"。党的十八届四中全会指出,中国特色社会法治体系是由法律体系与党内法规体系构成的二元化规范体系,从宏观政策层面肯定了党内法规的法属性。因此,把党内法规定性为一种"法",既与现代法学理论相契合,也与当前我国法治建设的任务与发展方向相一致。

第三,党内法规不仅是一种"法",还是一种"硬法"。当前,学界基本肯定了党内法规的法属性,然而却对其具体的法性质认识不一。其中最具有代表性的是以北大姜明安教授为代表的"软法论",他们认为:"党内法规的基本性

① 李军:《中国共产党党内法规研究》,天津人民出版社 2016 年版,第 23 页。

② 苏力:《变法、法治及其本土资源》,《中外法学》1995 年第 5 期。

③ 罗豪才、宋功德:《软法亦法——公共治理呼吁软法之治》,法律出版社 2014 年版,第 124 页。

质属于社会法和软法。"①然而,将党内法规认定为"软法",在理论层面似乎能够通过理论推演而得到证成,但却与党内法规在我国法治实践中发挥的具体作用存在落差,也易产生对党内法规效力弱化的错误认识。因此,亟须对"软法论"进行反思。基于实在主义法治的视角,我们会发现,因为党在国家中的领导地位,使得党内法规在国家及社会治理结构中扮演着关键角色,尤其在监督与制约权力方面,党内法规更是发挥着核心作用。此外,从党内法规的实践效果来看,党的十八大以来,以习近平同志为核心的党中央依据党内法规全面推进从严治党,坚定不移"打虎""拍蝇""猎狐",形成了反腐败斗争的压倒性态势。从以上方面可见,党内法规并不"软",而是全体党员及党组织必须遵守的"铁"的纪律与"硬"的约束。

(三)依规治党:中国法治化转型的重点和关键

"推进法治中国建设"是党的十八届三中全会提出的重大实践命题,党的十八届四中、五中全会部署和推出了践行法治中国的具体举措。党的十九大报告也指出:"全面依法治国是国家治理的一场深刻革命,必须坚持厉行法治,推进科学立法、严格执法、公正司法、全民守法。成立中央全面依法治国领导小组,加强对法治中国建设的统一领导。"可见,新时代背景下的国家治理将与法治紧密结合,法治中国建设将在更高层面上得到推动和发展。

从世界各国法治化转型的一般经验来看,法治的重点与核心在于权力运行的法治化。因此,实现中国的法治化转型最重要的是将党的权力运行纳入法治的轨道。我国宪法"总纲"第一条即规定:"中华人民共和国是工人阶级领导的,以工农联盟为基础的,人民民主专政的社会主义国家。"宪法上确立的党的领导地位,以及党在治国理政中的实际影响,都决定了中国共产党既不同于西方民主政治中的选举型政党,也不同于我国的各参政党,而是具有国家创制意义的常态化领导力量②。因此,党在国家建设与发展中的这种特殊领导地位,成为中国法治化建设绕不开的现实基础,由此也决定了实现国家治理

---

① 姜明安:《中国共产党党内法规的性质与作用》,《北京大学学报(哲学社会科学版)》2012 年第 3 期。

② 屠凯:《党内法规的二重属性:法律与政策》,《中共浙江省委党校学报》2015 年第 5 期。

的法治化转型,必须以实现党内治理的法治化为前提和保障。

实现党内治理的法治化,不仅是以法治思维与法治方式管党治党的最佳表征,也是"把权力关进制度的笼子里"的必然要求。其一方面既需要党在国家法律范围内活动,另一方面更需要依靠完善科学的党内法规制度体系构筑管党治党的制度之笼。一个具备完备法制的法治中国,应能够运用法治原理和法治规范检验和制约一切公权力,任何遗漏或忽视都可能成为这一法治系统工程的"溃堤蚁穴"①。虽然中国特色社会主义法律体系已于2011年形成,然而,这一庞大的法律体系基本不涉及党的执政权的组织与运行规范。因此,对党的权力控制以及对党员行为的规范,最主要还需依靠"党内自治",即构建完善科学的党内法规制度体系管党治党。由此可见,通过依规治党实现党内治理法治化,进而推动国家治理法治化无疑是中国法治化转型的重点和关键。

二、依规治党是实现党内治理法治化的
长远之策与根本之策

运用制度化方式实现政党权力及政党行为法治化,是现代政治文明的基本要求,也是第二次世界大战以来世界各国的普遍趋势。在建设法治国家的初步经验和社会转型的压力下,党的法治化转型问题逐渐被提上日程并付诸实践。自改革开放之初邓小平提出:"制度带有根本性、全局性、稳定性、长期性",到党的十八大以来习近平总书记提出:"把权力关进制度的笼子里",党内治理的制度化与法治化不断完善,已逐渐形成以党章为核心,以准则、条例为主干、以规则、规定、办法、细则为枝丫,以决定、意见、通知等党内规范性文件为配套的党内法规制度体系。党内治理的法治化进程,表面上是法治时代推进党内治理变革的现实要求,但深层次上也蕴含着其与全面依法治国、全面从严治党,及新时代党的建设伟大工程的逻辑关联。

(一)依规治党是全面推进依法治国的题中应有之义
改革开放以来,经过40多年的法治建设,依法治国已成为党治国理政的

---

① 田飞龙:《法治国家进程中的政党法制》,《法学论坛》2015年第3期。

重要方式。党的十八大以来,以习近平同志为核心的党中央根据治国理政面临的新形势与新任务,提出了"全面依法治国"的重大战略举措,使得践行多年的法治建设朝着更高层次与更宽广的领域发展。2014年,党的十八届四中全会指出:"全面推进依法治国,总目标是建设中国特色社会主义法治体系,建设社会主义法治国家。这就是,在中国共产党领导下,坚持中国特色社会主义制度,贯彻中国特色社会主义法治理论,形成完备的法律规范体系、高效的法治实施体系、严密的法治监督体系、有力的法治保障体系,形成完善的党内法规体系,坚持依法治国、依法执政、依法行政共同推进,坚持法治国家、法治政府、法治社会一体建设,实现科学立法、严格执法、公正司法、全民守法,促进国家治理体系和治理能力现代化。"由此可见,全面推进依法治国不再是以往仅单纯地强调打造"法治政府",而是坚持法治国家、法治政府、法治社会共同推进、一体建设,执政党、政府、其他国家机关和公民都必须围绕法治的核心展开行为,接受法治的调整①。

从以上这些法治化的对象来看,执政党的法治化对于国家整体法治化具有举足轻重的意义。依规治党作为中国共产党加强自身建设的重要方式,被纳入到了中国特色社会主义法治体系之中,成为全面依法治国进程中的重要环节。这是基于党在我国各方面的领导与核心地位的必然选择。党的十八届四中全会强调:"党的领导是中国特色社会主义最本质的特征,是社会主义法治最根本的保证。把党的领导贯彻到依法治国全过程和各方面,是我国社会主义法治建设的一条基本经验。"党的十九大报告亦指出:"必须把党的领导贯彻落实到依法治国全过程和各方面,坚定不移走中国特色社会主义法治道路……坚持依法治国和依规治党有机统一。"可见,一方面,全面推进依法治国需要实现党的权力运行及党内治理的法治化,另一方面,全面依法治国的具体推进又需坚持党的领导。因此,实现党内治理法治化的依规治党,成为全面依法治国从原则与理念层面转化为具体实践的前提和先导。

(二)依规治党是全面推进从严治党的必然要求

从党的发展与演化进程来看,党首先从最初的社会组织演化为政党组织,

---

①　王旭:《"法治中国"命题的理论逻辑及其展开》,《中国法学》2016年第1期。

并最终形成领导国家建设与发展的政治组织。① 这个转变的过程深刻表明，通过党内法规制度体系强化管党治党，是党健康发展与国家长治久安的必然要求，纪法松弛不仅会腐蚀党的先进性与纯洁性，也将影响国家及社会的发展进程。党的十八大以来，面对复杂严峻的党风廉政建设和反腐败斗争形势，以习近平同志为核心的党中央以"壮士断腕"的决心，将全面从严治党纳入"四个全面"战略布局，把全面从严管党治党提升至前所未有的战略高度，使党内治理从"宽、松、软"转向"严、紧、硬"，形成正风肃纪及反腐败斗争的压倒性态势。这些成绩，都与党的十八大以来树立的全面从严依规治党的思想认识，及不断加强的党内法规制度建设密不可分。党的十九大报告亦将制度建设作为新时期全面从严治党的重要内容之一，强调要将制度建设贯穿于党的建设的全过程，赋予了依靠制度建设强化管党治党更为重要的地位。以上均表明，新时代背景下全面推进从严治党不是停留于空泛化的口号，亦非过去运动式的治党方式，而是依靠完善科学的党内法规制度体系进行的常态化、法治化、长效性治理模式。

之所以依规治党成为全面推进从严治党的必然要求，是由于依规治党的基本载体，即党内法规制度体系所具有的特性与功能决定的。具体而言，其具有如下作用与属性：第一，根本性。所谓根本性，就是党内法规奠定了党的发展及执政的根基。根本性作用主要体现在党的章程，党章规定了党的性质、宗旨、任务，是党的建设发展的总纲领、总目标，成为党加强自身建设及治国理政的基础性文件。第二，全局性。所谓全局性，就是党内法规规范的范围不是局限于某个领域，而是着眼于管党治党及治国理政的宏观全局，并且其适用范围具有普适性，所有党员及党组织的行为与活动都要受到党内法规的规制。第三，稳定性。稳定性是制度所具有的特有优势，设立制度的目的就是为了获得秩序和有效治理②。党内法规是党的意志的制度化表达，能够保持党建设发展的稳定与可预期。第四，长效性。所谓长效性，即指党内法规的规范效应并非是随意与临时的，而是长时间作用于党的建设与发展，

---

① 施新州：《中国共产党党内法规及其制度体系的内在逻辑》，《中国延安干部学院学报》2017 年第 1 期。

② 许耀桐：《党内法规制度建设与全面从严治党》，《人民论坛》2017 年第 10 期。

并持之以恒地延续下去。

（三）依规治党是新时代党的建设伟大工程的重要内容

党的十九大报告指出："实现伟大梦想，必须建设伟大工程。这个伟大工程就是我们党正在深入推进的党的建设新的伟大工程。"党的十九大在延续加强党的建设一贯要求的同时，也赋予新时代党的建设新的意涵，集中体现在新时代党的建设总要求："坚持和加强党的全面领导，坚持党要管党、全面从严治党，以加强党的长期执政能力建设、先进性和纯洁性建设为主线，以党的政治建设为统领，以坚定理想信念宗旨为根基，以调动全党积极性、主动性、创造性为着力点，全面推进党的政治建设、思想建设、组织建设、作风建设、纪律建设，把制度建设贯穿其中，深入推进反腐败斗争，不断提高党的建设质量，把党建设成为始终走在时代前列、人民衷心拥护、勇于自我革命、经得起各种风浪考验、朝气蓬勃的马克思主义执政党。"由此可见，新时代党的建设新的伟大工程就是要坚持党的政治建设、思想建设、组织建设、作风建设、纪律建设和制度建设"六位一体"的党建格局，并强调党的制度建设要贯穿于党的政治、思想、组织、作风与纪律建设的始终，突出制度建设的普遍性与重要性，把依纪依规全面从严管党治党作为新时代党的建设伟大工程的重要内容来部署与建设。

依规治党将党的意志、宗旨及规矩制度化，形成管党治党的制度约束，使党的建设的既有成果得以有效保障，并确保其继续稳步发展，是法治思维与法治方式在党的建设领域的体现和运用①。2017 年 7 月，习近平总书记曾强调："要把全面从严治党的思路举措搞得更加科学、更加严密、更加有效"，而其根本的实现路径就在于加强党内法规制度建设，坚持依规治党。作为新时代党的建设伟大工程的重要内容，依规治党并不止于党的制度建设，而是一种强调运用制度手段对党内事务、党员干部行为、党内政治生活进行管理和约束的治理形态，并将制度优势转化为治理党内各项事务的效能②。总而言之，依纪依规全面从严治党已成为新时代党的建设伟大工程不可或缺的重要组成部分，

---

① 周悦丽：《制度治党的法理与逻辑》，《新视野》2017 年第 5 期。
② 陈松友、李雪：《党的十八大以来全面从严治党的实践与经验》，《理论探讨》2017 年第 4 期。

必将有力推进党的建设的科学化与法治化。

三、依规治党的根本路径在于构建完善、
科学、高效的党内法规制度体系

依规治党的基本要义在于党内治理的制度化与法治化,即党的一切活动与行为都必须符合党内法规的规范性要求,都须以党内法规为价值尺度与行为依据。而推进依规治党落实与转化的根本路径,则是要构建内容完善、体系科学、运行有效的党内法规制度体系。党的十九大报告明确指出:"增强依法执政本领,加快形成覆盖党的领导和党的建设各方面的党内法规制度体系",着重强调党内法规制度建设的完备性与科学性。2017 年 6 月,中央发布了《关于加强党内法规制度建设的意见》(以下简称《意见》),对党内法规制度建设进行了全方位的顶层设计,并明确了党内法规制度建设的方向与目标,即到建党 100 周年时,形成比较完善的党内法规制度体系、高效的党内法规制度实施体系、有力的党内法规制度建设保障体系。以《意见》为指导,党内法规制度建设应从以下方面展开。

(一)完善党内法规制度体系的规范内容

形成党内法规对党的建设所有领域的全覆盖,是构建科学完善的党内法规制度体系的首要任务,也是推进依规治党的先决条件。党的十八大以来,在全面依法治国与全面从严治党的双重要求下,党内法规制度建设全面发力,依规治党法规制度体系已初具雏形,形成以 1 部党章,3 部准则,31 部条例,9 部规则,95 部规定,40 部办法,9 部细则构成的党内法规制度体系①。然而,由于党内法规制度建设起步晚、长期缺乏科学合理规划等原因,当前的党内法规制度体系仍存在制定工作不平衡、一些领域基础主干法规缺位、一些配套措施滞后、一些党内法规与现实脱节、制定技术不高等问题②,亟需从法治化的视角予以填补与完善。

---

① 宋功德:《党规之治》,法律出版社 2015 年版,第 3 页。
② 李忠:《构建依规治党法规制度体系研究》,《西北大学学报(哲学社会科学版)》2017 年第 5 期。

一是规范范围的完备性,即党内法规的规范场域必须能够及于管党治党的方方面面,实现对党的建设所有领域的无漏洞覆盖。为使党内法规制度体系更加完备,应统筹推进党内法规制定工作的规划与计划,协调各方力量加紧制定出台一批现今仍属空白及党的建设实践亟需的党内法规,如党领导人大、政府、政法、群团等方面的基础性法规。

二是规范效果的精准性。科学完善的党内法规制度体系不仅需要将党的建设各领域纳入规范范围,还要形成对这些领域的实质性约束,杜绝"牛栏关猫"的现象。习近平总书记曾对此强调:"制度不在多,而在于精,在于务实管用,突出针对性和指导性。如果空洞乏力,起不到应有的作用,再多的制度也会流于形式。"实现党内法规规范效果的精准性,需将制度建设与党建实际紧密结合,提高党内法规制定质量,制定出台相应的配套措施,并及时做好党内法规的解释、清理、备案及评估工作。

(二)优化党内法规制度的体系性

党内法规制度体系是由不同层次、各个门类的党内法规组成的有机整体。党内法规制度体系的科学与否,不仅关系党的制度建设的质量,还直接影响着依规治党的具体成效。完善党内法规的规范内容解决的是党内法规制度体系的规制范围问题,而优化党内法规制度的体系性则关涉党内法规制度供给的优质与科学。对众多党内法规进行体系化构建,实质上是对党规制度的合理安排与科学配置,只有将不同层次、各个类型、不同部门的党规制度科学地组合起来,使之形成紧密联系、相互协调、有序衔接的制度体系,才能形成坚实的制度合力,更好地作用于依规治党的具体实践。

党内法规制度的体系化不是众多党规的简单叠加与物理组合,而需要满足目标任务一致性、制度统筹整体性、实质内容统一性、形式结构层次性等构成要素①。具体而言,优化党内法规制度的体系性至少包括两方面要求:

一是党内法规内部体系的优化与科学。一方面,需要清除党内法规体系内部存在的不协调、不衔接、不一致等问题,围绕党章形成内在逻辑严密、上下

---

① 周叶中:《关于中国共产党党内法规体系化的思考》,《武汉大学学报(哲学社会科学版)》2017年第5期。

配套、左右联动、前后衔接、系统集成的制度体系。另一方面,需要从宏观层面科学合理地设计党内法规体系的总体框架。2016 年 12 月,中央发布的《中共中央关于加强党内法规制度建设的意见》,将完善的党内法规制度体系划分为"1+4"的基本框架,即在党章之下形成党的组织法规制度、党的领导法规制度、党的自身建设法规制度、党的监督保障法规制度四大板块,架构起依规治党的"四梁八柱"。围绕这一基本框架,对每一板块涉及的党内法规进行科学合理的界定与划分,并使之始终有机统一于党章之下,成为党内法规体系化的关键。

二是党内法规体系与国家法律体系的协调与衔接。党规与国法作为推进国家治理体系与治理能力现代化的两种重要方式,虽然分属不同的规范体系,在制定主体、适用对象、执行方式等方面存在差异,但二者的价值取向却是一致的,规范对象也存在相融性,功能发挥上更是互补共赢的关系。因此,党内法规体系与国家法律体系不能分裂开来,而是要在实现各自自洽周延的基础上促进二者的有效协调与衔接。具体而言,一方面要坚持"国法高于党规,党规严于国法"的基本原则,去除党内法规制度体系内部与宪法、法律相抵触冲突的规定,同时要基于党内法规本身的特性及内在发展规律在国法范围内作合理调整,确保既维护国家法律的至上性,又突出党内法规的合法性与特殊性。另一方面,要构建党内法规与国家法律沟通衔接的机制与平台,使二者在制定、备案、清理、实施等环节实现关联互动。借由以上两个方面的措施,达致两个规范体系"内在统一"于中国特色社会主义法治体系的状态,形成相辅相成、相互促进、相互保障的格局①。

(三)强化党内法规制度体系的落实执行

依规治党重在实效,即通过构建完善科学的党内法规制度体系并使之有效作用于党的建设从而获得秩序与规范价值。全面推进从严治党不仅要求管党治党的规范体系科学与完备,更强调这套规范体系的高效执行。制度的生命与权威在于实施,党内法规制度体系只有实现从纸面上的条文到实践中的

---

① 秦前红、苏绍龙:《党内法规与国家法律衔接和协调的基准与路径——兼论备案审查衔接联动机制》,《法律科学(西北政法大学学报)》2016 年第 5 期。

约束的转化,才能获得源源不断的生命力。习近平总书记对此曾强调:"要落实党委的主体责任和纪委的监督责任,强化责任追究,不能让制度成为纸老虎、稻草人。"为避免党内法规制度体系成为"纸老虎"与"稻草人",应从如下方面进行构建:

一是在制定层面注重党内法规的实践性与可操作性。良法是善治之前提,党内立法是党内法规制度体系的"源头",决定着党内法规的数量及质量。制定出切合党建实际并富有操作性的党规规范,是确保党内法规制度体系得到有效执行的前提。为此,一方面应强化起草、制定党内法规时的论证与调研工作,确保每一个党内法规的制定,都能与党的建设内在规律及外在环境有效契合。另一方面,要破除制定党规时的"闭门造车"现象,广泛地汇集党员、专家学者及人民群众的意见,形成科学立规、依法立规、民主立规的党内法规制定格局。

二是要抓"关键少数",突出示范效应与表率作用。党的十九大报告指出:"把党的政治建设摆在首位,思想建党和制度治党同向发力,统筹推进党的各项建设,抓住'关键少数',坚持'三严三实'。"党员领导干部是落实全面从严治党的"关键少数",不仅负有推进全面从严治党的主体责任,也是管党治党的核心对象。因此,强化党规执行也要从党员领导干部抓起,形成自觉学规、严格执规、带头守规的示范效应与表率作用。

三是优化执行机制,强化监督执纪问责。党内法规制度体系从静态的文本到动态的落实执行离不开高效科学的执行机制。具体而言,应明确执行责任,优化执行方式,坚持激励和约束并重,完善党规落实考评机制。另外,应强化执纪执规的监督检查,对落实依规治党不力、造成"党规虚置"的责任主体严肃问责,以监督检查推进党内法规的切实执行,维护依规治党的严肃性与权威性。

(四)培育党内法规的观念与文化

坚持思想建党与制度治党相结合历来是中国共产党推进党内治理的核心路径。党的十九大报告明确指出:"必须以党章为根本遵循,把党的政治建设摆在首位,思想建党和制度治党同向发力,统筹推进党的各项建设。"思想建党不仅强调全体党员和党组织要以党的历史、方针、原则及一系列指导思想武装头脑,也要求形成依规治党、学规守规的思想认识。推进依规治党既需要构筑科学、系统、完备的党内法规制度体系,更需要培育以法治观念、法治信仰、法治思维构成的依规治党思想观念体系①。把制度的"硬约束"与思想文化的"软实力"有效结合,合力推进党内治理的法治化与现代化。

一是坚持学规、用规、守规制度化与常态化。培育根植于党员心中的党内法规意识,是推进依规治党的重要前提和基础,系统地认识和学习党内法规则是形成党规意识的基本要求。党的十九大报告对此强调:"弘扬马克思主义学风,推进'两学一做'学习教育常态化制度化。"根据报告的要求,应建立健全党规学习教育的制度机制,构建覆盖全党的党规学习教育体系,推进形成积极学规、善于用规、模范守规的良好风尚。

二是创新党内法规传播方式,加大依规治党宣传力度。党内法规的传播方式是党规得以有效传播的媒介和载体,灵活运用贴近大众、便捷直观、创新多元的方式进行党规宣传与传播是依规治党纵深推进的必然要求。在新时代背景下,应通过书籍、报刊、电视、网络、微博、微信等多元化、信息化的方式进行党规传播,并加强以案说法、法规解读的力度,提高依规治党的说服力与感染力。

三是加强党内法规文化建设,塑造依规治党基本信仰。制度文化是一个制度发展演进的最高形式,依规治党的深入推进,必将要实现从形式意义上的党内法规,到文化意义上的党内法规的跳跃与转变。全体党员只有将作为外在规范的党内法规,内化为内心的自愿认同和自觉遵守,并形成遵规守纪习惯和方式,党内治理才能真正实现现代化与法治化。为此,应立足中国的现实国情与党的建设具体实际,深入挖掘并发挥党内优秀政治文化、制度文化的支撑作用,弘扬以权力有限、程序正义、权利保障为内核的法治精神,推动形成依规治党的氛围与文化,确保使党始终保持先进性与纯洁性。

总而言之,依规治党是中国特色社会主义进入新时代背景下,推进党的建设伟大工程的重要内容与核心方式。通过构建完善科学的党内法规制度体系管党治党,以实现党内治理的现代化,进而推动国家治理体系与治理能力的现

---

① 肖金明:《论通过党内法治推进党内治理——兼论党内法治与国家治理现代化的逻辑关联》,《山东大学学报(哲学社会科学版)》2014年第5期。

代化,成为新时代国家治理的基本路径。作为依规治党的核心载体,党内法规制度体系在新时代背景下被赋予了极为重要的地位与使命。"全面从严治党永远在路上",党内法规制度体系建设亦需要在进一步理论探究及实践应用中不断完善。

治理现代化视域下中国治理模式研究[*]

陈志英^{**}

摘要：治理理论诞生于 20 世纪末，并逐渐风行全球，也深刻地影响到中国的理论研究和社会政治实践。治理现代化不仅为我国治理模式的发展指明了方向，同时本身也是一项重要的系统工程。在治理现代化的视域下，中国治理模式的探索既要在现代治理理论分析框架下进行，同时又要体现中国的特色和对该分析框架的超越与创新。党的领导是中国治理模式的最大特征，由此也形成了中国特有的国家治理与政党治理的结构格局。其中党内治理（狭义的政党治理）是国家治理的基础和核心，要实现党内治理的现代化则必须以党内法规建设为根本的路径选择。

关键词：治理；党内治理；党内法规

20 世纪 80、90 年代以来伴随着市场失灵和国家失灵困境的出现，西方国家开始寻找新的管理模式，并掀起了"重塑政府"改革的浪潮。在这一过程中，"治理"理论逐现端倪，并进而盛行全球。1988 年世界银行首次使用了"治理危机"的表述，将治理作为分析的核心概念，引入社会政治层面。90 年代，治理理论进入中国，迅速成为热门话题，并走入正式的党的文件。党的十四大报告就提出了"治理"的表述，随后十六、十七、十八大也都相继提出党领导人民"治理"国家。党的十八届三中全会首次明确提出"国家治理体系和治理能力"的表述，并将完善和发展中国特色社会主义制度，推进国家治理体系和治理能力现代化作为全面深化改革的总目标。党的十九大报告再次指出，必须坚持和完善中国特色社会主义制度，不断推进国家治理体系和治理能力现代化。

---

　　* 　基金项目：国家社科基金重大项目"中国特色自由贸易港的建设路径及法治保障研究"（18ZDA156）和海南大学校级项目"党内法规规范体系研究"（byqksk1817）的阶段性成果。
　　** 陈志英，女，法学博士，海南大学法学院副教授。

"治理现代化"为我国治理模式的发展指明了方向,是社会主义事业发展的重大课题和关键环节。同时这也是一个庞大且复杂、理论和实践一体化的系统工程。时代是思想之母,实践是理论之源。理论来源于实践,但同时实践又需要以理论为基石和指导。理论体系的发展和创新是治理现代化的核心和基础,"没有革命的理论就没有革命的运动",理论不仅帮助我们"理解世界",更引导我们"改造世界"。

一、现代治理理论的分析框架

"治理"这一表述从产生起就是个热门话题,同时也是极富争议的"理论丛林"。不仅治理概念自身是一个复杂而充满争议的思想体系[①],而且由于各国的传统、国情不同,各国的治理实践各具特色,由此也相继发展出多种治理逻辑和理论体系。

作为"治理"理论的主要创始人之一,罗西瑙(J.N.Rosenau)认为治理是一系列活动领域里的管理机制,它们虽未得到正式授权,却能有效地发挥作用。这个定义首先将"治理"区别于"统治",并使其成为"管理"的下位概念。1992年世界银行报告系统对治理进行了阐释,指出治理是运用权力对国家经济和社会资源进行管理的一种方式,这种权力运用方式包含了多种主体,不仅有各种政府组织,还包括各种非政府组织以及私人企业和社会公众等各种利益相关者。[②] 这一定义特别强调了治理在主体上的特性。1995年全球治理委员会在一份研究报告中对治理给出了权威的定义:治理是个人和公共或私人机构管理其共同事务的诸多方式的总和。它是使相互冲突的或不同的利益得以调和并且采取联合行动的持续的过程。它既包括有权迫使人们服从的正式制度和规则,也包括人民和机构同意的或以为符合其利益的各种非正式的制度安排。治理过程的基础不是控制,而是协调。[③] 这个定义将治理归结为三

---

① Jessop,Bob.2002."Governance,Governance Failure and Metagovernance".In:Getimis,P.and Kafkalas,G.(eds),*Participatory governance and multi-level governance*,Opladen,Leske & Budrich,pp.33-35.

② 孙宽平:《全球化与全球治理》,湖南人民出版社2003年版,第38页。

③ *Commission on Global Governance*,*Our Global Neighbourhood*,Oxford University Press,1995,p.2.

个基本问题:谁来治理、如何治理、治理什么。它们构成了现代治理理论的基本精髓和构成要素,也是多样化治理理论和实践共享的对话框架,也由此使得自身成为被广泛接受的关于治理的权威定义。

(一)WHO:谁来治理——治理的主体

治理最初是作为与"统治"相区别的一种公共事务管理方式而出现的,包括两方面的内容:一是技术层面的治理所强调的是建立发展的法律框架和培养参与能力,其中包括实现法治、改进政府管理、提高政府效率等;二是支持和培养公民社会的发展,特别是推动非政府的自治组织、自愿性组织和各种社团等各种非政府组织的发展,随着公民社会的发展要逐步提高透明度,以提高公民社会对治理的参与度和责任心,最终把一些政府行政控制的权力还归社会。[1] 就主体而言,治理对统治的单向性垄断提出了挑战,其主体结构呈现出多元、开放与合作的特征。

首先,国家、政府不再是唯一的治理主体,公民个人、公司、非政府组织都广泛地参与到治理中来,并成为治理的主体。其次,主体多元随之带来的便是权力体系的开放性和碎片化,权力不再是集中垄断的,而是分散于社会,呈现网格状态。再次,由于都是治理主体,分享着治理权力,因此主体间的关系不再是传统意义上的统治与被统治,而是合作、协商与妥协。治理过程是公开和开放的,是各主体的联合性行动。大家都是决策的作出者,并同时是决策的遵守者。

(二)HOW:如何治理——治理的方式

只要有人的聚合,就会产生公共事务,出现政治,就有权力、利益的纷争,也因此产生对秩序和权威的需求。历史表明,凡是在人类建立了政治或社会组织单位的地方,他们都曾力图防止出现不可控制的混乱现象,也曾试图确立某种适于生存的秩序形式。这种要求确立社会生活有序模式的倾向,绝不是人类所做的一种任意专断或"违背自然"的努力。[2] 秩序的供给是国家存在的

---

[1] 孙宽平:《全球化与全球治理》,湖南人民出版社 2003 年版,第 38 页。
[2] [美]博登海默:《法理学:法律哲学与法律方法》,中国政法大学出版社 2004 年版,第 228 页。

基本理性之一。在韦伯看来,任何一种组织都是以某种形式的权威为基础的。他将人类社会的统治形式分为三种:超人(克里斯玛)型的统治、传统型的统治与法理型的统治。其中,超人型统治的基础是"独一无二的、短暂易逝的天赋"①,这使得它缺乏内在的稳定性,基本属于过渡型的统治方式,不具有持续性。正式、持续的统治类型为传统型和法理型,前者是前现代的统治,后者是现代的治理。治理中网格化的多元主体结构一方面使得秩序的建立无法通过垄断的权力来形成,另一方面则更迫切地产生了交互规则的需求。因此治理首先是规则之治,是法治,这是治理技术层面的需求。

要满足治理的法治需求,首先需要在治理主体间建立起法律的信念和共识,用法律的权威取代专断的暴力来维系共同体的存在。其次,通过多元主体的协商建立起一套明确、完善的规则体系,确立各主体的地位、权利、相互关系,形成稳定的主体间的交往规范和决策方式。治理不是统治者的暴力和参与者的无言,而是他们之间行动和言辞的交流。"只有单纯的暴力是无言的,所以单纯的暴力永远无法达至伟大。"②再次,要建立相应的机制和组织体以保障规则的遵守和执行。治理是一个持续的动态过程,规则建立后,剩下的工作就是运行规则。

(三)WHAT:治理什么——治理的目标和价值取向

治理最初是作为管理的下位概念而出现,是为了应对传统管理方式的危机所寻找的新道路。因此表面上与管理具有某些共同的形式特性,如主体多元,规则之治等。然而作为"第三条道路"的核心,治理在目标和价值取向上与管理分道扬镳,即不仅是"治",而是要达至"善治"。事实上,为了自身的存续和建立秩序,任何共同体都有管理的需求,并产生管理行动。正如卢曼所言:"一切人类的集体生活都是由法律直接或间接地塑造的。法律就像知识一样,是社会情形中一个必要的和无所不在的事实。没有任何一个生活领域——

---

① Max Weber, *Economy and Society*, 2 vols, edited by Guenther Roth and Claus Wittich, Berkeley: University of California Press, reissue, 1978. vol. II, p. 1121. 转引自郑戈:《法治与现代人的命运:马克斯·韦伯法律思想研究导论》,法律出版社 2006 年版,第 84 页。

② [美]汉娜·阿伦特:《公共领域与私人领域》,见汪晖、陈燕谷主编:《文化与公共性》,三联书店 1998 年版,第 59—61 页。

不论是家庭或者宗教共同体,不论是科学研究或者政党的内在关系网——能够找到不立基于法律的稳定的社会秩序。"①在这个意义上,管理具有显性的工具理性。治理的区别在于将价值理性注入其中,从而实现转型与升级。

公与私是人类群体生活的永恒难题,是为公之治,还是为私而管,是治理与管理的分界线。作为中国著名的治理和善治理论的开拓者,俞可平将善治定义为:善治的本质特征就在于它是政府与公民对公共生活的合作管理,是政治国家与公民社会的一种新颖关系,是两者的最佳状态。善治实际上是国家的权力向社会的回归,善治的过程就是一个还政于民的过程。善治表示国家与社会或者说政府与公民之间的良好合作。② 概而言之,首先要建立合作型而非斗争型的主体关系,通过彻底的民主化,构建开放性和公共性的权力体系,促进权力公共性的回归。其次,在民主和协商的基础上,完善立法工作机制,制定科学的法律体系,提高法律质量,充分发挥法律的实质价值。法治不仅意味着"已成立的法律获得普遍的服从",更重要的是"大家所服从的法律又应该本身是制定得良好的法律"③。唯有在这个意义上,法治才能导向善治之路。④

---

① Niklas Luhmann. *A Sociological Theory of Law*. Beijing: China Social Sciences Publishing House, 1999, p.1.转引自范逢春、贺佳斯:《法治视域下社会治理的三维分析与路径创新》,《湖南社会科学杂志》2016 年第 6 期。

② 俞可平:《治理与善治》,社会科学文献出版社 2000 年版,第 11 页。

③ [古希腊]亚里士多德:《政治学》,商务印书馆 1965 年版,第 199 页。

④ 《牛津法律大辞典》将法治定义为:"一个无比重要的、但未被定义,也不是随便就能定义的概念,它意指所有的权威机构、立法、行政、司法及其他机构都要服从于某些原则。这些原则一般被看作是表达了法律的各种特性,如:正义的基本原则、道德原则、公平和合理诉讼程序的观念,它含有对个人的至高无上的价值观念和尊严的尊重。在任何法律制度中,法治的内容是:对立法权的限制;反对滥用行政权力的保护措施;获得法律的忠告、帮助和保护大量的和平等的机会;对个人和团体各种权利和自由的正当保护;以及在法律面前人人平等……它不是强调政府要维护和执行法律及秩序;而是说政府本身要服从法律制度,而不能不顾法律或重新制定适应本身利益的法律。"([英]沃克编著:《牛津法律大辞典》,光明日报出版社 1988 年版,第 790页)而在《布莱克法律辞典》中法治则被解释为:"法治是由最高权威认可颁布的并且通常以准则或逻辑命题形式出现的,具有普遍适用性的法律原则称为法治。""法治有时被称为'法律的最高原则',它要求法官制定判决(决定)时,只能依据现有的原则或法律而不得受随意性的干扰或阻碍。"(布莱恩·加纳:《布莱克法律辞典》,光明日报出版社 1988 年版,第 1196 页)这些法治的定义中都明白的传递出对法律规则的价值取向。

二、治理的中国道路及其与现代
治理理论的契合与创新

中国近现代的历史是一个不断探索适合自身治理道路的历程,在探索中中国逐渐建立起了具有中国特色的治理理论和治理体系,并不断地提高着国家的治理能力。作为一种对公共事务的管理方式和过程,"治理"是一个极具包容性的"时髦"概念,随其指向的对象范围、特性、主体的思维模式和行为模式,以及基础条件的不同,而呈现出不同的内涵和样貌。因此,对具体的组织体而言,在借鉴相关经验的基础上,只有且必须结合自身的硬件、软件,寻找适合自身的治理逻辑和治理模式。正如习近平总书记指出的,一个国家选择什么样的治理体系,是由这个国家的历史传统、文化传统、经济社会发展水平决定的,是由这个国家的人民决定的。我国今天的国家治理体系,是在我国历史传统、文化传统、经济社会发展的基础上长期发展、渐进改进、内生性演化的结果。① 与西方国家的治理不同,我们的国家治理选择的是社会主义道路,这是根本的大方向。同时,我们的国家治理还是党领导的治理,党是治理的领导力量,这是社会主义治理之路的根本保障。

宪法在"序言"中对近现代中国革命的历程进行了描述,其中多次用到"中国共产党领导中国人民"的表述。序言是宪法的重要组成部分,它讲述的是中国近现代史的故事,也是宪法的故事。不同的历史叙事传递了不同的主题和启示。"党的领导"的表述不仅是对历史和现实的客观陈述,还诠释了宪法建立的基础,同时也宣告了现代性中国的特征,并指导着未来的道路。党的十九大报告明确提出坚持党对一切工作的领导,并将"党政军民学、东西南北中,党是领导一切的"写入党章。宪法第一条也以根本法的形式明确规定:社会主义制度是中华人民共和国的根本制度。中国共产党领导是中国特色社会主义最本质的特征。党的领导是治理现代化的前提和基石,是提高国家治理能力的内在要求和保证。

现代治理的中国模式就是不断坚持和加强党领导的治理,它与现代治理

---

① 《习近平谈治国理政》,外文出版社 2014 年版,第 105 页。

理论具有内在的契合性,同时也是现代治理理论的中国实践和创新,推动着现代治理理论的丰富和发展。

第一,治理主体上的契合与创新:一核多元的共治主体结构。

现代治理的要义之一就是主体的多元化,因此民主是治理的基础性制度。但多元化同时伴随着共同体碎片化的危险。因此治理的难题之一便在于如何在多中心的前提下保证秩序、形成权威、构成合力,从而实现共治。治理并非反对权威和秩序,相反治理同样需要权威,需要秩序。一方面,共治意味着,治理的权威主要源于公民的认同和共识,具有强烈的自愿色彩;①另一方面,权威不仅可源自权力,也可源自解决问题的能力,以及基于能力形成的信任。在中国近现代的历史中,党领导着人民解决了一个又一个难题,每到历史发展的关键时刻党也总能做出正确的决策。党的领导正是中国近现代的发展历程中历史和中国人民的选择,是实现人民当家做主、形成治理秩序与合力的根本保证。坚持党的领导也是社会主义法治的根本要求,是全面推进依法治国题中应有之义。②

民主集中制是党的根本的组织原则和领导制度。在民主制度上,党结合中国的具体情况实现了对代议民主的超越,创新出了新的民主方式——协商民主。党的十九大报告指出:"协商民主是实现党的领导的重要方式,是我国社会主义民主政治的特有形式和独特优势。"协商的过程就是多元主体的个体理性和偏好转换成公共理性和偏好的过程。国家治理是一项复杂的系统工程,需要有强大的领导核心,一个成功的治理模式是民主、法治和能力之间的平衡。尤其是我国作为后发国家,目前正处于发展、改革和转型时期,在社会协同、公众参与的基础上更需要坚持和加强党的集中统一领导,确立党在多元主体中的核心地位,使其成为多元主体的领导者、激活者和协调者,从而保证治理的有序进行。

第二,治理方式上的契合与创新:中国特色的社会主义法治体系。

国家治理现代化的核心内容和显著标识是法治,法治思维和法治能力代表和体现着国家治理的效能。法治之路是改革有序进行,社会主义制度成熟

---

① 俞可平:《全球治理引论》,见俞可平主编:《全球化:全球治理》,社会科学文献出版社2003年版。

② 《习近平谈治国理政》第二卷,外文出版社2017年版,第114页。

稳固的有效保障,也是巩固党的核心领导地位,完善党的建设,提升党的执政能力的必然要求。新中国成立后,中国的治理走了一条人治—法制—法治的探索历程,最终在党的领导下找到了适合自身的治理之路,即汲取中华法律文化精华,借鉴国外法治有益经验,形成中国特色的社会主义法治理论和法治体系,坚持中国特色的社会主义法治之路。

1997年在总结过往治理经验的基础上,党的十五大正式将依法治国确立为国家治理的基本方略。1999年依法治国写入宪法,成为宪法的基本原则。一直以来党都高度重视中国特色社会主义法治工作的建设,不断丰富和创新着中国特色社会主义法治的理论体系、总体设计和实践探索。十八大明确提出,要全面推进依法治国,加快建设社会主义法治国家。十八届三中全会则开创性地提出推进法治中国建设,推进国家治理体系和治理能力现代化。十八届四中全会以依法治国为主题专门作出《中共中央关于全面推进依法治国若干重大问题的决定》,阐释了中国特色社会主义法治道路的核心要义,回答了相关的重大问题,制定了法治中国建设的路线图,提出了社会主义法治的五大体系,创新性地将"形成完善的党内法规体系"确定为全面推进依法治国总目标的重要内容。可以说,中国的法治之路是在党的领导下选择、确立和推动起来的,也只有坚持党的领导才能保证法治中国的实现。党的领导与依法治国的有机统一是中国特色社会主义法治的根本特质和优越性所在。

第三,治理目标和价值取向上的契合性与创新性:公平共享的善治格局。

善治意味着治理的公共性、服务性和人民性。党的领导正是人民利益的根本体现和最大保障,是治理沿着正确方向前行的引领者。性质上,中国共产党是中国工人阶级的先锋队,其先进性和纯洁性决定着党的公共性,党没有私益只有公益,是最广大人民群众根本利益的代表者。党的宗旨就是全心全意为人民服务,党的一切工作和努力都是为了造福于人民,党的主张和人民的意志与利益是高度统一的。党的领导是人民的选择,治理要实现现代化,就要尊重和体现人民的意志、维护人民的利益,要坚定不移地坚持党的领导。从诞生之日起党就承担起领导中国人民创造美好生活、实现中华民族伟大复兴的历史使命。另一方面,在行动上只有坚持党的领导,才能保证治理的人民性和共享性,从而实现善治。从党的十七大以来,党就高度重视治理的共享性。为此,一方面大力加强社会主义精神文明建设,用社会主义核心价值观凝聚全民共识,维护社会社会秩序,尤其是塑造党员干部的人生观、世界观和价值观,推进党的纯洁性和先进性建设。另一方面还将核心价值观融入法治建设。以党内法规建设推行全面从严治党,保障党的纯洁性和先进性,提高党的执政能力和治理能力。以德治协同、滋养法治,保障法律的公平正义性,促进良法善治。公平正义是法治的精神内核,是法治之所以成为法治的生命之源。①

三、中国治理道路的内在结构:国家治理与政党治理

党的领导是中国治理道路最本质的特征,其既内嵌于现代治理的理论框架中,又是对现代治理理论的超越和发展。现代政治都是政党政治,现代国家治理也与政党密不可分。政党自身的现代化与国家现代化紧密相连,具有内在的统一性。亨廷顿曾明确表示:"政治高度稳定的处于现代化之中的国家,至少拥有一个强大的政党。"这一论断表明了政党在国家治理中的地位和作用。广义上的政党治理包含两个方面的含义,即政党对自身内部事务的治理——党内治理,以及政党主导的对社会公共事务的治理——党外治理(在中国的语境下这几乎与社会治理重合)。前者属于政党治理的"自治"维度,也是狭义上的政党治理,涉及政党内部组织机构的优化、运行机制的完善和效能的提升。后者则是政党治理的"共治"维度,关涉政党在多元治理主体结构中的角色、与其他主体的关系、政党治理的方式等问题。

第一,政党治理内嵌于国家治理现代化中。

在西方国家,政党的地位和效能处于不断波动的状态,稳定性较差。这种政党制度决定了他们的政党治理虽然也会影响到社会治理、国家治理,但三者是基本分离的,某一政党的现代化程度不足以影响国家治理的整体。但是在中国,中国共产党不仅是执政党,是长期执政的政党;作为最高政治领导力量,是国家和社会的统帅,是国家治理的核心。党在国家治理中的角色定位是"纵览全局、协调各方"的政治力量,这决定了中国治理的特殊性。

在中国的政治语境下,国家治理与政党治理在本质上是一致的,都要坚持

---

① 胡建淼:《认真学习深刻领会党的十八大关于"依法治国"的精神》,《国家行政学院学报》2013年第1期。

中国共产党的领导,都以人民的根本利益为目标,都要遵循依法治国的基本方略。其中国家治理是整个国家层面的顶层设计;而政党治理,包括党内治理和党外治理,则是国家治理现代化的重要组成部分。国家治理的关键在于政党治理的理念和方式,尤其是党内治理。① 党不仅是国家治理的领导力量和重要支持,还与国家治理协同发展。党内治理关系着党的执政能力和治理能力,影响着国家治理的有效性,某种程度上甚至关系着国家治理现代化的成败。正如有学者谈到的,"中国太大了,人类历史上所有的治理经验在面对中国时都失效了。面对如此艰巨的任务,如果没有一个强有力的领导集团,很难有效应对,甚至会失控。中国现代国家治理必须以中国共产党为领导核心来构建治理体系,即要在党的领导下倡导治理主体多元化,在党的领导下追求治理客体全域化,在党的领导下建成治理结构网络化,在党的领导下实现治理机制制度化。"②

第二,党内治理是国家治理现代化的支撑和保障。

党是长期执政党,是最高政治领导力量,这是中国人民和历史的选择。由此也形成了中国政治的特殊形态和中国治理的特殊逻辑,即党政军民学,东西南北中,党是领导一切的。③ 中国的国家治理是党领导下的国家治理,治国必先治党,要实现国家现代化首先必须实现政党的现代化。宪法中关于党的领导的规定不仅来自历史,描述现在,同样规范未来。党是中国国家治理的核心,党的领导能力是中国国家治理现代化的关键。我们党是一个拥有9100多万党员、在一个14亿人口的大国长期执政的党,党的形象和威望、党的创造力凝聚力战斗力不仅直接关系党的命运,而且直接关系国家的命运、人民的命

---

① 西方国家的治理理论奉行的是国家和社会分离的原则,以及由此而产生的社会中心主义和个人本位,因此他们的治理理论强调弱化政治权力,去除政治权威,以社会自我治理为取向。而在我国,国家治理和社会治理都是党领导下的治理,其中国家治理是顶层设计,是总体治理,其他方面的治理都是国家治理的子系统。国家治理体系是在党领导下管理国家的制度体系,包括经济、政治、文化、社会、生态文明和党的建设等各领域体制机制、法律法规安排,也就是一整套紧密相连、相互协调的国家制度。(习近平:《切实把思想统一到党的十八届三中全会精神上来》,《求是》2014年第1期)

② 转引自[美]罗斯·特里尔:《马克思主义政党如何实现自我革新与提高——〈习近平复兴中国〉》,《学习时报》2016年9月15日。

③ 习近平:《决胜全面建成小康社会夺取新时代中国特色社会主义伟大胜利》,《人民日报》2017年10月19日。

运、民族的命运。然而党的领导地位和党的领导能力并非仅靠规定就能实现的。现代治理理论对党的领导地位和领导方式都提出了众多挑战，多元的主体体系、合作的主体关系、法治的治理模式都冲击着政党的传统角色地位、执政方式和运作模式。

党的领导地位和执政地位是中国历史和人民的选择，这个选择归根结底来自党的性质、宗旨和奋斗目标。如何把历史逻辑转换为现实需求，关键在于党内治理。一方面继续坚持和加强党的先进性和纯洁性，牢牢确立党的领导地位，另一方面用现代治理理念变革党的执政方式和运作模式，促进自身的转型和升级，实现自身的现代化。首先治理理念的现代化。在坚持党的核心领导地位的基础上，从"管理者"的角色定位逐步转换到服务者、协调者、组织者、合作者的角色定位，回归公共性和人民性的初心。其次治理方式的现代化。从传统的政策导向逐步转换到法治思维和法治方式，通过党内的法治实践培育法治习性，以依规治党引领依法治国。

第三，党内治理是实现政党现代化的根本途径。

统一战线、武装斗争和党的建设，是中国革命的三大法宝，其中党的建设是三大法宝的核心。党的建设对于保证党的先进性、纯洁性和代表性，确立党的核心地位，增强党的创造力、凝聚力和战斗力，具有非常重要的意义。一直以来党都非常重视党的建设问题，改革开放以来，党自身发生了新的变化，也面临着新的问题和挑战，党的建设也需要呈现出的新的内容和形式。党内治理正是新时期党的建设的发展，从"建设"到"治理"反映了新时期党根据时代发展和需求所进行的创新和升华。党的十八大以来，党中央就提出了"全面从严治党"的重要战略部署，并指出其基础在全面，关键在严，要害在治。党内治理与党的建设相比，重点在于"治"，即侧重于解决现实问题。事实上，从马克思主义经典作家开始，就既重视目标价值导向的思想建设，也重视实际策略运用的制度建设。习近平总书记更是创新性地提出了"思想建党与制度治党紧密结合""依规治党与以德治党相结合"的理念，将党内治理作为新时代党的建设的核心内容，以党内治理作为党外治理的前提和基础，为国家治理现代化提供强大的推动力量和根本保障。

党内治理是国家治理的核心和关键，通过党内治理实现政党现代化是国家治理现代化的前提和基础。党内治理的目标在于提升党的执政能力，强化党的先进性、纯洁性和代表性。"打铁必须自身硬",只有通过党内治理加强和完善党的领导,不断增强和提升自身的能力和水平,坚持全面从严治党,才能进一步引领国家治理的现代化。党内治理是政党现代化的根本途径,是国家治理现代化的核心要义。

四、党内治理的路径选择

从党的建设到党内治理,转变的关键在于更强调和重视规则,培育规则意识,遵循规则的行动原则,将法治思维和法治方式引入党内治理中。2014 年习近平总书记就新形势下坚持从严治党提出了八项要求,其中专门提到了要坚持思想建党和制度治党紧密结合,"制度治党"首次走入党的文献。事实上,在党的建设体系中,一直都包括有制度建设的部分。党的十六届二中全会就正式把制度与思想、组织、作风建设相提并论。"制度治党"是从现代治理理论的视角对"制度建党"的升级性解读,制度建设的目标就是通过制度实现对党的治理,促进党的现代化转型。十九大报告明确指出,"坚持全面从严治党,必须以党章为根本遵循,把党的政治建设摆在首位,思想建党和制度治党同向发力"。由此可见,制度治党的依托就是以党章为中心的党内法规建设。党内治理内嵌于国家治理之中,同样要遵循治理现代化的分析框架和发展方向,即治理主体多元、治理方式法治和治理目标善治等内容,核心在于规范党的权力,塑造现代化的政党,提高党的治理能力和执政能力,从而巩固党的执政地位和领导地位。而党内治理现代化的根本标志则是党内治理的法治化。制度治党与党内法规建设的同步发展是党内治理的行动指南。无论是党内民主、党内法治,还是善治的实现,最后的落脚点都体现在党内法规建设上,都要以党内法规建设为依托和保障。完备和规范的党内法规体系是加强和完善党的领导的前提和基础,是提高党的执政能力和领导水平的必然要求和重要保障。

第一,党内法规建设是党内民主建设的关键。

从治理主体来看,现代治理的标识之一是治理主体的多元化,以实现治理权力的公共性。具体到党内治理而言,就是要准确地理解和严格地贯彻民主集中制,在维护和坚持中央权威和集中统一领导的前提下,充分发扬党内民主,调动党员和党组织的积极性和创造性。党内民主是民主集中制的前提和基础,是党的先进性和纯洁性的重要体现,是党的创新性和团结统一性的重要保证,还是党的执政能力和执政水平的体现。十六大将党内民主提到"党的生命"的高度,认为党内民主不仅对党内有着重要意义,而且对国家层面的"人民民主"具有重要的带动和示范作用。在党的领导下进行国家治理的过程中,党内民主是人民民主的实验前奏。同时党内民主的施行程度还关系到党的执政形象,进而影响到执政地位。

制度具有根本性、全局性、稳定性和长期性的特征,是民主的载体,要实现党内民主就离不开制度的保障。党内民主建设的关键和核心就在于以党内法规为依托,形成完善的党内民主制度体系,实现党内民主建设的规范化和制度化。党内民主制度包括有组织制度、选举制度、监督制度、党员权利保障制度和工作制度等,这些制度都要以相应的党内法规为基础和保障。以党内法规为基础的党内民主制度建设,有助于党内形成良好的民主意识和民主习惯,从而示范和指引着人民民主的实现,培育整个社会的民主氛围和参与精神,实现国家治理的主体多元化。邓小平曾深刻指出:"我们过去发生的各种错误,固然与某些领导人的思想、作风有关,但是组织制度、工作制度方面的问题更重要。""克服特权现象,要解决思想问题,也要解决制度问题。"①

第二,党内法规是党内法治的依托。

法治是人类政治文明的重要成果,是人类社会进入现代文明的重要标志。1999年法治写入我国宪法——"中华人民共和国实行依法治国,建设社会主义法治国家",这既受到全球性法治浪潮的影响,也是党领导人民做出的理性选择。党内治理作为国家治理的有机组成部分,同样要遵循法治的基本国策和宪法准则。更重要的是,作为最高政治领导力量和执政党,党内治理的法治化程度和水平还深刻影响着国家治理的法治化程度和水平。党的十八大报告提出法治是治国理政的基本方式,并首次强调要提高领导干部运用法治思维和法治方式的能力,这是新时期对党员干部法治能力提出的新要求。要实现国家法治,首先要实现党内法治;要实现依法治国,首先要依规治党;要建设法治中国,首先要建设法治政党。

---

① 《邓小平文选》第二卷,人民出版社1994年版,第332—333页。

党内法规是调整党员行为和党内事务的规范。国家法律预设的对象是普通公民,其目标在于保护普通公民的权利。对党员而言,作为国家的公民要遵守国法,同时更要承担由党员这一特殊政治身份所带来的责任。党内法规预设的对象是作为先锋队的党员,其目标在于保证党的先进性和纯洁性,实现党的理想、理念和宗旨,具有强烈的义务色彩。因此与国家法律不同,党内法规必然具有更高和更严格的德性要求,它不仅是党员的行为规范,也是党员的价值指引。也只有遵循这样的要求,才符合党的本质和宗旨,符合民众对党的期待,也才能坚持和维护党的领导地位。正如习近平总书记所指出的:加强党内法规制度建设是全面从严治党的长远之策、根本之策。我们党要履行好执政兴国的重大历史使命、赢得具有许多新的历史特点的伟大斗争胜利、实现党和国家的长治久安,必须坚持依法治国与制度治党、依规治党统筹推进、一体建设。

第三,党内法规建设是实现"善治"的根本保障。

现代治理的目标在于达致"善治",即实现权力的公共性和治理的有效性和效率性,而这亦是党内治理的价值取向。亚里士多德说,人的每种实践与选择,都以某种善为目的。最高的善就是人的好生活或人的幸福。休谟也说,一切人类努力的伟大目标在于获得幸福。《独立宣言》中将追求幸福的权利列为基本人权,认为这是不言而喻的真理。人的幸福来自精神和物质两方面感受的综合。一方面幸福来自主体感和被尊重感,另一方面幸福来自需求的被满足感。前者要求治理的公共性,后者要求治理的效益性。中国的政治现实是,党是统帅一切的最高政治领导力量,无论是治理的公共性,还是治理的有效性,都需要党内治理作为基础和保障。党的十九大报告指出,领导 13 亿多人的社会主义大国,我们党既要政治过硬,也要本领高强。这明确表明了党内治理的目标和方向,即锻造保持初心,坚持纯洁性、先进性和人民性,同时又具备相当的治理能力和治理水平的现代型政党。唯有如此才能最终实现和保证党的领导,实现"善治"。这一切都需要以党内法规建设为保障。把权力关进制度的笼子里,首先要编好笼子,党内法规就是规范权力的笼子。党内治理的目标在于全面从严治党、建设现代型的社会主义政党,唯此才能推动党领导下的国家"善治",即"引领承载着中国人民伟大梦想的航船破浪前进,胜利驶向光辉的彼岸"。党内法规建设就是实现这一伟大目标基础和保障。

习近平总书记曾指出,"要善于用法治思维和法治方式反对腐败,加强反腐败国家立法,加强反腐倡廉党内法规制度建设,让法律制度刚性运行。"①与国家法律相比,党内法规具有更严的纪律约束和更高的德性要求。要实现"善治",实现权力的公共性回归,就必须首先依规管党治党。全面治党的纵深性发展,必须依靠党内法规的建设,坚持制度治党和依规治党。在党内法规的建设中,反腐败的纪律体系建设一直都是重点。在反对腐败、净化政治生态的斗争中,党内法规建设是标本兼治,实现反腐制度化、法治化的根本途径。党内法规既具备德性的高标准,又具备制度的"硬"约束力,能够突破单纯的"不敢腐"阶段,而进入"不能腐"的更高状态。

结　　语

从中组部网站的统计数据来看,截至 2019 年底,中国共产党党员总数为 9191.4 万名,党的基层组织 468.1 万个。党员队伍中,大专及以上学历党员 4661.5 万名,占 50.7%;女党员 2559.9 万名,占 27.9%;少数民族党员 680.3 万名,占 7.4%,这些数字还在不断增长。同时,相关数据还表明青年和生产、工作一线发展党员人数多、占比大。如此庞大的人员构成和组织分布,及其内部结构状况,一方面表明党内治理的必要性,另一方面也表明党员和党组织是国家治理最强大的力量来源和最重要的承担者。这样一个规模巨大、处于领导和执政地位的政治组织的治理构成了国家治理的重要组成部分,是国家治理现代化的支撑和保障。要实现国家治理体系和治理能力的现代化,必须首先优化党的组织体系、实现党的现代化转型、提高党的执政能力和执政水平,所有这一切归根结底最终又落脚于党内法规建设上。从这个意义上说,党内法规建设对国家治理具有根本性和全局性的作用。

党的十八大以来,党内法规的建设取得了巨大的成就,完成了历史上的首次党内法规集中清理,现已启动第二次集中清理。以"立规"为重心的第一个五年规划已经完成,并制定了第二个五年规划。修订、出台了百余部党内法规,初步建立起了以党章为核心,以准则、条例、规则、规定、办法、细则为配套

---

① 《习近平关于全面深化改革论述摘编》,中央文献出版社 2014 年版,第 71 页。

的结构体系和以"四梁八柱"为支撑的制度体系。党的领导法规、党的建设法规和党的监督保障法规都得到进一步的完善和健全。初步完备的党内法规体系为党内治理的进行提供了基础性条件,随着党内治理的进一步发展,在统筹推进各方面党内法规建设的同时,还需更关注党内法规的落实实施问题,以及党内法规与国家法律的协调和衔接问题,以真正实现党内治理,并以党内治理促进国家治理。

中国共产党坚持"依法治国和依规治党有机统一"的历史考察

施光欣*

摘要：党的十九大报告提出，要坚持"依法治国和依规治党有机统一"，这是新时代全面依法治国、全面从严治党向纵深推进的根本要求。坚持"依法治国和依规治党有机统一"来源于中国共产党治党治国的实践经验，同时又在中国共产党治党治国的实践中不断发展完善。本文旨在梳理中国共产党坚持"依法治国和依规治党有机统一"的发展脉络，深刻总结中国共产党治党治国实践探索和理论创新的规律性认识，为继续推进坚持"依法治国和依规治党有机统一"提供经验借鉴。

关键词：中国共产党；依法治国；依规治党

中国共产党团结、凝聚和带领人民革命、建设和改革的历史，决定了治党与治国在制度逻辑和实践逻辑上具有内在统一性。《中共中央关于全面推进依法治国若干重大问题的决定》确立了依法治国和依规治党的法治中国建设"双驱"结构和规范体系。② 党的十九大报告指出，要坚持"依法治国和依规治党有机统一"，并将之作为新时代坚持和发展中国特色社会主义的基本方略的重要内容。③ 本文旨在梳理中国共产党坚持"依法治国和依规治党有机

---

* 施光欣，男，北京交通大学马克思主义学院博士研究生。

② 《中共中央关于全面推进依法治国若干重大问题的决定》，《人民日报》2014 年 10 月 29 日。

③ 习近平：《决胜全面建成小康社会　夺取新时代中国特色社会主义伟大胜利》，《人民日报》2017 年 10 月 28 日。

统一”的发展脉络,深刻总结中国共产党治党治国实践探索和理论创新的规律性认识,为继续推进“依法治国和依规治党有机统一”提供经验借鉴。

一、中国共产党坚持“依法治国和依规治党有机统一”的历史演进

从中国共产党坚持“依法治国和依规治党有机统一”的发展过程来看,大致经历创立发展、曲折探索、恢复发展和改革创新四个阶段,构成了历史发展的基本脉络。

(一)在新民主主义革命实践中创立发展

在新民主主义革命的斗争实践中,中国共产党无论是在党的建设中对制度建党的始终坚持,还是在局部执政中对法制建设的积极探索,都已经开始孕育坚持“依法治国和依规治党有机统一”的理念。

在党的创立时期,党的一大制定了党纲,党的二大制定了第一部党章,这些是最早的党内法规。在大革命时期,党的三大、四大分别通过了第一次、第二次修正章程,党的五大政治局会议通过了第三次修正章程议决案。① 与此同时,党在领导和组织工人运动和农民运动的过程中,制定发布了一些具有法律性质的规约文件。在土地革命战争时期,党的六大通过了唯一一部在国外制定的党章。② 在革命根据地建设中,各根据地政府积极探索法治建设。在抗日战争时期,1938 年 10 月,在党的六届六中全会上,毛泽东首次提出了党内法规的概念,③刘少奇第一次使用“党规党法”的提法④。1945 年 5 月,在党的七大上,刘少奇使用了“党的法规”的概念。⑤ 在继承苏区经验的基础上,党制定了一些有利于坚持抗战的法律法规。在解放战争时期,毛泽东号召“加

---

① 李忠杰:《党章内外的故事:近百年来历经十八个版本修订》,《新湘评论》2018 年第 13 期。
② 李忠杰:《党章内外的故事:近百年来历经十八个版本修订》,《新湘评论》2018 年第 13 期。
③ 《毛泽东选集》第二卷,人民出版社 1991 年版,第 528 页。
④ 中共中央文献研究室:《中共中央党校·刘少奇论党的建设》,中央文献出版社 1991 年版,第 46 页。
⑤ 中共中央文献研究室:《中共中央党校·刘少奇论党的建设》,中央文献出版社 1991 年版,第 400 页。

强纪律性",①提出"两个务必"②,倡导"不做寿、不送礼、少敬酒、少拍掌、不以人名作地名、不要把中国同志同马恩列斯平列"③。为了配合战争需要,党在解放区继续积极探索法治建设。

(二)在社会主义革命和建设实践中曲折发展

新中国的成立标志着党所面临的任务和环境发生了重要变化,时代主题和任务的变化对中国共产党治党治国提出了新的要求,中国共产党对于如何坚持"依法治国和依规治党有机统一"继续进行有益探索。

新中国成立后,党内法规建设得到极大推进,党的八大通过了《中国共产党章程》,这是中国共产党执政以后制定的第一部党章。其中强调党政分立,为党内法规和国家法律法规的区分提供了依据,且第一次规定国、省、县三级实行党代会常任制,探索执政党建设经验。④ 1962 年 2 月 6 日,在扩大的中央工作会议上的讲话中,邓小平同志使用了"党规党法"的概念。⑤ 新中国的成立也开启了中国法治现代化的新篇章,党中央的"二月指示"⑥和《中国人民政治协商会议共同纲领》⑦明确提出废除国民党旧法统、创设全新的国家制度与人民的新法律。新中国成立初期,国家先后颁布了中央人民政府组织法、选举法、土地改革法、婚姻法、人民法院组织法、人民检察院组织法、惩治反革命条例等一大批法律文件,特别是 1954 年我国第一部宪法的颁布,初步建构了一套社会主义新中国的法律制度。

(三)在改革开放实践中恢复发展

改革开放以来,为适应党的工作重心转向经济建设的变化,党在实践中不

---

①　姜华宣、张尉萍、肖生:《中国共产党重要会议纪事(1921—2006)》,中央文献出版社2006 年版,第 193 页。

②　《毛泽东选集》第四卷,人民出版社 1991 年版,第 1438—1439 页。

③　文飞:《党史上关于作风建设的相关规定摘编》,《党建》2013 年第 10 期。

④　《中国共产党章程》,《人民日报》1956 年 9 月 27 日。

⑤　《邓小平文选》第一卷,人民出版社 1994 年版,第 300 页。

⑥　中共中央文献研究室中央档案馆:《建党以来重要文献选编(一九二一——一九四九)》(第 26 册),中央文献出版社 2011 年版,第 154—155 页。

⑦　《中国人民政治协商会议共同纲领》(一九四九年九月二十九日中国人民政治协商第一届全体会议通过),《人民日报》1949 年 9 月 30 日。

断推进党内法规建设和社会主义法制建设,逐步建立了制度化、规范化、系统化的党内法规制度体系和社会主义法制制度体系。

1980 年,党的十一届五中全会通过了《关于党内政治生活的若干准则》,第一次在党的文件中明确使用了"党内法规"的概念。① 1990 年,《中国共产党党内法规制定程序暂行条例》首次明确界定"党内法规"的概念,并规定了名称、适用范围、制定主体和程序等,党内法规正式制度化。② 2003 年颁行的《中国共产党党内监督条例(试行)》是马克思主义执政党第一部党内监督法规,体现了依规治党的理念。③ 2006 年,中共中央首次提出"加强以党章为核心的党内法规制度体系建设"。④ 2007 年,党的十七大通过党章修正案,首次规定了党务公开、各级党代会任期制、党的中央和省区市委员会巡视制。⑤ 2009 年,党的十七届四中全会明确了党内法规体系的根本是党章,核心内容是民主集中制,这使此后的党内法规体系建设道路更加清晰。⑥ 2011 年,胡锦涛同志在"七一讲话"中强调,全党同志都要牢固树立法律面前人人平等、制度面前没有特权、制度约束没有例外的观念,认真学习制度,严格执行制度,自觉维护制度。⑦

从 1978 年至今,我国开始了中国特色社会主义法制建设的历史进程。党的十一届三中全会强调,"为了保障人民民主,必须加强法制。必须使民主制度化、法律化","做到有法可依、有法必依、执法必严、违法必究"⑧。1979 年,五届全国人大二次会议通过选举法、刑法、刑事诉讼法、地方组织法等七部法律。1982 年 12 月 4 日,五届全国人大五次会议通过"八二宪法",规定"国家维护社会主义法制的统一和尊严"。⑨ 1997 年党的十五大正式提出"依法治

---

① 《关于党内政治生活的若干准则》,《人民日报》1980 年 3 月 15 日。

② 施新州:《中国共产党党内法规体系的内涵、特征与功能论析》,《中共中央党校学报》2015 年第 3 期。

③ 《中国共产党党内监督条例(试行)》,《人民日报》2004 年 2 月 18 日。

④ 《学习党章　遵守党章　贯彻党章　维护党章深入开展党风廉政建设和反腐败工作》,《人民日报》2006 年 1 月 7 日。

⑤ 《中国共产党章程》,《人民日报》2007 年 10 月 26 日。

⑥ 《中共十七届四中全会在京举行》,《人民日报》2009 年 9 月 19 日。

⑦ 胡锦涛:《在庆祝中国共产党成立九十周年大会上的讲话(二〇一一年七月一日)》,《前线》2011 年第 7 期。

⑧ 《邓小平文选》第二卷,人民出版社 1993 年版,第 146—147 页。

⑨ 《中华人民共和国宪法》,《人民日报》1982 年 12 月 5 日。

国,建设社会主义法治国家"。① 这标志着中国共产党关于社会主义法治问题的认识实现了从"社会主义法制"向"中国特色社会主义法治"的重大转变。2002年,党的十六大提出"坚持依法执政,实施党对国家和社会的领导",在党的历史上第一次提出党"依法执政"。② 2006年,党的十六届六中全会把"民主法制更加完善、依法治国基本方略得到全面落实、人民权益得到切实尊重和保障"作为构建社会主义和谐社会的九大目标任务之首。③ 2007年,党的十七大强调"全面落实依法治国基本方略,加快建设社会主义法治国家"。④

(四)在协调推进"四个全面"战略布局中创新发展

党的十八大以来,党坚持"实践探索在前、总结提炼在后"的原则,将党内法规体系和国家法律体系并举,统筹推进依法治国和制度治党、依规治党一体建设。

2012年,中共党史上的第一次党内法规和规范性文件集中清理工作启动,全面筛查新中国成立至2012年6月期间出台的中央文件。⑤ 在此基础上,2013年《中央党内法规制定工作五年规划纲要(2013—2017年)》出台,提出在建党100周年时全面建成内容科学、程序严密、配套完备、运行有效的党内法规制度体系建设目标。⑥ 为了规范党内法规制定,2013年还颁行了《中国共产党党内法规制定条例》和《中国共产党党内法规和规范性文件备案规定》这两部党内法规的"立法法"。⑦ 2017年,中共中央印发的《关于加强党内法规制度建设的意见》中提出,"到建党100周年时,形成比较完善的党内法

① 江泽民:《高举邓小平理论伟大旗帜,把建设有中国特色社会主义事业全面推向二十一世纪》,《人民日报》1997年9月22日。

② 江泽民:《全面建设小康社会,开创中国特色社会主义事业新局面》,《人民日报》2002年11月18日。

③ 《中共中央关于构建社会主义和谐社会若干重大问题的决定》,《人民日报》2006年10月19日。

④ 胡锦涛:《高举中国特色社会主义伟大旗帜,为夺取全面建设小康社会新胜利而奋斗》,《人民日报》2007年10月25日。

⑤ 《中央党内法规和规范性文件集中清理工作全部完成》,《人民日报》2014年11月18日。

⑥ 《中央党内法规制定工作五年规划纲要》,《人民日报》2013年11月28日。

⑦ 《两部重要党内法规公开发布》,《人民日报》2013年5月28日。

规制度体系、高效的党内法规制度实施体系、有力的党内法规制度建设保障体系"。① 党的十九大进一步提出，"加快形成覆盖党的领导和党的建设各方面的党内法规制度体系"。② 2018 年 2 月，《中央党内法规制定工作第二个五年规划（2018—2022 年）》颁布，坚持以制定出台主干党内法规为牵引，以政治建设为统领，健全完善党的组织体系，为实现 2020 年全面从严治党向纵深发展提供制度保障。③

　　2012 年，在全面推进新时代中国特色社会主义法治建设中，党的十八大报告强调"法治是治国理政的基本方式"。④ 2013 年，党的十八届三中全会提出"推进法治中国建设"的战略目标。⑤ 2014 年，党的十八届四中全会在党的历史上第一次以中央全会的高规格形式对法治建设进行研究和部署。⑥ 2015 年，党的十八届五中全会强调必须遵循"坚持依法治国"的原则。⑦ 2016 年，党的十八届六中全会提出依法治国与从严治党的历史性命题。⑧ 2017 年，党的十九大报告高度评价了十八大以来我国法治建设的历史性成就。在报告当中，"依法治国"一词总共出现了 19 次，"法治"一词出现了 33 次。⑨

二、中国共产党坚持"依法治国和依规治党
有机统一"的主要特点

　　坚持"依法治国和依规治党有机统一"源于中国共产党治党治国的伟大

<hr>

①　《中共中央印发〈关于加强党内法规制度建设的意见〉》，《人民日报》2017 年 6 月 26 日。

②　习近平：《决胜全面建成小康社会　夺取新时代中国特色社会主义伟大胜利》，《人民日报》2017 年 10 月 28 日。

③　《中共中央印发〈中央党内法规制定工作第二个五年规划（2018—2022 年）〉》，《人民日报》2018 年 2 月 24 日。

④　胡锦涛：《坚定不移沿着中国特色社会主义道路前进　为全面建成小康社会而奋斗》，《人民日报》2012 年 11 月 18 日。

⑤　《中共中央关于全面深化改革若干重大问题的决定》，《人民日报》2013 年 11 月 16 日。

⑥　《中共中央关于全面推进依法治国若干重大问题的决定》，《人民日报》2014 年 10 月 29 日。

⑦　《中国共产党第十八届中央委员会第五次全体会议公报》，《求是》2015 年第 21 期。

⑧　《中国共产党第十八届中央委员会第六次全体会议公报》，《中国纪检监察》2016 年第 21 期。

⑨　习近平：《决胜全面建成小康社会　夺取新时代中国特色社会主义伟大胜利》，《人民日报》2017 年 10 月 28 日。

实践,其发展特点是在这一伟大实践过程中体现出来的,反映了党对如何坚持"依法治国和依规治党有机统一"的认识不断深化。

(一)科学性

从理论层面看,思想的科学性是指其内容是否符合客观实际,是否反映出事物的本质和内在规律。从实践层面看,思想的科学性是指其能否对实践有真正的指导意义,是否真的具有实践价值。坚持"依法治国和依规治党有机统一",是推进全面依法治国的重要方面和关键环节。在中国社会发展新的历史方位和历史坐标中,加快建设法治国家、法治政府、法治社会,深入推进党的建设伟大工程,必然要求形成法治思维的工作方式、完备的制度体系、刚性的制度规定、严格的制度执行,协调推进全面依法治国和全面从严治党。

(二)继承性

坚持"依法治国和依规治党有机统一"的思想不是天上掉下来的,也不是某些人凭空想出来的。马克思主义的法治思想和党建思想,是坚持"依法治国和依规治党有机统一"的理论渊源,坚持"依法治国和依规治党有机统一"的思想源于马克思主义。世界各国的法治建设和管党治党的实践经验,是实现坚持"依法治国和依规治党有机统一"的重要借鉴。社会主义初级阶段的基本国情,是实现坚持"依法治国和依规治党有机统一"的现实基础,全面依法治国和全面从严治党必然随着中国特色社会主义历史伟业而不断深化。

(三)创新性

坚持"依法治国和依规治党有机统一"的提出,既是中国共产党管党治党理念的重大创新,也是马克思主义法治理论和中国特色社会主义法治思想理论的重大创新。党的十八届四中全会首次提出以完备的法律规范体系、高效的法治实施体系、严密的法治监督体系、有力的法治保障体系、完善的党内法规体系为主要内容的中国特色社会主义法治体系,丰富和充实了中国特色社会主义制度,体现了中国共产党人坚持中国特色社会主义法治的道路自信、制度自信、理论自信、文化自信。

（四）系统性

"党和法、党的领导和依法治国是高度统一的。"①任何人都不存在超越法律的特权,每个人在法律的面前都是平等的。在实施法律的关键环节要注重公平正义,让人们在每一个案件中感受到公平正义。纵观历史可以发现,一个国家如果法治水平高、治党有力,经济发展就会持续健康,社会生活就会安定有序;一个国家如果法治水平较低、治党不严,经济发展就会相对缓慢,社会秩序也会遭到相当程度的破坏。由此,从治国理政的角度来看,国家社会的发展离不开依法治国和依规治党。

三、中国共产党坚持"依法治国和依规治党有机统一"的基本经验

客观分析中国共产党坚持"依法治国和依规治党有机统一"的历史进程,深刻总结依法治国和依规治党的重要经验成果,对新时代继续推进党内法规建设和社会主义法治建设具有重要意义。

（一）必须正确认识和处理党与法的关系

党和法的关系是政治和法治关系的集中反映。党是一种政治组织,有着特定的政治主张;法是一种行为规范,体现着国家意志。党取得执政地位后,都会把自己的政治主张通过法定程序上升为国家意志,并依靠国家强制力保障实施。中国共产党领导是中国特色社会主义最本质的特征,这既是由科学社会主义的理论逻辑和中国人民革命、建设、改革的历史逻辑所决定的,也是由我国宪法以国家根本大法的形式和《中国共产党章程》以党内最高法规的形式所确定的。广大人民群众在党的领导下践行依法治国,绝不是要削弱和否定党的领导,而是对党的领导地位的加强和改善,以更好地巩固党的执政地位、完成党的执政使命。

（二）必须正确认识和处理法与权的关系

"法与权"关系中的"权",是指国家公权力,包括立法权、行政权、审判权、

---

① 《领导干部要做尊法学法守法用法的模范　带动全党全国共同全面推进依法治国》,《人民日报》2015年2月3日。

检察权和社会组织的公共事务管理权等。"法与权"关系中的"法",是指以宪法为统帅的法律规范体系和以党章为核心的党内法规体系,包括由全国人大及其常委会制定的法律、由国务院制定的行政法规,还包括地方性法规、国务院部门规章和地方政府规章等,也包括党的一系列规范性文件。自觉坚持"法大于权",坚决纠正和解决"权大于法",是我们认识和处理"权与法"关系的唯一选择。坚持"法大于权",重点在于规范和约束公权力,前提在于坚持宪法法律至上和法律面前人人平等,关键在于坚持权依法定、权依法使、权依法究。

(三)必须正确认识和处理民主与法治的关系

中国特色社会主义民主政治,是党领导下民主与法治的有机结合和辩证统一,是发展社会主义民主政治与推进依法治国和依规治党的有机结合和辩证统一。民主政治、依法治国、依规治党相互依存,不可分割。社会主义法治水平的不断提高,以社会主义民主的不断发展为基础和条件;社会主义民主的不断发展,必须以社会主义法治水平的不断提高作为保障。因此,全面推进党内法规建设和社会主义法治建设,不断提高依法治国和依规治党的水平,不仅是建设社会主义法治国家的主要任务,也是建设中国特色社会主义民主政治的重要途径。坚持"依法治国和依规治党有机统一",使民主与法治相互结合、相互促进,才会夯实社会主义现代化强国建设的根基。

(四)必须正确认识和处理依法治国和依规治党的关系

依规治党是依法治国的重要保障,依法治国是依规治党的重要依托,二者统一于中国特色社会主义法治体系建设之中。通过依规治党,可以进一步提升党的建设和党的工作的制度化、规范化、程序化水平,进一步明确中国特色社会主义法治体系建设的路径和方向,确保各级党组织和全体党员模范遵守宪法法律。通过全面依法治国,可以推动全社会尊法学法守法用法,为党内法规的制定、实施、监督、保障等提供方法上的借鉴,有利于进一步加强和改善党的领导,为依规治党提供制度上的保障。依法治国是党领导人民治理国家的基本方式,依规治党是法治理念在党内政治生活中的体现,二者共同支撑和保障着党内法规建设和社会主义法治建设。

法治化是党的领导的内在要求

陈可鑫*

摘要:中国共产党领导是中国特色社会主义最本质的特征,中国革命、建设和改革实践证明了为政以德的党和先进党的性质,党的领导地位归根到底来源于人民的拥护和信任。坚持和加强党的全面领导,必须坚守党的性质,而法治化是中国共产党领导社会主义法治的正确方向,是党保持为政以德的党、先进党的性质,不忘初心、牢记使命的内在要求。党规是社会主义法治的核心,要通过完善党的自身建设规范和党的领导规范,将党的领导法治化不断推向前进。

关键词:党的领导;法治化;党内法规

《中共中央关于全面推进依法治国若干重大问题的决定》指出,全面推进依法治国,必须坚持中国共产党的领导,党的领导是社会主义法治最根本的保证。同时也指出,党的领导要依靠社会主义法治,依法执政既要求党依据宪法法律治国理政,也要求党依据党内法规管党治党。2016年12月《关于加强党内法规制度建设的意见》指出,治国必先治党,治党务必从严,从严必依法度。习近平总书记在中央全面依法治国委员会第一次会议上的讲话中强调,要健全党领导全面依法治国的制度和工作机制,继续推进党的领导制度化、法治化,把党的领导贯彻到全面依法治国全过程和各方面,为全面建成小康社会、全面深化改革、全面从严治党提供长期稳定的法治保障。"党的领导法治化"的表述逐步清晰、明确,法治化已经成为党的领导的内在要求。这一命题包括党的领导、法治化两个概念,内在要求是指党的领导与法治化的关系,法治化

---

* 陈可鑫,女,中国社会科学院法律硕士。

是由党的领导的性质决定的。

一、中国共产党领导地位的来源

回顾历史,近代以来,存续两千年的封建专制制度与西方外来资本主义制度进行了激烈的斗争与交锋,最终双双退出了中国的历史舞台。历史已经证明:封建专制制度已经远远落后于时代的发展,必须完全摒弃;而资本主义制度或许与西方的社会环境相互适应,却无法在我国发挥有效的作用。中国共产党之所以在封建专制制度与资本主义制度斗争的夹缝中得以生存和成长,并最终建立政权、领导国家,既是由历史的众多偶然促成,又是历史发展的必然结果。

我国宪法第一条规定,中国共产党领导是中国特色社会主义最本质的特征,中国共产党的领导地位是由党的性质决定的,中国共产党是为政以德的党、先进党,同时又是追求自我革命的党,由此始终保持德性和先进性。①

(一)中国共产党是为政以德的党

中国共产党是为政以德的党。作为政党,对于无产阶级的阶级性、共产党的党性,不能做狭隘的理解,即不能理解为为着一个阶级、一个党派的私利,而是要从无产阶级只有解放全人类才能最后解放自己的高度来理解。无产阶级的阶级性恰恰就在于它的大公无私性,共产党的党性也恰恰在于其"立党为公、执政为民"。这是共产党区别于其他阶级政党的重要性质。② 党章中明确指出:党除了工人阶级和最广大人民群众的利益,没有自己特殊的利益,党在任何时候都把群众利益放在第一位,与群众同甘共苦,保持最密切的联系,坚持权为民所用、情为民所系、利为民所谋,不允许任何党员脱离群众,凌驾于群众之上。中国共产党将人民的利益放在任何利益之前,将人民群众的利益作为真理的最高标准和党员一切行动的最高标准,既体现了党是以维护人民利益为道德标准的德性政党,又体现了党对传统文化中"为政

---

① 柯华庆、杨明宇:《党规学》,上海三联书店 2018 年版,第 7 页。

② 胡振平:《党的先进性建设的关键"化理论为方法、化理论为德性"》,《毛泽东邓小平理论研究》2006 年第 7 期。

以德"思想的认同。

从党员来讲，作为公民，有遵守中华人民共和国法律的义务，要符合社会主义核心价值观的要求，共产党员既是普通群众中的一员，又是普通群众中的先进分子；党员领导干部既是党员，又是国家公职人员。无论是党员领导干部，还是普通党员，从修身的角度来讲，要懂得自持、戒贪止欲、克己奉公，保持自身的德性，做好群众的道德表率；作为共产党员，肩负着实现民族复兴和献身共产主义事业的伟大使命，有比普通公民更高的德性要求，即党性要求，高尚的道德人格对于理想信念的确立具有重要意义。一个人形成高尚的道德人格以后，就能坚持自己的理想信念，克服内部和外部的诸多障碍，努力实现自己的理想目标。① 党员不能放松党性修养，要恪守立党为公、执政为民的理念，用习近平总书记的话来说，要做到"心里无私天地宽"。习近平总书记强调，领导干部要讲政德，政德是整个社会道德建设的风向标。立政德，就要明大德、守公德、严私德。② 党员领导干部比党员干部、普通党员发挥更大的作用，应该有更高的德性修养和党性修养，承担更多责任。总之，无论是党本身，还是党员，都以德性为立身要旨，因此，中国共产党是为政以德的党。

（二）中国共产党是先进党

中国共产党是先进党。自有政党政治以来，社会的变迁便离不开代表一定阶级和阶层利益的政党的主导，落后于时代的政党可能一时执政甚至掌握国家和社会的领导权，但先进的政党才能始终成为历史和人民的选择。③ 马克思主义理论是始终科学、鲜活的理论，"理论联系实际，具体问题具体分析"是马克思主义活的灵魂，先进性是马克思主义政党的本质属性，党章写道：中国共产党是中国工人阶级的先锋队，同时是中国人民和中华民族的先锋队，是中国特色社会主义事业的领导核心，代表中国先进生产力的发展要求，代表中国先进文化的前进方向，代表中国最广大人民的根本利益。党章鲜明地指出

---

① 郑勇扣：《人性、德性、党性的统一：共产党员坚定理想信念的人学基础》，《马克思主义与现实》2007 年第 6 期。

② 《习近平李克强栗战书赵乐际分别参加全国人大会议一些代表团审议》，《人民日报》2018 年 3 月 11 日。

③ 柳建辉：《在历史和人民的选择中体现先进党的本色》，《党政干部学刊》2011 年第 6 期。

了党作为先锋队的先进党与中国特色社会主义事业的关系,党的先进性是中国共产党领导中国特色社会主义事业的原因,同时也是必然要求,一个政党能否执政、执政以后地位能否巩固,关键在于这个政党是否具有先进性和是否始终保持先进性。① 先进有一时先进和一直先进之分,过去先进不等于现在先进,现在先进不等于将来先进,变革的时代要求中国共产党不断变革,才能保证中国共产党一直先进。② 在不同时代和不同历史阶段,中国共产党始终根据时代发展和党所面临的新形势、新任务,不断学习马克思主义理论,不断反思中国实际,对党的目标和纲领进行新的调整,把握时代变化、紧跟时代步伐,始终根据时代需要进行变革,这是中国共产党始终保持先进的原因。先进性决定了中国共产党在历史上造就的辉煌成果,也决定了它在未来将始终走在时代前列,充分发挥其先锋和模范作用,始终领导中国特色社会主义伟大事业。

二、坚持和加强党的领导

中国共产党是最高政治领导力量,必须坚持党对我国各项事业和一切工作的领导,这是由党的性质决定的。党的这种全面领导是具体的、稳定的,不是空洞的、抽象的,不是任意的、临时的,体现在治国理政的方方面面,体现到国家政权的机构、体制、制度等的涉及、安排、运行之中,包括社会主义法治建设。

(一)党的领导不是人治

坚持和加强党的全面领导是坚持和发展社会主义法治的最根本保证。法治化是逐步实现法治的过程,马克思主义认为,法不是从来就有的,是在私有制产生以后阶级和有阶级社会的特有现象,法与法治是统治阶级意志的体现,永远与一定的利益相关。任何国家都有自己的法并以法治之,只是法与法治的根本性质不同,法的完善程度与治理力度和治理方式也有所区别。法治的

---

① 吴传毅、朱雄君、尹同君:《新时代党的全面领导与党的建设》,中共党史出版社 2018 年版,第 92—93 页。
② 柯华庆、杨明宇:《党规学》,上海三联书店 2018 年版,第 7 页。

属性取决于由谁领导，代表谁的利益。

中国共产党代表最广大人民的根本利益，中国的法律体现了人民民主专政的政治性。在此前提下，法律体系的形成和法治体系的发展完善在巩固统治、发展国家治理的同时也是维护人民利益的，党的意志和人民利益高度统一。领导权是一种决断权，而不是专断权，拥有决断权的最高政治领导力量并不排斥其他渠道的意见和建议，能够根据自己对具体形势和价值的判断做出最终的决定，这是民主体制下效率原则的体现，是我国协商民主的独特优势。① 但这种领导权不是与生俱来的，归根到底是由于人民的信任而产生的。习近平总书记在党的十八届四中全会第二次全体会议的讲话中尖锐地指出："一些党员、干部仍然存在人治思想和长官意识，认为依法办事条条框框多、束缚手脚，凡事都要自己说了算，根本不知道有法律存在，大搞以言代法、以权压法。这种现象不改变，依法治国就难以真正落实。"②

（二）党的领导权制约

国家、社会治理归根到底要由人来做决策，要充分发挥人的主观能动性，法律也是由人来设计和适用的。法治是由人来推行并且服务于人的，在法律出现问题时，需要人根据实际情况修改和完善法律。法治就是要将团体与人的权力关进制度的"笼子"，保证权力运行依法合规。所谓人治是置党和国家的民主集中制原则、群众路线与党纪党规、社会主义法律法规于不顾，以言代法、以权压法，甚至搞团团伙伙、结党营私、拉帮结派，从而干出违背人民群众根本利益之事的个人专断或极少数人专制。

中国共产党领导法治应严格警惕人治，必须对领导权进行制约，可以分为伦理的制约和制度的制约，伦理的制约是内在的、根本性的，而制度的制约是外在的、即时有效的，后者是实现前者的必然、有效的途径。通过党的领导法治化，对于确保党的领导地位的合法性和党的领导行为的合目的性具有重要的意义，将中国共产党的领导权纳入法治的轨道，是党的领导的内在要求。

---

① 贺海仁：《论中国共产党领导法治化》，《河北法学》2016 年第 4 期。
② 《习近平谈治国理政》第二卷，外文出版社 2017 年版，第 116 页。

三、法治化是党的领导的内在要求

中国共产党的领导地位是由其为政以德的党、先进党的性质决定的,因为这些性质符合人民当家作主期望及对于生产力发展与美好生活的向往。坚持和加强党的领导,归根到底是要加强党和人民之间的羁绊,保持党的德性和先进性,这关系到党的自身建设和领导方式问题,主要关系到建设类党规的法治化和领导类党规的法治化。[①]

(一)党的自身建设法治化与德性

党的自身建设与党领导和执政方式的建设不同,理论上讲,党的自身建设依靠党员精神的凝聚,党的领导依靠法治,但也应看到党的自身建设和党的领导方式建设的共同点,即党的自身建设也需要法治化。

孙中山先生在反思二次革命失败时痛定思痛,指出党内缺乏团结、人心涣散的病根,提出党内"人治"的要求,"党本来是人治,不是法治。我们要造法治国家,只靠我们同党人的心理。党之所以能够团结发达,必须有两个作用:一是感情作用;二是主义作用;至于法治作用,其效果甚小。"[②]党员以相同的信仰和主义联结在一起,为着共同的目标奋进,领导人应是最具备人格魅力和党性修养的,党员以对党的精神的认知、认同和践行为基础,向领导核心看齐,围绕在领导核心周围,心往一处想、力往一处使,这是党的自身建设最理想的状态。但在强调核心意识的同时,不能忽视建设类党规的重要作用。就党的自身建设而言,必须加强建设类党规建设,推进法治化。

1. 保持党的德性和初心

党中央相当重视初心教育,十九大报告指出,中国共产党人的初心和使命就是为中国人民谋幸福,为中华民族谋复兴。不忘初心、牢记使命是中国共产党保持为政以德的党的性质的基本要求,这份责任担在每一个中共党

---

① 《中国共产党党内法规制定条例》第三条规定,党内法规包括规范党的领导和党的建设活动的专门规章制度。此处及以下党内法规做狭义理解,指规范党的建设活动的规章制度,领导类党规指规范党的领导的规章制度。(柯华庆:《党规学》,上海三联书店 2018 年版)

② 中国社科院近代史所:《孙中山全集》,中华书局 1985 年版,第 391 页。

员的肩头。

德性的养成依靠思想教育,这是一个复杂的过程,从认知到认同再到践行,要求真学、真懂、真信、真用。每个党员在入党时都学习了党的章程、理论和精神,对党的德性要求和初心都有相对完整的认知,但在认知的基础上,党员是能否理解马克思主义基本理论,是否真正认同共产党执政规律、社会主义建设规律、人类社会发展规律,是否把党的原则内化于心,成为约束和指引党员行为的内心正义,需要在实践中检验。2018 年,全国纪检监察机关党纪处分 52.6 万人,①这是认同环节出了问题,有些党员,对于作为党员应保持怎样的初心和德性自始至终没有真正认同,不能始终践行党员义务和承担起为中国人民谋幸福、为中华民族谋复兴的伟大使命,影响了党的纯洁性和道德性,如果不加以控制,必然减损人民对党的信任,陷入所谓的塔西佗陷阱,②动摇党的领导地位。除了已经受到党纪处分的党员,还有许多党员践行党的德性并不是由于认同党的精神,而只是因为身在体制内,受到各种因素的制约,如法律、名誉等,这些党员同样是党内部腐坏的重大隐患。这好比康德伦理学中区分的合乎道德的行为和出于道德的行为,只有对党的理论和精神真学、真懂、真信、真用,中国共产党才能始终作为为政以德的党,才能始终代表最广大人民的根本利益。而认同感的培养是一个长期的过程,在中国特色社会主义发展进入新时代的关键点,处理中国共产党人心向背的问题,坚持和加强中国共产党的领导必须及时、坚决,不能把严重的当下问题寄托到遥远的未来去解决,必须加强建设类党规法治化,依规治党、从严治党。

2. 完善党的自身建设规范

建设类党规的作用和要求体现在两个方面。第一,严格规范党员行为,维护党的形象。思想决定行为,思想问题很可能导致错误的行为,包括认识问题和利益问题。一方面,认识问题一般通过思想政治工作是可以解决的,但有时发现思想问题是困难的,例如某个思想可能形成于党员的某种长期经历从而相对固化,或者形成于复杂多样的综合因素,一时间难以找到源头,这就要求完善党内组织建设的法规,如《关于加强行业系统基层党建工作的意见》等,

---

① 《中央纪委国家监委网站发布数据》,《人民日报》2019 年 1 月 10 日。
② 塔西佗陷阱是古罗马历史学家塔西佗对一位罗马皇帝的评价:"一旦皇帝成了人们憎恨的对象,他做的好事和坏事就同样会引起人们对他的厌恶。"

加强基层组织建设,完善党员档案管理和培养计划,增加上级组织对基层组织和党员个人的了解,增强党员之间的互信互助和党员对组织的认同。另一方面,针对利益引起的思想问题,要完善监督法规,如《中国共产党党内监督条例》,使每个环节更加严密,填补国家法律对党组织内部关系调整的不足、克服党内潜规则、强化责任追究,通过严厉的惩戒威慑调整党员的行为,使党员养成符合党性的习惯,改变错误的认识;要加强保障法规的建设,保障党员基本权利,解决党员的后顾之忧。

第二,发挥建设类党规的德性价值导向作用,结合法治与德育。社会主义具有合目的性,社会主义法治最终是为了营造社会和谐共同体,实现人在社会中的全面自由的发展,党内法规法治化不仅仅要求党把建设类党规作为一种外在的工具,更重要的是寓党的德性价值于建设类党规之中,如同柏拉图在《法律篇》中的见解,"在制定法律的时候,每个立法者除了最高的美德外,绝不考虑其他见解,要不他就一无是处。"①在长期遵守包含了党德性价值的建设类党规的过程中,党员也能逐渐养成党性习惯,从而保有了全党的德性,巩固了党的领导地位,人民群众的利益也得以保障。

(二)党的领导法治化与先进性
1. 保持党的领导的先进性

党的领导是社会主义法治最本质的特征,党规是社会主义法治的核心部分,党的领导的先进性要求领导类党规更加先进。社会发展状态和形势的迅速变化与法律规范的滞后是一对矛盾,社会的发展超过法律制约的范围时会导致法律失灵,法律的滞后也会限制新兴发展动力的产生和社会的进步。党的领导关系到国家繁荣、民族富强、人民幸福的大计,因此应当高瞻远瞩,对发展方向和路线要有准确的把握,对社会矛盾和形势的变化要有敏锐的判断,这就对党的领导规范的灵活性提出了更高的要求。2019 年 8 月 30 日,中共中央政治局会议修订了《中国共产党党内法规制定条例》,完善了党规制定前置审核、审议、发布、试行以及制定后效力位阶、冲突处理、解释、修改等规定,②

---

① 〔古希腊〕柏拉图:《法律篇》,商务印书馆 2016 年版,第 15 页。
② 《〈中国共产党党内法规制定条例〉修订的特点和内容》,资料来源:http://www.ccdi.gov.cn/yaowen/201909/t20190915_200567.html,最后访问日期:2019 年 9 月 20 日。

进一步提升了党规制定、修改的科学性和灵活性。同时,2019年以来,中共中央印发了《中国共产党政法工作条例》《中国共产党重大事项请示报告条例》《中国共产党党员教育管理工作条例》《中国共产党农村工作条例》等领导规范,将党对各行各界的绝对领导地位和灵活的领导方式固定下来。

2.保持领导类党规的稳定性

稳定是良法的重要特征,是法治进程的重要保障,党的领导具有灵活性的特点,但这和党长期领导的稳定性并不矛盾,中国共产党对中国特色社会主义道路的探索和实现中华民族伟大复兴的战略总体上是稳定的,而不同时期和国内外形势变化引起的党的政策的灵活性变动是暂时的、局部的。既要看到局部多变,又要看到总体的稳定,才能在当今世界百年未有之大变局中临危不乱,保持中国发展的稳定态势。因此,应当完善领导类党规的备案、审查制度,对于重大政策的施行、变更或废除,应该有严格的程序,进行充分的科学的论证,对于影响民生的重大政策,必须充分听取各阶层相关利益群体的意见,进行民主决策。这反过来也促进了党领导能力的提升,有利于长期高效执政,有利于国家富强、民族振兴、人民幸福。

亦开风气亦为师——读柯华庆主编《党规学》

夏少光*

一

党规学,是近年来法治研究中一个正在勃兴的重要领域。从根本上说,这是作为史诗级政治现象的中国共产党的治理业绩正逐渐为世界认知并认可的结果。政党是现代政治生活的基本组织形式之一。虽然作为舶来品的政党政治进入中国不过百余年,但恰在作为移植地的中国,政党政治却迅速扎根壮大,蔚为大观,形塑了 20 世纪中国社会所有最伟大的政治社会变革,深深地影响乃至撼动了世界政治史的进程,贡献了许多独具中国智慧的政治文明果实。在百年中国政党政治史中,中国共产党无疑是最杰出的代表。正如习近平总书记在十九大报告中指出的,中国共产党"完成了中华民族有史以来最为广泛而深刻的社会变革,为当代中国一切发展进步奠定了根本政治前提和制度基础,实现了中华民族由近代不断衰落到根本扭转命运、持续走向繁荣富强的伟大飞跃"[2]。撇开中国共产党,就根本无法理解 20 世纪中国的几乎全部历史进程与所有根本性成就。关注 21 世纪世界政治文明走向,一个非常值得分析借鉴的个案就是中国共产党及其领导下的中华人民共和国。对中国共产党及其治理经验的研究,理应进入有志于在法政学科内有所建树的学者的选题视野。

正是在中国共产党领导下的中华人民共和国,在过去相当一个阶段,在哲学社会科学特别是法学学科内,却未能给予中国共产党应有的理论地位。所

---

  * 夏少光,男,北京大学马克思主义学院博士研究生。

  ② 《习近平谈治国理政》第三卷,外文出版社 2020 年版,第 11—12 页。

幸的是,党的十八大以来,以习近平同志为核心的党中央,直面上述问题,强调党的意识形态工作领导权,加强对哲学社会科学工作的指导,为包括法学在内的哲学社会科学发展校准了航向。在法治领域,这至少包含如下显著特征:

一是非常重视法治,把依法治国提高到了前所未有的高度。2014年,党的十八届四中全会专题讨论依法治国问题,并通过了《中共中央关于全面推进依法治国若干重大问题的决定》。党的中央全会专题讨论依法治国问题,这在中国共产党的历史上尚属首次,也足见法治问题在习近平新时代中国特色社会主义思想中的重要地位。二是在法治建设中特别注重发掘党的领导这一宝贵资源,并赋予其在依法治国战略中更加重要的地位。十八届四中全会公报明确指出:"加强党内法规制度建设,完善党内法规制定体制机制,形成配套完备的党内法规制度体系,运用党内法规把党要管党、从严治党落到实处,促进党员、干部带头遵守国家法律法规"。把党规作为中国法治本土资源予以重视,而不是买椟还珠、入宝山而空归。三是更加注重对中国共产党领导下的中国治理经验的国际传播。党的十八大以来,党更注重面向世界理直气壮地讲好中国治理故事,在平等对话的基础上彰显中国道路对世界其他国家的借鉴意义,积极争取中国国际传播话语主动权。十九大报告指出中国特色社会主义进入新时代意味着"中国特色社会主义道路、理论、制度、文化不断发展,拓展了发展中国家走向现代化的途径,给世界上那些既希望加快发展又希望保持自身独立性的国家和民族提供了全新选择,为解决人类问题贡献了中国智慧和中国方案",强调中国道路对人类政治文明的原创性贡献和借鉴意义。2017年12月,举办了中国共产党与世界政党高层对话会,来自世界各国近300个政党和政治组织的领导人齐聚北京,会后发表了《北京倡议》,从世界政党交流的层面推进了中国治理经验的国际传播。

习近平总书记关于哲学社会科学工作的指示,也为法学界进一步加强对中国共产党治理经验的研究提供了根本遵循。2016年,习近平总书记在哲学社会科学工作座谈会上的讲话指出:"在我国,不坚持以马克思主义为指导,哲学社会科学就会失去灵魂、迷失方向,最终也不能发挥应有作用"①,"对人类创造的有益的理论观点和学术成果,我们应该吸收借鉴,但不能把一种理论

---

① 习近平:《在哲学科学工作座谈会上的讲话》,人民出版社2016年版,第9页。

观点和学术成果当成'唯一准则',不能企图用一种模式来改造整个世界,否则就容易滑入机械论的泥坑"①,习近平总书记非常重视我国学术命题、学术思想、学术观点、学术标准、学术话语上的能力和水平。在其他场合,习近平总书记还指出:"中国特色社会主义理论体系归根到底是以马克思主义基本理论为指导的,是把这些基本理论同中国具体实际相结合的结果。马克思主义就是我们共产党人的'真经','真经'没念好,总想着'西天取经',就要贻误大事!不了解、不熟悉马克思主义基本原理,就不可能真正了解和掌握中国特色社会主义理论体系。"②特别值得法学研究者记取的是,2017 年 5 月,习近平总书记视察中国政法大学时,就法学研究工作作出重要指示,明确指出要坚持中国特色社会主义法治道路,坚持以马克思主义法学思想和中国特色社会主义法治理论为指导,努力以中国智慧、中国实践为世界法治文明建设作出贡献。这无疑为当前中国法治研究这篇大文章点好了题,法学研究者理应当仁不让地做好这篇大文章。

二

　　柯华庆教授主编的《党规学》(上海三联书店 2018 年版)一书,正是讲述中国法治故事的具有开创性意义的大文章、好文章。

　　学术的风格、路径诚然是多样的,好的思想著述未必都是黄钟大吕式的,但在社会思想大转型时期,无疑更需要那种以立意高远、追根究底、发人之所未言的精神,在研究对象、理论主旨、思想范式等基础问题上有所建树的著作。非如此不足以扭转乾坤、引领风潮,更难为后世立规模根基。这种更需要深刻洞见与奔放想象力的学术工作,即使开始粗疏一些也无妨。毕竟,航向校准了,后面还可以被学问家们继续推进深化,但如果方向偏了,即使再细密精审的学术工夫,也恐难以发挥真正的贡献。孟子云"先立乎其大者",良有以也。在西方思想史上,哥白尼在天文学领域掀起的革命即属一例。从"地心说"转向"日心说",需要极大的气魄与远见卓识。尽管最初哥白尼本人的许多具体

---

①　习近平:《在哲学科学工作座谈会上的讲话》,人民出版社 2016 年版,第 18 页。

②　习近平:《在全国党校工作会议上的讲话》,人民出版社 2016 年版,第 15 页。

论断尚不完全正确,但后人是可以在哥白尼所奠定的原则轨道上推进深化的。

柯华庆教授主编的这本《党规学》,秉持"党规是法治中国的核心"这一观点,从法治类型差异的角度进行仔细区分。指出西方资本主义国家盛行的自治型法治只是法治类型的一种,而且在历史上只是一种极其罕见的现象,而中国共产党领导下的社会主义法治属于领导—管理型法治,属于法治的另一种类型。这既驳斥了将法治定于西方资本主义国家自治型法治一尊的谬论,也论证了社会主义国家与法治兼容的可能性,这具有十分重要的意义。

此外,书中将"党规"的内涵界定为"建设类党规"和"领导类党规",认为"领导类党规"的内容不仅包括中国共产党内部事务,还包括中国共产党与中国人民、中国共产党与民主党派、中国共产党与社会、中国共产党与其他国家机关关系的调整,是中国共产党领导政治生活的依据,也是共产党治国理政的工具。这个概念区分,顺利实现了党规与国法、党内民主与人民民主之间的衔接,真正讲清了"党是领导一切的"在法治制度上的发生机制,也有力地驳斥了此前一些人炮制的"党大还是法大"之类的伪命题。

就学术风格、理论气象、思想境界而言,我认为这本书有以下几方面的显著亮点:

一是,亦开风气亦为师,雏凤清于老凤声。晚清龚自珍有诗云"但开风气不为师",大抵因为思想界重大的转折,往往需要许多人薪火相传、持续推进,最初立于潮头疾呼之士,未必再有足够的时间精力进行细致邃密的著述建构。以中国思想史为例,中唐韩愈深感佛学兴盛、儒学式微的道统危机而极力辟佛,开一时风气之先,确实有非凡的气魄。但韩愈本人的辟佛著述如《原道》固然辞采非凡,在理路上却并不能真正化解儒佛之争。一直要到宋代才在吸收借鉴佛教理路的基础上返本开新、消化吸收而形成了更新的儒学——理学。此足见思想转型时代建构之难,能兼擅"开风气"与"为宗师"之美者往往不多,实乃情理使然。

柯华庆教授是国内较早站在中国政治文明特殊性与当代社会转型的角度积极理解中国共产党的学者,是国内党规学研究的先行者。柯华庆教授多年深耕党规学领域,已经发表了一大批高水平的著作,如此前出版的《第三次变革》《论共同自由》等,并在学界和社会上均取得较大的反响。尤其令人欣喜的是,柯华庆教授在从事党规学研究与教学的过程中,通过组织党规学读书小组等方式,教学相长,培养了一大批年轻好学的党规学人才,尽得育英才之乐。从这个角度看柯华庆教授又是"为师"的。不少柯教授培养的学生,已经在相关领域中崭露头角。《党规学》一书的副主编杨明宇,虽只是90后博士研究生,但在党规学研究领域,已有相当造诣。雏凤清于老凤声,一大批年轻学人投身于党规学这一大有可为的广阔天地中耕耘,是未来中国法治建设的希望所在。习近平总书记在视察中国政法大学时指出要立德树人,德法兼修,培养大批高素质法治人才,在2017年会见清华大学经济管理学院顾问委员会海外委员和中方企业家委员时指出,教育就是要培养中国特色社会主义事业的建设者和接班人,而不是旁观者和反对派。

二是,冷眼向洋看世界,咬定青山不放松。中国共产党领导下的法治中国道路,理应吸收世界各国的治理经验,也只有在世界历史范围内比较权衡,才能更好地展现自身的魅力。以此观之,中国的法治建设一定是睁眼看世界的,绝非固步自封。但毋庸讳言,改革开放以来,在中国与世界进行文化交流的过程中,不时出现照搬照抄之弊,更有人借机鼓吹全盘西化。造成这一现象的原因,除了一部分人水平有限、鉴别力不高、在改革开放初期缺乏经验之外,也不乏有人在根本立场上有问题,下决心要改旗易帜。特别是当下中国特色社会主义制度已经被实践充分证明走对了、中国特色社会主义法治道路被证明是人间正道的时候,有些人还在揣着明白装糊涂,就更说明了这一点。

柯华庆教授主编的《党规学》一书,力图避免并矫正上述这些毛病。该书在思想资源上博采百家,积极借鉴了西方学术界的许多思想资源,但并没有陷入对这些思想资源的迷信和盲目崇拜,而是经过自己的鉴别、取舍、提炼,汲取真正有说服力的内容。换言之,《党规学》是睁眼看世界,但是冷静地看,而不是头脑发热两眼发红地看,因而真正做到了洋为中用。例如,书中关于法治类型的分类,就是受到美国学者昂格尔教授《现代社会中的法律》一书的启发,加以创造性的发挥阐释的。作者提炼、熔铸这些西方思想资源的根本尺度,还是紧紧立足中国社会发展实践与中国共产党领导下的中国法治轨迹。这是贯穿全书的根本问题意识,诚可谓"咬定青山不放松"是也。

三是,旧学商量加邃密,新知培养转深沉。党规学是典型的新兴学科、交叉学科,这对治学者的学术素养提出了极高的要求。柯华庆教授的学术履历与人生经历富有传奇色彩:早年长期研究数学,是中山大学第一位逻辑学博士,受过严格的逻辑学训练,有深厚的哲学功底;曾研究法经济学,再转向法理学,直到近年聚焦于党规学;出身农家,曾在基层工作多年,对中国社会基层的治理风貌深有体悟;曾赴美国康奈尔大学等高校访学,具有开阔的国际视野。多学科的学术背景、丰富的人生阅历,可以算作"旧学",经过多年的沉淀发酵,内化为作者独到的视角、严谨的逻辑、宏阔的视野,从而为他的党规学研究这样一个跨学科、交叉型的"新知"提供了宝贵的思想资源。回过头来,党规学研究这样一门"新知"又促进了作者此前长期积淀的"旧学"的创造性转化,使之发挥更大的价值。党规学是一个全新的学术领域,本也没有现成的路径可以效仿。现有的法学学科内那种壁垒森严、划分细密的学术分工与太过专门化的人才培养模式,恐怕也无法培养出适应这个学科要求的人才。因此,柯华庆教授这种理论与实践并重、中国与世界对照的治学路径,固然带有其个人人生思想轨迹的烙印,但可能也无意中揭示了该学科的一般发展规律。

三

　　作为新兴学科,党规学尚处于发展的初期。作为拉开这个学科系统性研究大幕的开创性作品,《党规学》虽然凝聚了柯华庆教授及其团队的许多心血,但也还有很大的发展完善空间。我在拜读《党规学》一书的过程中,从自己的学术背景和理论兴趣出发,产生了若干疑问,并就教于学界方家同仁。

　　一是关于劳动价值论的问题。《党规学》一书中提出了"多元劳动价值论与共享分配"的观点,并对马克思的劳动价值论进行了相应的分析。该书认为"劳动价值论将劳动视为价值的唯一源泉,然而现实生活中的人都清楚,一件物品或者服务有没有价值并非完全是劳动的作用,有劳动不一定有价值,无劳动不一定无价值",并指出这存在着三大根本缺陷:"一是未能明确价值的主体性、时间性和空间性;二是未能区分价值的发现与创造;三是未能区分生产所创造的价值和降低交易成本所创造的价值"。由此得出结论"发现和创造价值的主体不仅仅是所说的'劳动者',也包括发现者、创造者、交易者、管理者、领导者、规制者","将劳动的概念扩展为人类的所有聪明才智,可以提出多元劳动价值论",并相应的提出了"共享价值分配论"。认为以这一理论为支撑,可以解释当前共产党的人民概念,"在多元价值与共享分配的理论下,马克思所指的'劳动者'和'无产阶级'的概念可以被扩充为更广泛的劳动者概念和更广泛的人民概念",其对应的政策创新是"三个代表"。

我认为上述观点是建立在对马克思劳动价值论的基本术语和分析框架认识不清的前提上的,因而并不构成对马克思的反驳。限于本文的主旨与篇幅,此处只能择其要点简述:第一,从行文看,作者似乎是从平常生活经验中所谓的价值(其实是马克思所指的使用价值)来理解马克思的价值概念了,所以才会说"有劳动不一定有价值,无劳动不一定无价值"。但是如果按照马克思基于价值与使用价值的区分,有劳动确实未必有价值,但是无劳动的一定没有价值(虽然可能会有使用价值)。第二,作者"发展"马克思劳动价值论的意图似乎是:觉得马克思的劳动价值论太"狭隘"了,只局限于我们通常所看到的那些直观具体劳动,而忽视了许多其他有用劳动在社会财富创造过程中的贡献,所以要扩展,而给予这些群体的贡献以充分的肯定,因而提出"共享价值分配论"。这个出发点固然可敬,但同样没有触及马克思的理论本身。马克思的价值概念,本是指物化在商品体中的活劳动,在此意义上,书中所谓的其他价值创造者比如交易者、研究者、管理者,并不是直接的价值创造者,但是这并不意味着他们的劳动是没有意义的。从一般的技术的视角考察,交易者促进商品流通、研究者的发明创造、管理者的有效组织管理都有助于减少社会生产耗费、提高劳动生产率,本身也是社会化生产分工所需要的一部分,但是毫无疑问他们的劳动并没有物化凝结为价值体,因而并不能形成马克思意义上的"价值"。当然,这些劳动作为社会生产劳动的一部分,会以相应的方式参与分配,但并不意味着他们就是马克思意义上的"价值"创造者。第三,因为作者把"价值"和"使用价值"混淆了,所以似乎觉得价值是一个很好的东西,因此应当予以肯定。其实这是不了解马克思的论述语境。价值的本质当然是劳动,但人类劳动表现为价值,却仅仅只在历史的一个非常特定的阶段——商品交换关系中才存在。价值关系作为按比例分配劳动产品的纽带,也仅仅只是劳动产品分配的一种可能的历史形式而已。人的劳动表现为价值,并不必然意味着对劳动者身份地位的肯定。例如雇佣工人的劳动能力只有通过交换表现为价值才能得到实现,他的劳动是有价值的,但这往往是其丧失生产资料、处于被剥削地位的表现。在马克思构想的未来共产主义社会中,其实是要消除劳动表现为价值这一形式的,而把劳动解放为纯粹自我实现的活动。

　　马克思的劳动价值论固然是可以讨论甚至批判的,但批判的一个前提是明确马克思理论的基本概念内涵和语境,否则就构不成真正的交锋了。我认为关于劳动价值论的这一部分内容,是比较粗糙草率的,因而并没有充分的说服力。①

　　二是关于科学社会主义的一般原则与党规学、经济基础与上层建筑的关系问题。中国共产党作为以科学社会主义为理论指导的无产阶级政党,特别注重在生产关系的实践变革中将社会主义的理想变为现实。这首先涉及生产关系特别是所有制的问题。中国共产党作为最高政治领导力量能够发挥影响力的根本原因,在于中国的社会主义经济性质。以公有制经济为主体的经济体系,表现为国有企业在国民经济中的主导作用、农村土地的集体所有性质等,这是共产党作为最高政治领导力量发挥作用的基本经济抓手。如果抛开基本经济制度的决定性作用不谈,只注重共产党作为最高政治领导力量在政治运作上发挥作用的机制,或者共产党在价值规范层面的德性,固然也揭示了共产党的一些治理特征,但恐怕说服力不充分。从历史上看,这恐怕难以讲清科学社会主义与空想社会主义之间的原则区别与实践命运,也讲不清共产党与同样深受列宁主义组织原则影响的国民党之间的本质区别;从现实来看,恐怕也可能会模糊中国共产党与民主社会主义乃至威权主义国家资本主义之间的区别。

　　习近平总书记指出:"中国特色社会主义是社会主义而不是其他什么主义,科学社会主义基本原则不能丢,丢了就不是社会主义"②。从政治上看,我们党要做到"任凭风浪起,稳坐钓鱼台",就要有关键时刻听指挥、拉得出,危急时刻冲得上、打得赢的基本队伍。国有企业及其广大党员、干部、职工就是这样的队伍。关键时刻,国有企业及其广大党员、干部、职工是靠得住的。马克思曾说,"思想一旦离开利益,就一定会使自己出丑"。实际上,作为无产阶级政党基本执政方式的党规之治,未必都是星辰大海的进行曲,而往往是充满枪林弹雨的战歌。革命战争年代且不说,改革开放年代的诸多改革背后同样

---

　　① 研究这个问题的专著,可以参考王峰明:《马克思劳动价值论与当代社会发展》,社会科学文献出版社 2008 年版。

　　② 《习近平谈治国理政》,外文出版社 2014 年版,第 22 页。

包含着惊心动魄的阶级利益博弈。当下捍卫中国共产党作为最高政治领导力量地位,一个基本的战场就是捍卫以国有经济为主导的基本经济制度,其对手的观点可参见近年来气焰不凡、一心要做小做弱做差国有企业的某论坛。作为这一斗争的理论反映,与法学界逐渐开始重视党规、把党规提升到国法同时,近年来马克思主义理论界也逐渐开始意识到宪法的根本保障意义,以宪法捍卫党章、捍卫中国社会主义的基本经济制度。① 我认为,这两个学科领域的学者应该进行积极的互动与对话。

三是从总体上看,这本书呈现出来的效果似乎略显有"规"而少"治"。该书的导论部分无疑是很有价值的战略构想,新见迭出。但是全书后面的章节,虽然着力对党规的具体内容、构成和规定进行了解说,但是还没有达到充分地、水乳交融地、生动地展现导论中观点的程度。当然,限于这本书作为党规学基础教材的定位,需要先阐释清楚一些基本的概念,因此不应过分苛求。但是从长远来看,如何从这些具体的规章制度阐释中,真正讲清楚党规之"治"这一活的治理生态,讲出党规真正的精气神,也着实需要进一步探索。

四

梁启超在《中国近三百年学术史》中评价在清代属于"反潮流"的心学学者时这样说:"凡豪杰之士,往往反抗时代潮流,终身挫折而不悔,若一味揣风摩气,随人毁誉,还有什么学问的独立? 明末王学全盛时,依附王学的人,我们很觉得可厌。清康雍间,王学为众矢之的,有毅然以王学自任者,我们却不能不崇拜到极地。并非有意立异,实则个人品格,要在这种地方才看出来。清代'朱学者流'——所谓以名臣兼名儒者,从我们眼中看来,真是一文不值。据我个人的批评,敢说清代理学家,陆王学派还有人物,程朱学派绝无人物"。我想,梁启超对清代陆王心学人物的评价,用来评价柯华庆教授的学术工作,似乎也是很恰当的。千夫之诺诺,不如一士之谔谔。在法学界西化倾向严重

---

① 何干强:《论宪法在经济改革中的重要作用》,《管理学刊》2018 年第 5 期;程恩富:《〈宪法〉是改革开放的根本大法和理论结晶——访全国人大教科文卫委员会委员程恩富教授》,《马克思主义研究》2018 年第 11 期。

的时代,柯华庆教授主编的这本《党规学》也许不过表达了健全理智应有的常识,但仍需要极大的勇气。

好的故事未必只有一种讲法。相反,如果不同的话语体系都对某一对象持类似评价,倒增添了相当的可信度。例如,讲述中国共产党的成功之道与执政成就,中国国内的声音当然重要,但其实许多非马克思主义学者的观点也不乏可圈点处。旅美学者黄仁宇,虽然在行文中也认为马克思的劳动价值论是错的,但是他基于大历史观的中国史研究,却对中国共产党领导下的革命实践予以高度评价,而且视野开阔、立论宏伟、别具一格,令人耳目一新。黄仁宇从财政税收入手分析政治制度的方法,在本质上颇合马克思历史唯物主义之真谛,尽管他口头上是否认马克思主义的。美国学者费正清,虽然研究出发点是为美国政府的对华决策提供咨询,但因为基于比较客观公允的立场,反而能对共产党革命的巨大成就予以高度评价。比如《伟大的中国革命》、《剑桥中华人民共和国史》等书,反而比近些年历史虚无主义盛行的国内学界一些人,对共产党成绩的评价更客观、也更高。从国际话语传播的角度看,这些声音往往能起到中国共产党自己的宣传机关达不到的效果。我以为,柯华庆教授的相关研究,其中许多结论是有意义的,其独特的视角能在官方宣传话语之外起到有益的补充。宣传工作应该在总体立场一致的前提下培养话语层次的多样性。

陈寅恪在评价王国维的学术成就时说:"先生之著述,或有时而不彰。先生之学说,或有时而可商。唯此独立之精神,自由之思想,历千万祀,与天壤而同久,共三光而永光"。柯华庆教授及其团队的党规学研究,虽然仍有修正、补充、发展的空间,但从扭转风气而言,其贡献是无法抹杀的,而且会越来越清晰地凸显出来。这本《党规学》,既是注定要被超越的,又是可"超"而不可"越"的。注定要被超越之处在于:党规作为法治中国的核心,正随着中国共产党执政成就的充分显现,作为世界政治文明的前沿成果,得到越来越多的认同。党规学这门新兴学科,正在蓬勃发展,会有越来越多的人才投身这个学科深耕细作,这个学科有望逐渐成为法政学科真正的显学。以柯华庆教授精益求精、不断突破自我的学术志气,也一定会不断发展推进。因此,《党规学》一书出版后,被很快超越应当是必然的命运,也是所有党规学研究者的热切期待。可"超"而不可"越"之处在于:对法治中国的研究、对党规学的后续发展,都绕不开柯华庆教授所奠定的哥白尼革命式的根本原则,而只能在这一根本原则之上进一步完善发展,而不是推翻、颠覆这一原则。因而是可"超"而不可"越"的。随着中国共产党领导下的独特的政治文明逐渐在世界范围内得到更多的认同并引领世界政治文明前进的方向,只要中国法学界的学术主体性真正树立起来,那么学术界迟早也会给柯华庆教授这一公正的评价。

后记　党规研究的情怀与视野 *

王成栋 **

　　我想以党规研究的背景与研究实践为中心，来谈谈我对于党规学建设过程当中应有的情怀与视野的理解。

　　第一个是"致敬"。致敬谁呢？首先是致敬这个时代。党领导人民取得辉煌成就的时代，尤其是要致敬创造这个时代的普通人民和人民领袖；第二个要致敬开创党规研究事业的各位同仁。正是你们的开创性工作使得党规研究逐渐成为一门学科，并正在成为显学，也正因为党规学正在成为显学，各地机构像雨后春笋一样涌现。中国政法大学党规研究中心成立仪式，柯华庆教授振臂一挥，一百多人前来参会讨论，这应该是大的时代所造就的每一个人的共同努力，所以我要致敬在座的每一个人；还要致敬的就是对党规研究中心成立、对党规学学术研究支持的领导和大咖。今天中国政法大学党委胡明书记、中国人民大学党委靳诺书记、国务院参事朱维究教授、全国政协委员曹义孙教授与会并做了精彩的致辞或发言，这是对党规学研究的支持。在这里，我还要特别表示，我会继续支持柯华庆教授，因为可以从他身上看到了党规研究艰辛的经历和取得的成就。

　　第二个是"回顾"。回顾什么？回顾近年来党规研究的艰辛。尽管党的十八大以来，党中央进一步提出党要管党、从严治党、建设社会主义法治体系，那么如何在理论上开拓、创立、论证自己的话语体系，柯华庆教授应该说是一马当先的。同时，本人大言不惭地说是"先知先觉者"，因为在很早以前，大体在20世纪80年代我就认为党要管党，中国最大的政治和制度力量在于党，只

　　＊　本文为在中国政法大学党规研究中心成立仪式暨党规与社会主义法治研讨会闭幕式上的总结发言。收入本书时有删节。

　　＊＊　王成栋，男，中国政法大学教授，中国政法大学党规研究中心副主任。

有党的正能量得到有效发挥,中国才能真正实现民族复兴、人民幸福。所以我觉得党规研究是富矿,虽然我在党规研究领域里有一些想法,但是还没有形成著作。

第三个是"当下"。也就是如何去做一种景象的描述,将中国共产党领导人民获得民族独立、人民解放,建设社会主义使得人民获得幸福的社会主义政治、经济、社会、文化制度,包括党的领导制度以及这些制度的实践进行理论化。党的十八大以来,尤其是十九大以来的几年时间,党规、党规学欣欣向荣,春华秋实。习近平总书记强调的道路自信、制度自信、理论自信、文化自信为党规研究增强了学术氛围,尤其是政治氛围。

第四个是"展望"。展望什么呢? 我觉得至少包含以下几点:一是对现实有信心,也对未来有信心。曹义孙教授曾用以色列学者的话说,人最大的功能之一就是会虚构,并且对虚构进行足够的信任和信仰,进而迈向成功。对此,我深有体会。去年年初到以色列旅游考察,发现以色列以及整个阿拉伯世界构建起了他们个人的尊严,致使以色列民族不倒的就是他们的信仰,就是他们对于耶稣的忠诚。共产党人的忠诚跟他们不一样,共产党人忠诚的对象更多的是一种科学、更多的是一种人性,更多地包含了真理、更多地包含了对幸福的可能的追求。所以我想未来应该是灿烂光明的。

对于党规学具体的研究,实话说虽然我没有什么著作,但确实有几点思考:一是对于党规学本身如何定位,我认为不能仅仅将党规与法律做简单的比对。在今天的讨论中大家已经各抒己见,但是我有一个基本的态度,那就是不照搬西方话语,照搬西方话语解释不了中国的情况。我们应当从中国五千年的文明、百年建党史、发展史、70 年的巨大成就,从中共学中寻找解释。党规学是中共学的一个分支,其研究既要有法学的视角,还要从政治学、哲学、伦理学、史学,乃至于科学共产主义、毛泽东思想中去汲取营养。因此,我冒昧地提出一个观点:党规学是不是可以称之为"法政史伦"学。"法"是法律属性,即规范性、强制性、指导性,但她不仅仅是"软法"。"政"是党规的政治属性、阶级属性,即党规学要反映马克思列宁主义、毛泽东思想的科学理论品格。"史"是党的建党史、奋斗史,其中更包含着绩效。西方国家特别强调绩效合法性,那么从中国共产党的历史来看,应该说是具有最大的绩效合法性。那么"伦"呢? "伦"就是伦理。中国共产党究竟是一种什么样的党? 党规学建立在什么样的对象之上？她应当建立在柏拉图的"哲学王"之上，建立在孔夫子的"君子"之上。我们党的整体应当有这种追求、应当有这种品格，我们党的每个个体都应当有这种追求。尽管追求和事实之间、理想和现实之间会有差距，但从我的视野来看，我们党正在回归她的先进性，正在把每一个党员培养为君子，所谓"共产党是特殊材料制成的"，然也。这里的君子意味着什么？我刚刚听两组的讨论，讨论的最后都很有意思地回归到哲学上的人和哲学上的主体性。我们的美好生活由我们每一个人去解释，我们的美好制度也需要我们每一个人去解释。我觉得我们通过党规学，包括对于党的历史、党的现实、党的理想、党的信仰、党的实践的追求的解释，能够找出我们更好地实现幸福的制度和制度的来源。

接下来谈一点具体的。"法政史伦"下面存在几个党规学的概念，我现在提出它们用以抛砖引玉。我觉得首先要提出主体的概念，也就是中国共产党是作为一个主体而存在的。在法学、政治学意义上，政党同样也是一个主体，只不过中共这个主体是哲学、政治学、伦理学和法学概念的集合体。党规学中的党规不仅是规范共产党及其党员的思想和行为的理论与规则，她还是规范和领导人民的理论和规则。所以，我赞同党规不仅仅规范行为，而且规范思想；不仅仅规范党员和党组织自身，还规范党对人民的领导。第二个是行为概念。作为主体的行为同样具有复合性，其中伦理追求是主要因素。行为不仅仅是手段，它还具有目的、价值追求。第三个概念是党规的制定，包括党规的实施。它应当具有程序的正义性。第四个是责任的概念。责任概念在什么地方？在于不管是党员还是党的组织，应该更多地担当身份的责任、角色的责任，或者说伦理的责任。身份责任主要体现在组织纪律、遵守规矩等等之上，这也是回应了刚刚我们这组有关于党规和国法之间重要的界限的讨论。我认为党规对于人身权、财产权不应该作具体直接的规定，而应该交给国法进行规范，这是党规和国法的区别之一。